希特勒
这样输掉了二战

[美] 贝文·亚历山大　著　江燕楠　译

德国的致命决策

HITLER

新华出版社

图书在版编目（CIP）数据

希特勒这样输掉了二战/（美）亚历山大著；江燕楠译

北京：新华出版社，2015.4

书名原文：How Hitler Could Have Won World War Ⅱ

ISBN 978－7－5166－0252－2

Ⅰ.①希…　Ⅱ.①亚…②江…　Ⅲ.①第二次世界大战—战争史—研究—德国

Ⅳ.①E516.9

中国版本图书馆 CIP 数据核字（2012）第 303105 号

著作权合同登记号：01－2011－7610

HOW HITLER COULD HAVE WON WORLD WAR Ⅱ：

The Fatal Errors That Lead to Nazi Defeat by Bevin Alexander

This translation published by arrangement with Crown Publishers，

an imprint of the Crown Publishing Group，a division of Random House，Inc.

简体中文出版权归新华出版社

希特勒这样输掉了二战

作　者：[美] 贝文·亚历山大	译　者：江燕楠
出 版 人：张百新	责任编辑：张　敬
责任印制：廖成华	

出版发行：新华出版社

地　　址：北京石景山区京原路 8 号　邮　　编：100040

网　　址：http：//www.xinhuapub.com　http：//press.xinhuanet.com

经　　销：新华书店

购书热线：010－63077122　　**中国新闻书店购书热线**：010－63072012

照　　排：新华出版社照排中心

印　　刷：北京凯达印务有限公司

成品尺寸：170mm×240mm

印　　张：21　　　　字　　数：250 千字

版　　次：2015 年 6 月第一版　　印　　次：2015 年 11 月第二次印刷

书　　号：ISBN 978-7-5166-0252-2

定　　价：45.00 元

图书如有印装问题，请与出版社联系调换：010－63077101

目 录

　　1940 年 5 月 10 日清晨，战争史上最大规模的武力大集结沿着比利时和卢森堡东部边界展开。在 4 天时间里，由 1800 辆坦克组成的 7 个装甲师突破了法国在默兹河的主防线。7 天后，他们到达约 160 英里外的英吉利海峡，切断了当时正在比利时的最精锐的、机动化的法国和英国部队。

　　按照希特勒的指示，1939 年 10 月，国防军陆军总司令部提出的最初作战方案仅仅是击败大部分盟军部队，同时拿下荷兰、比利时和法国北部的领土，以"成功地开展对英国的空中和海上行动"，并作为荷兰以东的工业区"鲁尔区的广阔的保护屏障"。

　　德国人在荷兰和比利时北部打出了第一拳。在这次有史以来最大规模的空中进攻中，库尔特·斯图登特的第 7 航空师的 4000 名伞兵于 1940 年 5 月 10 日清晨从天而降，进入海牙、鹿特丹和乌得勒支一带的"荷兰要塞"。

　　德国迅速地战胜法国，英国远征军在欧洲大陆丢盔卸甲，被赶回本岛，立刻给人们提出一个问题：英国还能保得住吗？全世界可能都会想到一个很明显的答案：德国军队会继续横扫狭窄的海峡并占领英伦诸岛，就像他们击溃法国一样快。

　　不列颠空战开始前，希特勒的主要兴趣就已经从英国移开了。作为正式的开始是在 1940 年 7 月 31 日，在一次与高级军官的会议上，希特勒宣布他"决定在 1941 年春摧毁苏联人的生命力"。希特勒的一席话让许多高级军官深感不安。

　　希特勒做出了一个有违常理的决定，他对地中海的实际军事情形不管不顾，继攻击苏联之后，他又一次暴露出缺乏寻找战争胜利的另外路径的能力。他决定用训练有素的伞兵和滑翔机部队夺取地中海东部相对并不那么重要的克里特岛，却不去占领位于意大利和利比亚之间航道上的马耳他。

1941 年 2 月 11 日上午,隆美尔作为当时还未正式组建的德国非洲军团的司令,与希特勒的副官、陆军中将施蒙特一起,乘坐一架亨克尔 111 轰炸机从西西里岛的卡塔尼亚飞赴的黎波里。隆美尔此行的目的是在其先头部队到达之前实地考察利比亚的情况。

正面进攻苏联从一开始就是错误的,因为它注定要遭遇最强的抵抗,而非最弱的抵抗。直接进攻还迫使敌方集中其储备和供给,却通常拉长了攻击方的物资补给线和人员增援线。最好的战略是把敌人的供给与储备分隔开。这也就是侧翼进攻更易取胜的原因。

1941 年 6 月 22 日星期天凌晨 3 点,纳粹空军的飞机从跑道上起飞,轰炸和扫射苏联的机场,击中了数百架停在机场上的飞机,并截击腾入空中的飞机。天色大亮前,纳粹空军共摧毁了 1200 架苏军飞机。短短几天内,德军就把苏军的大部分飞机赶出了空中,取得了制空权。

丘吉尔赞成美国帮助苏联,却不同意将本应给英国的援助物资转移给苏联红军的想法。霍普金斯决定亲赴莫斯科评估情况。行程漫长而艰难,但是霍普金斯却在莫斯科发现了苏联人的自信、高昂的斗志和"获胜的坚定决心"。

在斯大林格勒以西 100 英里处，曼施坦因沿奇尔河构筑了一条较为薄弱的新防线，这里距罗斯托夫仅 150 英里。而 A 集团军群的左翼已经深入离罗斯托夫 375 英里的高加索，同时位于斯大林格勒以南的第 4 装甲集团军离罗斯托夫有 250 英里。

1942 年 7 月，当隆美尔陈兵于距亚历山大只有 60 英里的地方，以及德军正朝斯大林格勒和高加索进军之时，有两大主要问题造成了同盟国之间的分歧：美国人和英国人会做些什么来帮助打败希特勒，斯大林是否会与德国单独媾和。

卡塞林隘口之战在关于美国战争的神话中占有特殊位置。除了南北战争中北方的美利坚合众国在钱塞勒斯维尔之役中溃败之外，它当属美国历史上最令人难以置信而又糊里糊涂的失败，但是在钱塞勒斯维尔美国人是在打内战。

同盟国在占领突尼斯之后在地中海的行动是一个很好的案例，可以剖析如果希特勒转入防御作战，德国将与同盟国形成怎样的僵持局面。自从 1941 年 12 月占领莫斯科的企图失败，希特勒的高级军官们就一直苦口婆心地请求他采取这样的战略。

1941 年和 1942 年的战役已经证明，德军装甲在俄罗斯和乌克兰的开阔大平原上自由移动时，它们事实上是无敌的。因此，就 1943 年的形势而言，对德国来说合适的决定莫过于采取战略性回撤以便创造流动的局面，这样装甲就可以进行大范围的运动并实行突袭。

虽然联合指挥了海上行动，但艾森豪威尔却对进攻罗马的鲁莽行为忌惮颇深，因为这超出了战斗机所能及的范围。他对盟军在意大利的"脚后跟"塔兰托和布林迪西附近登陆的建议也并不赞成，那里也超出了战斗机的覆盖范围，但是那里已没有德军部队驻防。

古德里安和盖尔建议将希特勒分配的防御西线的 10 个快速师集中编为两组，分别部署在巴黎南北两侧。两位将军都认识到，盟军的空中力量占据着巨大优势，可以极大地影响德军调动装甲部队的能力。但他们也相信可以通过夜晚转移来解决这一问题。

　　隆美尔所预见到的若不提前升级部队可能招致的灾难如今变成了现实。事实上每支被派上前线的部队都遭遇惨重损失。增援部队一赶到就要迅速投入战斗，他们的力量也被迅速消耗。战斗损失达每天 2500—3000 人。坦克的损失也很严重，但替换者奇缺。

　　有一处地方值得特别关注，即位于比利时东部和卢森堡北部群山连绵、森林密布的阿登高地。美军正在这里步步紧逼，而德军几乎无力阻止。希特勒宣布："我有一个重大的决定。我将把进攻引开，也就是引开阿登高地，把安特卫普作为目标。"

　　希特勒并未利用东线足够长的僵持时期构筑一条强有力的由地雷阵和反坦克陷阱组成的防线——隆美尔早在 1943 年库尔斯克战役结束后不久就力主建立这样一条防线。他的防御体系一如既往：每名士兵各担其责，坚持战斗到最后。

序 言

约公元前 400 年，伟大的中国战略家孙子言简意赅地道出了有关战争的最精辟论述："避实击虚。"

阿道夫·希特勒（Adolf Hitler）并不知道孙子，但在他从 1933 年至 1940 年作为德国独裁者的头 7 年里，他做到了"避实击虚"，因此取得了辉煌的胜利，似乎离全面胜利也不远了。

然而，1940 年以后，希特勒却没有按照可能完成其胜利使命的行为方式去做。他与强大的苏联正面对垒，给英国和美国建立强大军事力量留出了时间，而且没能阻止它们攻击德国的弱点。同盟国与德国的碰撞也成就了历史上最巨大的冲突。至于最终的结果，希特勒在 1940 年以及之后的致命失误已经埋下了伏笔。到了 1945 年，德国已经支离破碎，希特勒也命丧黄泉。

希特勒是举世皆知的"恶魔"之一，但他也是一名天赋异禀的政治家。精明的政治头脑使他通向权力的巅峰，通过为德国获取大的经济、领土和军事利益，他也将自己的邪恶隐藏起来。然而，希特勒追求的却并非理性的目标。事实上他的追求颇为癫狂。他认为，通过将婚姻和性关系限制在"雅利安人"① 内部，可以将德国人提升为"优等种族"，他拒绝承认欧洲人已经延续千年的异种结合传统，也不承认并不存在所谓纯粹的雅利安或其他"人种"的事实。他想为德国人在俄罗斯和乌克兰获取"生存空间"（Lebensraum），打算杀掉或饿死居住在这些土地上的斯拉夫人。此外，希特勒还想消灭整个犹太和吉普赛种族，他认为这些人都是身心俱残的人，不能遂其心意。

希特勒善于抓住和利用对手的弱点。依靠这些天赋，在 1933 年 1 月至 1940 年夏天担任德国总理的这段时间里，希特勒取得了无与伦比的胜利，而当战胜法国之后，人们更有理由相信他就是百战百胜的军事天才。他并没有认识到，胜利并非源自他自己的远见，而是拜两位将领所赐，即埃里克·冯·曼施坦因（Eric von Manstein）和海因茨·古德里安（Heinz Guderian）。

希特勒深信英国不会成为主要问题，于是转向屠杀他所鄙视的犹太人和其他种族，接着就是摧毁苏联。

照此观念，对苏联作战和种族屠杀的"双轮驱动"政策消耗了希特勒的主要关注力和第三帝国的巨大物质和人力资源。

其结果则是直接导致他的覆灭，然而事情本应不如此，直到 1940 年中期，希特勒的战略几乎可谓天衣无缝。他孤立或吞并了一个又一个欧洲国家，如愿与苏联结盟，摧毁了法国的军事力量，将英国人赶出欧洲大陆，构建了一个横跨欧洲大部、北非和中东的帝国势力版图，余下的障碍显得脆弱而不堪一击。这个帝国要么可能容易受到外部的攻击，要么就可能为征服全世界奠定基础。

事情并未这样发展，希特勒的偏执蒙蔽了他的政治理性。他放弃了

---

① 雅利安人是世界三大古游牧民族之一，是高加索及中亚的古代部落，使用印欧语系的语言。希特勒改变了"雅利安"原来的定义，而用来指非犹太民族的白种人（尤指北欧日耳曼人）。

攻击薄弱环节的间接取胜战略，直到 1940 年夏天以前他运用这种战略都颇为成功，而转为依靠直接的肉搏式的获取"生存空间"的战略。他并没有意识到，他原本可以更加容易同时理所当然地通过间接方式实现这些目标，即攻击薄弱的而非强大的对手。

即使在 1941 年 6 月入侵苏联后，希特勒仍然还有赢得局部胜利的机会，前提是如果他不固执于两个致命失误的话——在自身实力准备不足的情况下仍坚持用进攻方法解决军事问题，以及试图保持对所有占领区域的控制，而假如撤退的话原本可以保存他的实力。这些判断失误也导致了灾难性的进攻行为——如斯大林格勒、突尼斯、库尔斯克和突出部战役等，"绝不退缩"的命令也使其损兵折将。

赢得胜利的正确方式并非通过对苏联的正面进攻能成就，而应从北非间接为之。这个道理很明显，所有英国将领都看到了，许多德国将领也认识到了，包括最高统帅部作战局局长阿尔弗雷德·约德尔（Alfred Jodl）、德国海军元帅埃里希·雷德尔（Erich Raeder），以及当之无愧地被称为北非"沙漠之狐"的埃尔温·隆美尔（Erwin Rommel）。

1940 年法国军事力量被摧毁后，英国只剩下一个装甲师护卫埃及和苏伊士运河。德国有 20 个装甲师枕戈待旦。轴心国（德国及其盟国意大利）只需出动 4 个装甲师即可拿下苏伊士运河，那么英国皇家海军只有被迫放弃地中海，拱手让给轴心国作为内湖。法属北非——摩洛哥、阿尔及利亚和突尼斯——可能被占领，德国军队还可占领位于非洲西海岸的塞内加尔首都达喀尔，以此为基地，其潜艇和飞机可以形成对南大西洋海上主要航线的有效控制。

在孤立无援的情况下，南斯拉夫和希腊恐怕也只有被迫投降。希特勒此前已经获得匈牙利、罗马尼亚和保加利亚的支持，这样德国在不费一兵一卒的情况下就实现了对所有南欧国家的控制。

一旦苏伊士运河被德国控制，德国向东进取的大门就打开了，装甲部队可以肆意横扫巴勒斯坦、外约旦、整个阿拉伯半岛、叙利亚、伊拉克和伊朗。这样德国就可获得其亟需的最重要物资——石油的源源不断的供应。

与石油供应同样重要的是现代战争的行为法则，对德国而言，占领阿拉伯地区和伊朗的最大战略优势是可以孤立土耳其，威胁英国对印度的控制，并且将德国坦克和大炮的打击范围延伸到苏联的高加索和里海海滨的油田。其结果是，土耳其将被迫成为德国的盟友或者允许德国军队过境，英国将不惜一切代价保护印度殖民地，苏联也将因其危险的处境而竭尽全力与德国维持和平。

这样，德国就无须动用 U 型潜艇，或是对英国的船只或城市进行轰炸，因为英国的参与对战争进程来说会变得越发无关紧要。英国即使想扩充军力进攻欧洲大陆，恐怕也只能是独木难支。

除非苏联的实力骤增，否则美国是不会跨越大西洋投放足够的军力的，甚至在相当长时期内，面对遥不可及的德国战争机器，美国也不会贸然以两栖登陆方式夺回欧洲。加之美国正要应付来自日本的日益增长的威胁，显然更不会挑战德国。

因此，德国就将建立起万夫莫敌的帝国，并有充足时间巩固国防、储备资源，假以时日，就可与美国的实力匹敌。尽管英国可能拒绝言和，但事实上的停火或许不可避免。美国将把主要精力放在西半球和太平洋的防御上。即便美国在发展原子弹方面已经取得长足进步，但在针对德国时，它也会十分慎重。

本书分析了希特勒面临的一些机会，他原本可以借此赢得胜利。但事实却南辕北辙，因为他没有看到可以赢取胜利的迂回方式，以及固执地对苏联发动了正面进攻。

第 1 章　德国胜利的机会

1940 年 5 月 10 日清晨，战争史上最大规模的武力大集结沿着比利时和卢森堡东部边界展开。在 4 天时间里，由 1800 辆坦克组成的 7 个装甲师突破了法国在默兹河（Meuse）的主防线。7 天后，他们到达约 160 英里外的英吉利海峡，切断了当时正在比利时的最精锐的、机动化的法国和英国部队。那些不愿投降的英法联军士兵被迫从敦刻尔克沿海路撤退。

一个月后法国投降，英国也退居本岛，只剩下有限的武器装备和不到 21 英里的海峡抵御入侵。

德国至此已经取得了 20 世纪最为宏大、迅速以及压倒性的军事胜利。它控制了从挪威北角到地中海、从波兰到大西洋的广大欧洲区域。对德国的独裁者希特勒来说，胜利指日可待。

希特勒至此已取得了最为辉煌的胜利，摆在他面前的障碍不堪一击，眼见他就要缔造一个囊括欧洲、北非和中东的几乎无可匹敌的大帝国，然而，希特勒此后的行为却与之背道而驰，踏上一条仅在 5 年时间里就导致"千年帝国"覆灭的轨道。

许多德国高级将领看到了 1940 年里摆在德国面前的机遇大门，并力劝希特勒顺势而入。希特勒略作思考，最后还是拒绝了他们的劝说。在击败法国后，希特勒将注意力转向摧毁苏联以及屠杀他所憎恨的犹太人和其他种族的日程。

　　希特勒做出这一决定的过程不合逻辑、令人费解。希特勒认为，既然英国拒绝签订和平协议，而考虑到英国皇家海军的强大和德国海军的弱小，入侵英国将非常危险，于是他得出的结论是：战胜英国的唯一方法就是先摧毁苏联。希特勒判定，英国欲获得援助，主要希望仅剩下苏联，如果摧毁英国的这把"大陆匕首"，英国人只有乖乖投降。

　　这种判断显然大错特错。英国如果要求援，当然应求之于美国而非苏联。"我要把美国人拉进来。"英国首相温斯顿·丘吉尔（Winston Churchill）在法国沦陷以后对他的儿子这样说。而美国总统富兰克林·罗斯福（Franklin D. Roosevelt）也正在施以援手，但罗斯福需要玩一场精明的游戏。很多美国选民害怕卷入欧洲的战争，而只想自己的国家偏安于太平洋和大西洋之间。只有少部分人意识到希特勒的极端危险性，认为要想打败纳粹德国，美国决不能置身事外。

　　希特勒将矛头转向苏联，打着他的如意算盘，无论如何，他构建的理论将英国和苏联之间的关系糅合起来，以此证明行为的合理性。他憎恨共产主义，对斯大林领导下的这个飞速发展的工业化强国感到忧虑，还想攫取俄罗斯和乌克兰的大片领土。另外，苏联近在眼前，而英国则鞭长莫及。

　　事实上，希特勒并不想摧毁英国，这也是他决定东进的考量之一。他愿意尊重大英帝国，想与其达成谅解。然而，希特勒的条件却是英国保有其帝国领地，德国则在欧洲大陆自由行动。英国断然不会接受这样的安排，假使德国控制了欧洲大陆，英国也难以自保。

　　希特勒不想听见批评。他的高级顾问们深知，西线的战争只成功了一半，而且没几个人觉得东线战场在俄罗斯平原上的战争会速战速决。苏联幅员辽阔，有无限的潜在回旋空间，可与德国的战争机器周旋。西线战场空间有限，人口密集，目标集中，还有大西洋这一最后边界，而对苏战争的情况则与此截然不同。

当德国高级将领们各抒己见时，希特勒听取了曼施坦因的建议，将重点突破（Schwerpunkt）范围从比利时北部转向阿登高地（Ardennes）①。因为这一决定，德国取得了最为辉煌的胜利。因为其他高级军官的谬误以及曼施坦因的正确，希特勒认为可以依靠他的"直觉"行事。直觉告诉他应把对英国的战争降级，从而实现从 20 世纪 20 年代起就埋在心底的两大夙愿：摧毁苏联和消灭欧洲的犹太人。

希特勒对于"生存空间"的信念植根于这样一个观念：德国人需要更多的土地来生产更多的粮食。古典经济学早已证明过，在无须增加土地的情况下，工业化国家可以为本国居民从他国购买粮食和其他食物，但希特勒对此视而不见。此外，对德国人民而言，获得更多土地的想法能够引起共鸣。他们的父辈和祖辈曾在 20 世纪之初寻求向中东欧扩张，这也成为引发第一次世界大战的潜在原因，当时德国以失败告终。希特勒在《我的奋斗》（*Mein Kampf*）一书中写道："1914—1918 年间的德国并非世界强国，因为它不能供养其人民；直到德国具备这种能力，它才会变成世界强国。"

希特勒想要灭绝犹太人和其他种族的偏执毫无逻辑基础，而纯粹是恶毒的歧视。他把犹太人当成了德国面临的所有问题的替罪羊，甚至对苏联的崛起也是如此，他故意嫁祸犹太人，说那里的革命是犹太人引爆的，政权也掌握在犹太人手中。

希特勒的政治智慧告诉他不要公开卷入大屠杀中，但是，他让党羽们具体行动，特别是党卫军（Schulzstaffel or SS）头目海因里希·希姆莱（Heinrich Himmler）和莱茵哈德·海德里希（Reinhard Heydrich）。

---

① 阿登高地，位于法国北部、比利时东南部及卢森堡北部，默兹河的东西两方的高原。

在接下来的大屠杀中，希特勒及追随他的刽子手们屠杀了 600 万犹太人（后来被称为"犹太人大屠杀"），大约 100 万波兰人和吉普赛人，数千患有精神疾病或肢体残疾的人或者反对他的观点的人，以及 770 万苏联公民。这还不包括死于战争中的 910 万盟军士兵（其中 750 万是苏联士兵），以及死于战俘营中或被俘虏后直接被杀死的 500 万苏联士兵。

对普通民众和士兵的屠杀不仅制造了恐怖，还使德国丧失了潜在的有价值的劳动力的体力和脑力补给，并消耗了大量交通、资源、人力和战争亟需的能源。

很显然希特勒疯了。他对这样两个骇人和非理性的目标的执着就是明证。但希特勒在某种程度上也是明智的人，拥有高超的政治能力。直到 1940 年中期这段时间他所取得的非凡成功就是明证。

很多服务于希特勒的人认为，他们可以迎合希特勒思想中明智的部分并试图改变其疯狂的部分，以此引导德国通向战争胜利之路。从 1940 年中期开始，发生在希特勒总部的系列事件就是这种企图的戏剧性展示。一部分有远见的军官洞见到胜利之途并极力劝说他，而谄媚者则迎合希特勒的偏见。有时候希特勒听从一方，有时候听从另一方，而有时候则谁都不听、按自己的心意从事。

直到 1940 年夏天，希特勒已经取得了一系列胜利，在世界历史上可谓前无古人。其中多数成就的取得靠的是他杰出的政治智慧，而非武力。

在 6 年多的时间里，希特勒从 1933 年 1 月 30 日就任德国总理起步，两个月不到就成为德国独裁者，将国家完全掌控在他领导的纳粹党手中；1933 年 10 月使德国退出国联；1934 年开始对德国军事力量的大规模秘密重建；1935 年背弃《凡尔赛条约》开始征兵；1936 年重新占领根据《凡尔赛条约》被划为非军事区的德国边界区域莱茵兰地区（Rhineland）；1937 年宣布抛弃《凡尔赛条约》；1938 年 3 月 10 日，吞并主权国家奥地利，将其纳入德国版图；在 1938 年 9 月 29—30 日的慕尼黑会议上，胁迫英国和法国领导人同意他对捷克斯洛伐克的肢解①，并于 1939 年 3 月 15 日占据了这个国家余下的领土——捷克的波西米亚和摩拉维亚。

这种背叛行为是最后的宣告：英国首相内维尔·张伯伦（Neville Chamberlain）、法国总理爱德华·达拉第（Edouard Daladier）对希特勒的"绥靖政策"完全是误入歧途，而希特勒就是彻头彻尾的骗子。在慕尼黑会议上，希特勒郑重起誓，吞并捷克斯洛伐克境内讲德语的苏台德地区（Sudetenland）将是他在欧洲最后的领土要求，还称他保证该国其他地区的独立。

英法两国现在声称要保护波兰的独立，那是希特勒征服名单上的下一个目标。这种姿态希望渺茫，因为没有哪个国家可以帮助波兰。这个国家的命运在 1939 年 8 月 23 日已经注定，彼时，苏联出于绝望而非对希特勒所谓和平愿望的信任，与德国签订了互不侵犯条约。早年间，英法两国出于对共产主义的害怕，拒绝与苏联一起阻止希特勒的企图，而那时本可以相对容易地做到。

根据柏林—莫斯科条约的秘密条款，东欧被划分为德国和苏联的势力范围，1939 年 9 月 1 日，希特勒把军队开进了波兰。被德国及其控制领土半包围的波兰根本没有任何反击机会。波兰军队第一天就被围剿了。此外，德军古德里安将军发展了一支精良的装甲部队，在第一次运用"闪电战"（Blitzkrieg）的配合下，德国坦克以摧枯拉朽之势刺穿波兰的防线。3 周时间内，波兰就被击溃，此时波兰人发现他们的领土被西边的德国人和东边的苏联人分割。

──────────

① 　1938 年 9 月 29—30 日，英国首相张伯伦、法国总理达拉第、纳粹德国元首希特勒和意大利首相墨索里尼在德国慕尼黑举行会议，同意割让捷克斯洛伐克的德意志族聚居区苏台德领土给德国。

　　1939 年 9 月 3 日，英法对德宣战。英国在海上展开一些军事行动，封锁德国港口并袭击在水面上的德军，但迟迟不向欧洲大陆派兵。而法国人在法德边境线上什么也没做。1939—1940 年这秋冬季间的战争在英国和美国被称为"冒牌的战争"，在法国被称为"古怪的战争"，在德国则被称为"静坐战"。

　　与此同时，苏联利用与德国之间的条约，要求芬兰割让大片领土作为苏联列宁格勒市（圣彼得堡）和其他地方的缓冲区。芬兰人没有低头，于是苏联于 1939 年 11 月 30 日挥师而入。尽管芬兰人在"冬季战争"中表现出色，但苏军力量实在太强大了，1940 年 2 月 11 日，苏军攻破芬兰主要防线，最终，芬兰于 3 月 12 日投降，如俄罗斯人所愿割让领土。

　　英法两国看到，通过在挪威境内水域布设水雷，可以阻止德国从瑞典北部经水路到挪威港口纳尔维克运输铁矿石，以此破坏德国的战争经济。这些铁矿石对德国的战争来说至关重要，但因为冬季的波的尼亚海湾封冻，无法经由波罗的海运输。同时，希特勒对挪威峡湾垂涎已久，希望借此作为屏障，相继派出德国水面舰艇、飞机和潜艇破坏英国的补给线。这样，在 1940 年初，双方都计划着夺取挪威。

　　希特勒抢先出手，以一次奇袭夺取了丹麦，并于 1940 年 4 月 9 日占领挪威的重要港口。盟军也展开了对挪威的争夺并取得了一些胜利，尤其是在海上，但是德军的进攻更有秩序也更有力度，盟军很快就撤退了，战争焦点转移到低地国家比利时、荷兰、卢森堡和法国，1940 年 5 月 10 日，希特勒在那里发起了西线战役。

　　盟军本该从波兰之战中明白德军军力部署中两个新元素的运用，但实际上并非如此，而且，盟军还在西线遭到它们以迅雷不及掩耳之势的打击。这两大元素就是飞机和坦克。

　　德国将军们发现了其他军队领导人没有想到的东西：飞机和坦克不

是武器而是运输工具。运输工具可以运载弹药、枪支和人员，形成一个新的军事系统。军队的构成可以包括：空降部队、自行坦克部队、摩托化炮兵和摩托化步兵。空中力量可以包括战术飞机，比如充当空中大炮的俯冲轰炸机；或者战略飞机，具备远距离飞行和携带重磅炸弹的能力，可以轰炸敌国本土。

古德里安根据两位英国专家——富勒（J. F. C. Fuller）和李德·哈特（Basil H. Liddell Hart）的理论建立了装甲部队，他们提出的将装甲车集中起来组成大的军事单位的思想在自己的国家里被大大忽略了。德国统帅部在这一点上与英国领导层一样死板，他们反对古德里安的想法。希特勒对坦克的热情让古德里安得以按照这一原则组建军队，即把所有装甲车整合成装甲师，而不是像法国和英国军队那样仍将其拆分成若干份融入步兵师。

此外，古德里安还说服人们接受：装甲师不仅要有坦克，还应有摩托化步兵、大炮和工程兵，它们应能以坦克的速度行军，并在坦克所及的地方与装甲车一起参与进攻行动。

以北非作战而闻名遐迩的埃尔温·隆美尔（Erwin Rommel）用一句话概括了闪电战的精髓：“集中力量于一点，强势突破，席卷和包抄两翼，在敌人还没反应过来时，像闪电一般刺穿敌人后方。”

这是世界军事史上革命性的理论。大多数军事领导人仍认为，正如在第一次世界大战中的运用一样，坦克应该被用来辅助步兵在“步行”过程中打击敌军目标。正因如此，最好的联军坦克，如英国的重甲怪兽“玛蒂尔达”（Matilda）坦克，可以抵挡大部分的敌军火力，但是跑起来还没有步兵走得快。而德国坦克则是轻甲快跑，时速可达每小时 25 英里，可以快速刺穿敌人防线，并迅速突入敌人后方。

令人惊讶的是，盟军（以及大部分德军）军官对古德里安那令人信服的逻辑论据视而不见。他指出，举个例子来说，如果交战一方有

2100 辆坦克，将其均匀地部署在约 300 英里长的前线用以支持步兵师，则坦克密度为每英里 7 辆，这并不足以构成决定性力量，除非是局部作战。如果另一方拥有同样数量的坦克，将其集中用于一次"重点突破"，或打击敌方枢纽，那么坦克密度就是有多大地方就有多少坦克。这样的集中火力势必造成成功突破。防御坦克和反坦克机枪明显不足以抵御所有的进攻装甲车，这样其他的装甲车就可刺入后方，在其他摩托化力量的配合下逐步开拓胜利局面。这将无可避免地打破主要防线的平衡，进而导致整个前线的崩溃。

然而，英法军队仍坚持把大部分坦克分散到步兵师中。两军都有一种错觉，认为战斗将以连续的线型方式展开，他们可以在少数敌军坦克取得突破的任何地方调动坦克和机枪进行阻击。他们并未彻悟体量巨大的坦克群在单点形成决定性突破的效果。

德国飞速发展起来的飞机乏善可陈。容克 Ju87B 斯图卡俯冲轰炸机拥有固定起降架、500 公斤载弹量，最高时速可达每小时约 240 英里。到了 1940 年，它已经显得过时，但是斯图卡本身是为精确打击敌人的阵地、坦克和部队而设计的。而且，在纳粹德国空军依靠性能优异的梅塞施密特（Messerschmitt）109 飞机取得空中优势以后，斯图卡就可以在空中大显身手了。斯图卡充当了空中大炮的角色且富有成效。斯图卡能实现精确打击，德国飞行员还在其上面放置了一种普通口哨，可在做俯冲时发出刺耳的鸣叫，这对盟军士兵来说十分恐怖。盟军空军没有意识到这种飞机的必要性，而主要关注区域轰炸（指无特定目标的全区域性的轰炸），作战效果平平。

当德国装甲车突破敌军防线时，他们可以有机地调动大炮和斯图卡粉碎敌人据点或者协助摩托化步兵的进攻。这是赢得战术作战的一种新方式，而盟军显然无法与之媲美。

第 2 章　西线战场：1940

德国在西线作战的最初计划十分谨慎——没有计划取得决定性胜利，甚至没有预期会战胜法国。

按照希特勒的指示，1939 年 10 月，国防军陆军总司令部（Oberkommando des Heeres，OKH）提出的最初作战方案仅仅是击败大部分盟军部队，同时拿下荷兰、比利时和法国北部的领土，以"成功地开展对英国的空中和海上行动"，并作为荷兰以东的工业区"鲁尔区广阔的保护屏障"。

这个计划表面看起来与第一次世界大战中著名的"施里芬计划"相似，即把攻击的重点放在了打通比利时上。除此之外，国防军陆军总司令部的计划与之完全不同。阿尔弗雷德·冯·施里芬（Alfred von Schlieffen）伯爵的计划是打败整个法军。他的目标是用下压到巴黎的一记右钩拳来包抄英法联军，然后回过头来从"后方"向法德边境挤压敌军，迫使其投降。

这在 1940 年是不可能的。1914 年的施里芬计划靠的是出其不意。而 1940 年时，盟军已料到德国人会经由比利时进军，因为他们不可能沿法国边境直接进攻。20 世纪 30 年代，法国就构筑了从瑞士到卢森堡的"马其诺防线"（the Maginot Line），这是一个互相连通的钢筋混凝土防御工事，设有多个炮台，因此直接进攻它只能是白费力气。

德国人的意图刚一暴露，盟军就派出重兵在比利时阻击，尽管这样做是错误的。明智的选择当然是仍沿比利时边境布防，或者撤往约50英里以南的索姆河（the Somme River）一带，以构成强有力的防线，这样就可以利用盟军在大炮数量上2∶1的优势，并在德军向西移动的过程中对其暴露的南翼部队发动反击。即使不这样做，他们原本也可以掘壕固守，应付随时随地可能发生的攻击。

但是，法国因为在一战中曾遭受巨大破坏，因此不愿再将战火烧到其本土。英法两国还指望得到比利时和荷兰军队的增援。一旦他们加入进来，盟军的数量即可与德军势均力敌。他们设想以布鲁塞尔以东约15英里处向北流向的代勒河（Dyle）作为主要的防御屏障，同时将机动化程度最高的部队调至代勒河以东约50英里的默兹河，以减缓德军进攻步伐。

盟军的领导人低估了这一计划的明显缺陷。这一计划要求他们放弃已经沿边境线构筑起来的防御工事，转而将主力部队快速调至代勒河，同时在德军将至前可能有的有限的两三天时间内挖出一条新的防线。

国防军陆军总司令部看到了盟军的软肋，期望德军以强有力的正面进攻突破该两条河流防线。但对盟军而言，即使被暂时击败，仍可退至索姆河下游，与马其诺防线一起构成连续作战前线。这也是希特勒和国防军陆军总司令部并不指望在西线取得全面胜利的原因。他们预计会形成僵持局面，就像1914年秋季战役结束后德国人不得不面临的情况一样，而唯一的改善就是可以利用法国北部、比利时与荷兰三国的沿海地区展开对英国的海上和空中作战。

曼施坦因看到作战计划后认为，如果只是动用德国军队取得局部胜利，将会导致长期的消耗战，而这无疑是犯罪。它将意味着失败的命运，因为盟军控制着海洋通道，可以获得来自亚洲、非洲和美洲无穷无尽的资源供应，也因此比德国人更有能力赢得长期的消耗战。

　　曼施坦因是格尔德·冯·伦德施泰特（Gerd von Rundstedt）将军领导的 A 集团军群的总参谋长，他看到了国防军陆军总司令部所没有看到的一个机会——在盟军的整个北翼涌入比利时后，将其全部歼灭。盟军的移动还将为第二次打击留下空隙，可以借机摧毁余下的法军。

　　在伦德施泰特的许可下，曼施坦因提议，将德军进攻的重心放在由 A 集团军群进攻阿登高地上，这是位于比利时东部和卢森堡北部的一片丛林密布的低山区域。他还提出，集中德军的 10 个装甲师，大举突进，压向默兹河畔的色当（Sedan），在法军还来不及组织大规模防御时快速跨过默兹河，然后掉头"向西"，穿过几乎毫无防御的地域直指英吉利海峡。这将切断在比利时境内的所有盟军部队的后路，从而迫使其投降。

　　曼施坦因还叮嘱，仍需由费多尔·冯·博克（Fedor von Bock）领导的 B 集团军发动对比利时北部和荷兰的猛烈佯攻。博克的部队应制造出足够大的动静，让盟军相信德军的举动符合他们的预期。这就将诱使盟军将其大部分机动部队调往比利时。他们前进得越远，离毁灭就更近。

　　"德军的攻击力是我们的撒手锏，不能采取折中的办法浪费它。"曼施坦因写道。

　　曼施坦因向古德里安咨询坦克是否能越过阿登高地的山岭和狭窄道路。古德里安研究地形后，给出肯定的回答，并且成为曼施坦因计划的热情追随者。

　　但国防军陆军总司令部不以为然，并在接下来的 3 个月里重重设障。德国陆军总司令瓦尔特·冯·布劳希奇（Walther von Brauchitsch）和陆军总参谋长弗兰茨·哈尔德（Franz Halder）不愿看到自己的计划被废弃，也不像曼施坦因和古德里安那样热衷于坦克。他们像正统的军人那样思考，认为渡过像默兹河这样的大河势必需要步兵和炮兵的机动，以及细心筹划的协同进攻。而这需要花时间，法国人则可利用这些时间构建强大的防线。

曼施坦因和古德里安信心满满，认为只需装甲师和轰炸机就可快速攻破默兹河防线，而且认为快速的行动可以确保法军来不及调动足够的兵力进行阻击。速度还可以确保德军装甲师穿越法国境内向英吉利海峡径直推进时，只会遇到小股敌军的阻击。

1939 年 11 月，希特勒下令将古德里安指挥下的第 19 军（一支由三个装甲师组成的新的装甲集团军）编入 A 集团军群，攻打色当。国防军陆军总司令部并未将曼施坦因的计划告诉希特勒，他做出这一决定很可能是因为他认为色当是最容易渡过默兹河的地方。不管怎样，国防军陆军总司令部都对曼施坦因的战略视而不见。

到 11 月末，对北部的重点进攻仍未动摇，国防军陆军总司令部又向 A 集团军群的后方集结地域增派了由四支摩托化步兵师组成的第 14 军。这些师没有坦克，但几乎和装甲师一样快速，而且在装甲师成功向西突破时，可以很好地保护其侧翼。

1940 年 1 月 10 日这天，德军某空降师的参谋在比利时迫降。被俘之时，他随身携带着作战命令，只来得及烧毁了一部分，这样就把大部分的德军行动计划（"黄色方案"①，Fall Gelb）泄露了。随后，多位盟军将领断言，这一事件将使德军最高统帅部调整其战略，然而事实并非如此。在 1 月 25 日举行的有全体陆军集团军群及军司令官参加的总司令官会议上，作战计划并未改变。而在盟军一方，指挥官们并不确定被截获的德军命令可信还是有诈，因此也没有改变计划。

"不约而同地，"曼施坦因写道，"德军和盟军统帅部都认同在比利

---

① 第二次世界大战期间纳粹德国进攻法国及低地国家战役（又称"法国战役"）的一部分，分为两大部分行动：第一部分为"黄色作战"，攻打荷兰、比利时、卢森堡三国和法国北部；第二部分为"红色作战"，进攻法国本土。

时北部正面对垒要比卷入一场冒险行动更加保险，（冒险行动）就德军而言就是接受 A 集团军群的计划，就盟军而言就是避开在比利时的决定性战役而转为给德军南翼进攻部队以重击。"

对国防军陆军总司令部而言，曼施坦因接连不断地改变作战计划的请求几乎成了废话。1940 年 1 月 27 日，以曼施坦因应得到提升为名，国防军陆军总司令部任命他为第 38 军军长，而这支步兵部队在接下来的战役中只是跑龙套的角色。他们希望曼施坦因就此消停，但曼施坦因却利用这一任命对德国的战略做出了决定性的改变。

2 月 17 日，曼施坦因被传唤到柏林，在一次面谈及正式的午餐会上向希特勒做汇报，与会的还有其他新任命的集团军指挥官。希特勒的首席副官、陆军中校鲁道夫·施蒙特（Rudolf Schmundt）对曼施坦因的提议向来赞同，他为曼施坦因安排了午餐后与希特勒单独谈话。

"我发现他出奇快地抓住了过去几个月来我们的军队所鼓吹的要点，他也完全赞同我的说法。"曼施坦因之后这样写道。

第二天，国防军陆军总司令部就对希特勒的命令做出了反馈，下达了反映曼施坦因提议的新的作战指令。曼施坦因的思想以"镰刀收割计划"（Sichelschnitt）在德军中熟知，这是个形象的描述，预示着德军强大的装甲"利刃"将切断盟军脆弱的防线，就好比收割者用镰刀割断柔软的杂草或谷物茎秆。

国防军陆军总司令部组建了一支由 5 个装甲师、4 个摩托化师构成的新的"装甲集团军"，由埃瓦尔德·冯·克莱斯特（Ewald von Kleist）将军指挥。该集团军包括古德里安的第 19 军、汉斯·莱因哈特（Hans Reinhardt）的第 41 军和古斯塔夫·冯·维特斯海姆（Gustav von Wietersheim）的第 14 摩托化集团军。它们将成为攻破色当外围的默兹河防线的"破城槌"。一同受命的还有赫尔曼·霍特（Hermann Hoth）麾下的第 15 集团军，该军的两个装甲师要在北部的迪南（Dinant）渡过默兹河，掩护那一侧的克莱斯特的主力部队。国防军陆军总司令部调第 2 军协助保护 A 集团军群的南翼。这样一来战役的重心也就转移到了南部。

与此同时，博克的 B 集团军群仍然保持强大阵势，以三个军的军力进攻比利时北部与荷兰。博克还另有三个装甲师：艾里希·霍普纳（Erich Hoepner）领导下的第 16 军的 2 个师参与主攻，另外 1 个师（阿尔弗雷德·胡比基领导的第 9 师）被派去荷兰作战。

这是一个激进的、令人惊诧的转变，也是希特勒在军事上所做出的最好的决定。将"重点突破战术"转向阿登高地后，希特勒也创造了赢取全面胜利的有利条件，而这足以改变整个世界局势。

此时盟军阵营里的情况也在发生着戏剧性的变化。法国总理达拉第难以鼓起勇气解除被证明无能的法军总司令莫里斯·甘末林（Maurice Gamelin）的职务。

法国议会对达拉第很不满，因为盟军在帮助芬兰方面毫无作为，而又眼见德军大兵压境到低地国家。1940 年 3 月 18 日这天，达拉第在下议院信任投票中失败。保罗·雷诺（Paul Reynaud）组建新政府，但不得不接受达拉第担任国防部长，而达拉第仍力挺甘末林。

这是雷诺所不愿见到的，他辞职了，但共和国总统阿尔贝·勒布伦（Albert Lebrun）说服他组建临时政府。这样法国就在处于燃眉之急的时刻摊上了一个软弱而犹豫不决的政府。

几周之后的英国，张伯伦首相无法就在挪威的惨败给下议院以令人信服的解释，他那已经因为对希特勒的"绥靖政策"而变得脆弱的支持率此时彻底化为泡影。1940 年 5 月 9 日晚，工党领导人亚瑟·格林伍德（Arthur Greenwood）和克莱门特·艾德礼（Clement Attlee）表示，只要张伯伦仍担任保守党领导人，他们就拒绝与保守党组建联合政府。张伯伦被迫下台。

第二天，也就是德军进攻西线当天，丘吉尔——代表着在英国反对希特勒的最强劲也最雄辩的声音——掌握了联合政府的"方向盘"。张伯伦担任枢密院议长（Lord President，权力极小的职位），哈利法克斯（Halifax）勋爵担任外务大臣，安东尼·艾登（Anthony Eden）从殖民地办公室调至战争部任职。艾德礼担任掌玺大臣和副首相，格林伍德担任国务大臣。丘吉尔要求自任国防部长。自此，他可以越过战争部长直接与参谋长达成一致。

1940 年 5 月 10 日这天，德军在荷兰、比利时和卢森堡边境摆开阵势，呈现出与以往军队大不一样的景象。普通的步兵师明显不见了。这些传统上的徒步行军和战斗的战争主力已被预先替换。在即将打响的战役中，他们因为速度太慢而无法执行重大任务。决定胜利的力量一部分是隶属北方集团军的空降兵部队，但更主要的则是新的德军"快速部队"——装甲师和摩托化师。

仅这些快速部队的一部分——A 集团军群的 7 个装甲师——就将在西线战役中起决定性作用，而它们仅占整个德军军力的 8%。B 集团军群的 3 个装甲师也将发挥重要作用。但对盟军据点的实际突破发生在战役的第一阶段，A 集团军群的 7 个装甲师起了主要作用。纳粹德国空军承担协助装甲车作战的重要任务。梅塞施密特 Bf109 战斗机负责破坏敌军机场，而轰炸机（大部分为斯图卡战机）则给地面主战部队以支援。

在快速部队后方的是德军右侧即北翼的 25 个装甲师。在 A 集团军群后面夹在中间的是 38 个步兵师。它们的任务是占领将由"装甲楔子"打开的通道。在南面沿马其诺防线部署的是威廉·冯·里布（Wilhelm von Leeb）领导下的 C 集团军群的 8 个步兵师，只执行牵制任务。

盟军有 337 万人，共有 143 个师：英国 9 个，比利时 22 个，荷兰 8 个，其余的来自法国。德军共调动 141 个师，共 300 万人。盟军拥有近 1.4 万门大炮，德军只不过 7000 多一点。然而，盟军的武器主要是为步兵配备的地面作战枪械。他们能用来应付即将开始的战斗的武器——防空和反坦克武器——太少了。

盟军有 3400 辆坦克，比德军的 2700 辆多。但盟军的装甲大部分分散到步兵师中间，而德军的所有坦克则集中起来组建了 10 个装甲师。

只有在空中力量方面德军的优势清晰可见：4000 架一线作战飞机对盟军的 3000 架。更糟糕的是，盟军的许多飞机已经过时，他们的轰炸机是为区域轰炸或一般目标轰炸而设计的，不如德军的 400 架斯图卡那样能够攻击战场上的（具体）目标。法国人认为他们可以用中型轰炸机作为"对冲漏斗"攻击敌军。但试过之后才知道，这种轰炸机很难招架住地面火力。

法军只有 68 架德瓦蒂纳（Dewoitine）520 战机，这也是他们仅有的性能接近 520 架梅塞施密特 Bf109 的战机。英国皇家空军将精锐的喷火式战机"雪藏"在本土，留下了一些飓风战机在法国境内，只能在较低层次的较量中稍微与梅塞施密特战机相抗。

当德军寄望于基于由俯冲轰炸机支援的快速移动的装甲部队作战的新式战争时，法军（很大程度上还有英军）更像是准备再打一次第一次世界大战。

法国军队是当时德军的劲敌，但其战略的执行需要一条连续的战线，高度依赖于步兵，且需配以火炮支援。法国人希望看到的是，敌人攻击这条战线只是徒劳，落得筋疲力尽。只有当敌人筋疲力尽并最终停止进攻时，法军才有转入战术反攻的机会。进攻总是"有组织的战斗"。这种作战体系在第一次世界大战后期被使用，其后不断完善。它的速度极慢。以法军的战术，如果指挥官没有掌握准确的信息"知己知彼"，就不能采取任何行动。整个过程中需要耗时甚巨的侦察。

步兵的进攻须在密集的炮火进攻之后启动。步兵每前进 1500 米就得停下来让炮兵变换位置。如此几个来回后，他们还得停下来好让大炮向前推进。

　　所有这些都很耗时间。以 1938 年的一次演习为例，一次持续仅两天的进攻，准备时间却花去 8 天。

　　古德里安对敌人的作战体系了如指掌，他很确信，装甲部队的速度之快可以让法国人根本来不及反击。瞬间即可改变局势，而法国人只能望尘莫及。这对古德里安来说就意味着，装甲部队无须担心其侧翼。法国人还来不及反应，德军就已经抵达英吉利海峡并庆祝胜利了。

　　然而德国的其他高级指挥官们的思维却与他们的法国对手如出一辙，对古德里安不敢苟同。这些观念上的分歧还将引发更多的冲突。

第 3 章　法国战败

回到德军的作战计划，德国人在荷兰和比利时北部打出了第一拳。他们的攻击时机正好且令人信服，就像发令枪一样激发了联军的迅速进攻。

在这次有史以来最大规模的空中进攻中，库尔特·斯图登特（Kurt Student）的第 7 航空师的 4000 名伞兵于 1940 年 5 月 10 日清晨从天而降，进入海牙、鹿特丹和乌得勒支一带的"荷兰要塞"（Fortress Holland）。这支部队在荷兰防御体系的核心地带突然出现让联军指挥官大为震惊。荷兰人本想打几周时间防御战，直到法国人加入作战，进而持续抵抗下去。就在斯图登特的伞兵部队拿下鹿特丹和海牙附近的四个机场之后，特奥多尔·冯·斯波内克（Theodor von Sponeck）第 22 步兵空降师（共 1.2 万人）经空运陆续抵达。

德国人试图通过突袭占领海牙和政府大楼，但却以惨重伤亡宣告失败。不过，他们还是占据了多德雷赫特—穆尔代克—鹿特丹（Dordrecht—Moerdijk—Rotterdam）一线地区的重要桥梁，并坚守至第 9 装甲师于 1940 年 5 月 3 日撕破防线，推进至这些桥梁，清除了所有抵抗。

就在同一天，德国人开展了第二次世界大战期间的第一次空中暴行：他们的飞机向没有设防的鹿特丹市中心掷下雨点般的炸弹，导致上千平民死亡，荷兰全国也笼罩在恐怖之中。两天后，荷兰投降。而它们的军队还几乎没有参加过战斗。

另一个戏剧性的场面发生在默兹河以及马斯特里赫特附近的阿尔伯特运河的大桥上，这里距离荷兰边境约 15 英里。这些大桥对德军装甲部队突破并打开比利时的开阔平原地带至关重要。荷兰守军已经准备好在得知德军突破防线后，迅速炸掉大桥。为此，德军决定进行突袭。

此外，德军还必须找到办法控制住位于马斯特里赫特以南约 5 英里的比利时埃本·埃马尔要塞。这个要塞守卫着东面的阿尔伯特运河和默兹河。埃本·埃马尔要塞以加固混凝土建造，隐蔽的炮台设有 75 厘米和 120 厘米的大炮，该要塞于 1935 年建成，坚不可摧。要塞唯有一处不设防，即平坦的屋顶。而这正成了埃本·埃马尔要塞的致命弱点。

希特勒亲自选定了空降兵上尉沃尔特·科赫（Walter Koch）指挥这次行动。其中就包括由鲁道夫·维兹格（Rudolf Witzig）中尉带领的一队工程兵。

1940 年 5 月 10 日清晨，21 架分别载有 10 人的滑翔机由容克 52 型运输机牵引着从位于科隆附近的基地出发。在亚琛上空 8000 英尺处，滑翔机脱钩，缓慢降落在荷兰境内，其中 10 架降落在四座重要大桥附近，9 架正好落在埃本·埃马尔要塞的平顶上。不过鲁道夫·维兹格并不在他们中间。他所在的滑翔机和另外一架的牵引绳正好断裂，不得不被另一架容克 52 带回。在维兹格到来前，赫尔穆特·文策尔（Helmut Wenzel）中士负责指挥，在炮筒、炮台和出口通道处都安放了炸药。转眼间，德军工程兵就让要塞失去了抵抗能力，把 650 人的驻军封闭在要塞里面。第二天德军步兵到达，要塞投降。

在战斗进行过程中，由科赫上尉率领的强击队赶在惊慌失措的守军准备炸桥之前，夺下了阿尔伯特运河上的四座大桥。

但是德军派出的特别间谍小分队却没能占领马斯特里赫特的默兹河

征服低地国家和法国，1940年

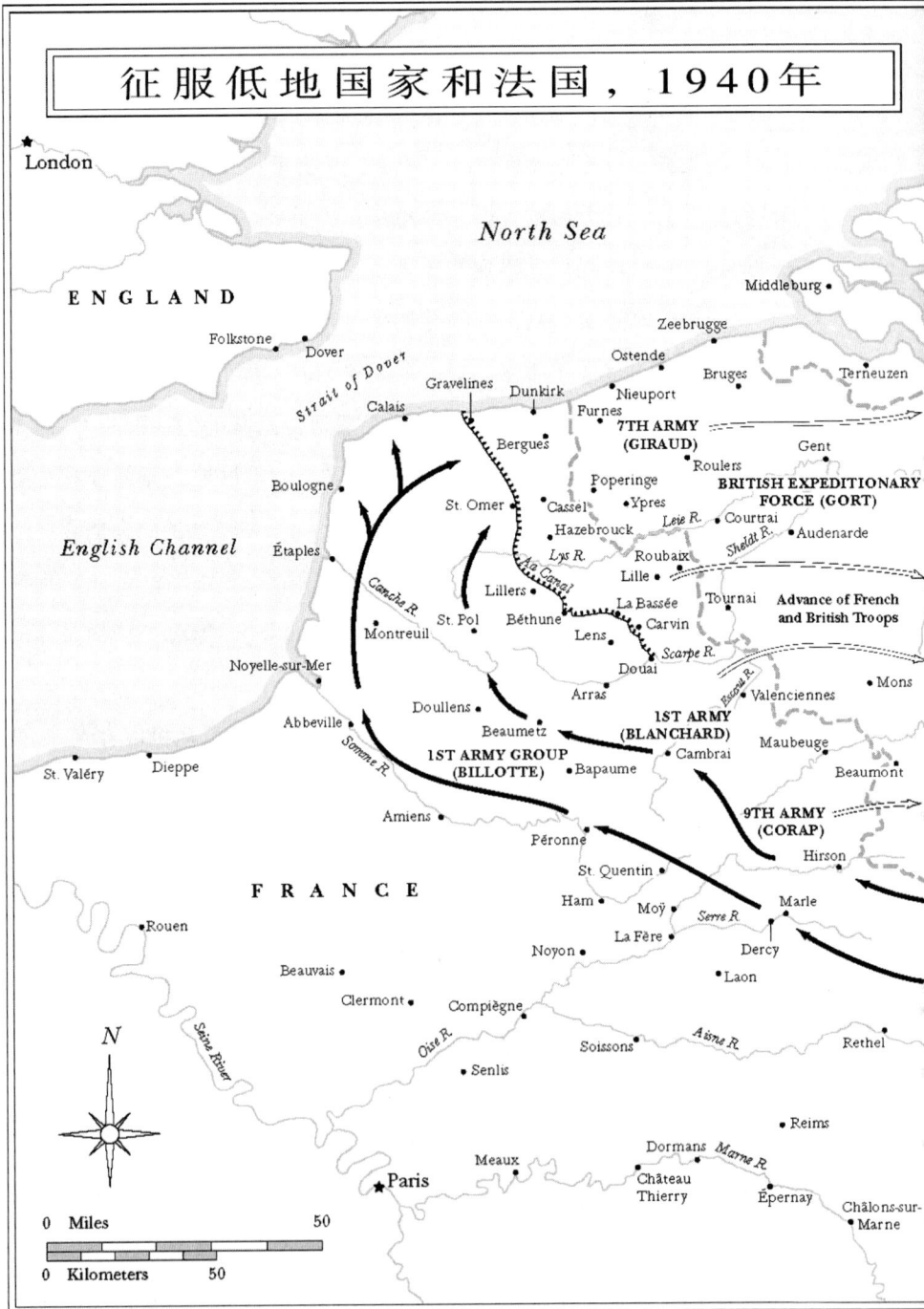

London

North Sea

ENGLAND

Middleburg

Folkstone · Dover

Zeebrugge

Ostende

Bruges

Terneuzen

Strait of Dover

Gravelines · Dunkirk

Nieuport

Furnes

Calais

Bergues

7TH ARMY (GIRAUD)

Gent

Boulogne

St. Omer

Poperinge

Roulers

Ypres

BRITISH EXPEDITIONARY FORCE (GORT)

English Channel

Étaples

Cassel

Hazebrouck

Leie R.

Courtrai

Audenarde

Conche R.

Lys R.

Aa Canal

Roubaix

Lille

Scheldt R.

Tournai

Advance of French and British Troops

Lillers

St. Pol

Béthune

La Bassée

Lens

Carvin

Montreuil

Arras

Douai

Scarpe R.

Mons

Valenciennes

Noyelle-sur-Mer

Doullens

Beaumetz

Cambrai

Maubeuge

Abbeville

1ST ARMY (BLANCHARD)

Beaumont

Dieppe

1ST ARMY GROUP (BILLOTTE)

Bapaume

St. Valéry

Somme R.

Amiens

Péronne

9TH ARMY (CORAP)

Hirson

FRANCE

St. Quentin

Marle

Rouen

Ham

Moÿ

Serre R.

Dercy

La Fère

Beauvais

Noyon

Laon

Clermont

Compiègne

Oise R.

Soissons

Aisne R.

Rethel

Senlis

N

Seine River

Reims

Paris

Meaux

Dormans

Marne R.

Château Thierry

Épernay

Châlons-sur-Marne

0 Miles 50

0 Kilometers 50

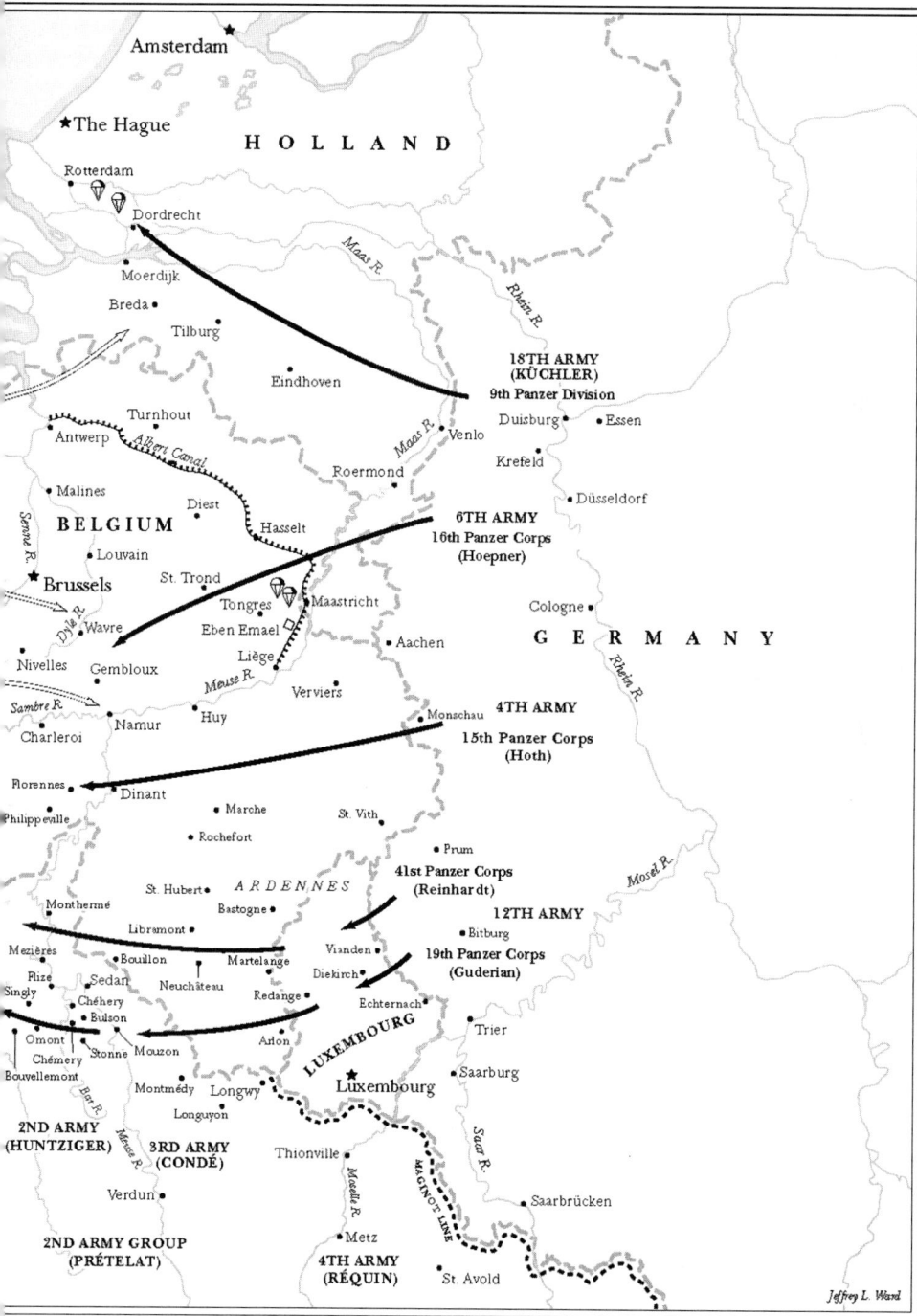

Amsterdam

★The Hague

HOLLAND

Rotterdam

Dordrecht

Moerdijk

Breda

Tilburg

Eindhoven

Maas R.

Rhein R.

18TH ARMY
(KÜCHLER)
9th Panzer Division

Duisburg • • Essen

Turnhout

Antwerp

Albert Canal

Venlo

Roermond

Krefeld

Malines

Diest

Düsseldorf

BELGIUM

Hasselt

6TH ARMY
16th Panzer Corps
(Hoepner)

Louvain

St. Trond

Brussels

Tongres

Maastricht

Cologne

GERMANY

Eben Emael

Liège

Aachen

Nivelles

Gembloux

Meuse R.

Verviers

Sambre R.

Namur

Huy

Monschau

4TH ARMY

Charleroi

15th Panzer Corps
(Hoth)

Florennes

Dinant

Marche

St. Vith

Rhein R.

Mosel R.

Philippeville

Rochefort

Prüm

ARDENNES

41st Panzer Corps
(Reinhardt)

St. Hubert

Bastogne

12TH ARMY

Monthermé

Libramont

Bitburg

Mézières

Bouillon

Martelange

Vianden

19th Panzer Corps
(Guderian)

Rhze

Sedan

Neuchâteau

Diekirch

Singly

Chéhery

Redange

Echternach

Trier

Omont

Bulson

Arlon

LUXEMBOURG

Chémery

Stonne

Mouzon

Luxembourg

Bouvellemont

Montmédy

Longwy

Saarburg

2ND ARMY
(HUNTZIGER)

3RD ARMY
(CONDÉ)

Longuyon

Thionville

Saar R.

Verdun

Moselle R.

MAGINOT LINE

Saarbrücken

2ND ARMY GROUP
(PRÉTELAT)

Metz

4TH ARMY
(RÉQUIN)

St. Avold

Jeffrey L. Ward

大桥，他们被荷兰人击退了。这也导致埃里希·霍普纳的第 16 集团军的装甲部队被阻滞了 48 小时。之后他们终于取得突破，为紧随其后的瓦尔特·冯·赖歇瑙（Walther von Reichenau）第 6 集团军打开了一条宽阔的通道。

联军指挥官甘末林将军命令位于左翼的联军主力部队——加斯东·哈维·比洛特（Gaston Harvé Billotte）的第 1 集团军迅速抵达代尔河。这支部队包括了法国的三支由轻骑兵改装的"轻型机械化师"，每个师配有 200 辆坦克。位于这支集团军左边的是戈特（Gort）勋爵率领的英国远征军的 8 个师。英军移动到比利时军队以南的鲁汶—瓦韦尔（Louvain—Wavre）一线，与此同时，法军在英国战线下方从瓦韦尔向位于默兹河边的那慕尔和迪南展开。甘末林则亲自指挥法军的摩托化骑兵部队、装甲车和马队深入阿登森林地区阻击德军。

甘末林还命令由亨利·吉罗（Henri Giraud）指挥的法国第 7 军快速进入鹿特丹西南约 30 英里的布雷达（Breda），与荷兰军队连成一线。但随着"荷兰要塞"（Fortress Holland）陷落，第 7 军随即撤往比利时安特卫普。

作为在马其诺防线和已经向东北方向行进的部队之间在色当地区的枢纽，甘末林所能倚重的是两支法国部队（第 2 和第 9 军）的 4 个骑兵师和 12 个步兵师，主要由年长的后备役军人组成。色当一带是法国边境防御最不稳固的部分。在坦克面前，骑兵显得一无是处，而步兵的反坦克或防空武器也少得可怜。

纳粹空军使出浑身解数打击联军的空中防御和地面上的联军飞机。德军的胜利，很大部分是因为荷兰、比利时和法国的战机无法与梅塞施密特 109 抗衡，而英国皇家空军则把喷火式战斗机雪藏在了英国本土。

德国轰炸机袭击铁路、公路和军队之间的结合部。他们极力制造恐怖和混乱，同时让德军的地面行动更加容易。以斯图卡为主的飞机群配合德军先头部队进攻、保护其侧翼、摧毁敌方防御工事并阻止敌方装甲部队的行动。一周之后，纳粹空军占据了优势，又过了一周之后，他们掌握了绝对的空中主导权。

紧随霍普纳的第 3 和第 4 装甲师之后的第 6 集团军快速前进并包抄了比利时的列日（Liège）要塞，将英法联军和比利时军队压制到安特卫普和代尔河一线。此前已经进入荷兰的格奥尔格·库勒（Georg Küchler）的第 18 军在荷兰人投降后，将矛头直指安特卫普，并于 5 月 18 日拿下这座城市。进入阿登地区的法军骑兵部队在阻挡德军进攻中毫无建树，回撤到联军主阵地后方。

配备有 13 个步兵师和 800 辆坦克的法国第 1 军奉命不惜一切代价守住让布卢地峡（Gembloux gap），这是位于默兹河边的那慕尔和代尔河边的瓦韦尔之间 22 英里宽的地带。不幸的是，指挥官将他的装甲分散于沿线。

5 月 14—15 日，德军装甲部队对让布卢城进行合围攻击。这里集中了法军的 150 辆坦克，比德军开始进攻时配置的坦克多。在数回合的激烈交手后，法军将德军装甲击退，但是大量德军坦克陆续压上，法军在数量上转为劣势，于 5 月 15 日被迫撤退，为德军装甲进行血洗打开了大门。

比利时军队和英法联军退到了西边约 15—30 英里外的斯特尔特河（Scheldt River）。看起来像是要溃退了，但是德军最高统帅部不想让英法联军撤退得太快，他们要让伸到联军后方的包围网完成。因此，德军第 16 集团军被调走，充作阿登进军的后翼，空军支援也被撤走。

德军的胜利让全世界震惊。就在此时，一个伟大的声音响起来，它振作了联军的士气，鼓舞了世界各地民主世界的人民，并且向希特勒发出了挑战。5 月 13 日，温斯顿·丘吉尔在英国众议院发表演讲："我所能奉献的没有其他，只有热血、辛劳、眼泪与汗水。你若问我们的战争目标是什么？我可以用一个词来概括，那就是：胜利。不惜一切代价去夺取胜利。"

当全世界的注意力都集中在比利时和荷兰的场面壮观的大战时，德军进攻的"重点突破战术"，或叫进攻的中心，却几乎被忽视了，而德军的意图正是穿过阿登地区进攻 60 英里外的法军防线最为薄弱的地区。跟在德军装甲部队后面的是步兵师，他们的给养车和火炮主要靠马拉。

德军先头部队是由德军"坦克战之父"古德里安率领的第 19 装甲集团军的 3 个师（第 1、第 2 和第 10 师）。他的坦克的目标是默兹河上的色当。北面是格奥尔格·汉斯·莱因哈特（Georg Hans Reinhardt）的第 41 装甲集团的 2 个师（第 6 和第 8 师），其目标是色当西北约 15 英里的蒙特尔梅（Monthermé）。总共这 5 个装甲师中平均每个有 253 辆坦克。

在莱因哈特的部队以北约 25 英里处的是赫尔曼·霍特（Hermann Hoth）的第 15 装甲集团的 2 个师，即第 5 师和由隆美尔指挥的第 7 师（隆美尔不久就要扬名立万了），总计 542 辆坦克。这支军队的任务是由迪南渡过默兹河，以防位于比利时的英法联军部队干扰古德里安和莱因哈特向西突破的行动。

速度决定一切。德军必须在联军意识到自己的危险之前渡过默兹河。如果联军明白过来了，他们就还有时间沿河筑起难以撕开的防线，从而拖延进攻以等待增援。一旦发生这种情况，英法联军就有可能对德军的 A 集团军群发动反攻，并威胁北边的 B 集团军群，或者他们也可以在默兹河一线拖住德军装甲，使曼施坦因设计的歼灭战计划破灭。

古德里安所要担心的不仅是法军，还有他自己的上级。虽然他在阿登没遇到什么阻碍，但是在靠近边境的地区法军有力地阻击了德军的行动，并且据守距离色当 11 英里的比利时小城布永（Bouillon），直到 5 月 10 日傍晚。

法国第 2 军指挥官夏尔·亨茨格（Charles Huntziger）将军问布永市长，能否用当地的一家旅馆来救治伤员。"当然不行，将军，"市长回答，"这里是避暑度假的地方，我们的酒店要为游客留着。难道您觉得这里真的会有什么危险吗？"

第二天晚上，从未指挥过装甲部队的冯·克莱斯特（Von Kleist）将军接管了装甲集团，他感到非常紧张。德军的高级将领难以相信法国人尚未发现德军进攻的目标是色当，还在担心法军会在侧翼发动反攻。对于古德里安所说的法军要花数天时间来搞清楚到底发生了什么，并且再花更多天来组织反攻，其他高级将领们丝毫不信。

5 月 11 日晚至 12 日，克莱斯特接到报告，法国骑兵正从色当以东40 英里的隆维（Longwy）开来。他当即命令位于南面的第 10 装甲师转向隆维进军。古德里安认为这非常不利于德军的进军，而且毫无必要。很多法国骑兵真的还在骑马，他们的轻型装甲机械化部队和德国的坦克根本没法相比。古德里安对克莱斯特说，让他们放马过来。他们会被碾为粉末。在些许犹豫之后，克莱斯特最终同意了，而法国骑兵也如识时务般没有出现。

5 月 12 日晚上，古德里安的第 1 装甲师和第 10 装甲师分别夺下了色当，占领了默兹河北岸。克莱斯特命令其次日下午 4 点从这两处渡河。

战斗开始前，古德里安制订了从空中打击的计划。由于人、马和机械等还耽搁在路上，古德里安的炮兵装备还没有运至色当，因此古德里安想用斯图卡的火炮支援帮助步兵渡河。在渡河之前以及渡河的过程中，他计划让几架飞机继续在色当上空，亦真亦假地轰炸，并对法军阵地进行低空扫射。古德里安真正的意图并非消灭敌人，而是压制住法军，让自己的步兵顺利渡河，并在河对岸找到隐藏的据点。这是他和空军将领们共同研究制订的计划。

但到了5月13日，克莱斯特下令在河上发起进攻，他坚持让空军使用大量的轰炸机和俯冲轰炸机进行密集地轰炸。这当然可能对敌方造成较大的破坏，但是一旦飞机撤离，古德里安的部队就不得不自己去应付余下的法军机枪和炮火。

然而当空军抵达时，古德里安惊奇地发现只有为数不多的几个斯图卡中队在战斗机的掩护下作战。他们采用的正是他此前制定的战术：一组斯图卡向战壕、地堡和炮兵阵地投弹并用机枪扫射（或者佯装进攻），第二组在其上方盘旋，等待接替第一组。空军直接采用了最初的作战计划，它们已经没时间准备克莱斯特所要的大规模轰炸。

效果真是出奇地好。作为进攻主力的第1摩托化步兵团刚在色当以西的河边集结，敌人的炮火就警觉到了，打得他们不能动弹，但是空军不间断的亦真亦假的进攻让法军完全陷于瘫痪。炮兵放弃了武器，机关枪手也低下头不能射击。

就这样，第1摩托化步兵团乘着简陋的橡皮船以极小的伤亡过了河，并占领了河南岸的制高点。到了午夜时分，该团已经向南推进了6英里，建立了一个颇有纵深的桥头堡，尽管大炮、坦克以及反坦克机枪都还没渡过默兹河。直到5月14日凌晨，工程兵们才在河上建起了一座桥。

德军步兵的推进也迫使法军大规模地撤退。

"一路上到处是炮兵部队、粮食和弹药配给车、扛着武器的步兵、疲惫的人和马以及摩托车，"盖伊·查普曼（Guy Chapman）写道，"更糟糕的是，很多的队伍是由指挥官瞎指挥着，而更糟糕的是他们的武器都被抛弃了。"

第10装甲师也几乎同时在色当附近渡过了默兹河，建立了一个小桥头堡，而莱因哈特的装甲部队在蒙特尔梅过河建起了一个狭窄的立足点，但是那里地形非常陡峭，在法军的强大压力下，莱因哈特很难坚守。

与此同时，隆美尔的第 7 装甲师在蒙特尔梅以北约 25 英里处的迪南实现大规模强行突破过河。

5 月 14 日凌晨，古德里安竭力让尽可能多的枪炮和坦克从建起来的那座桥上过河。他知道法军会设法摧毁桥头堡，而且他们的援军也会不断赶来。这时候，只有陆军中校赫尔曼·巴尔克（Hermann Balck）的第 1 摩托化步兵团——没有任何大炮和反坦克机枪——正在坚守着至关重要的桥头堡。

法军指挥官意识到了摧毁德军桥头堡的重要性。第 3 装甲师可堪大任，正在火速赶来，但问题是其 150 辆坦克已经分散到步兵师里了。

5 月 14 日早上 7 点钟，15 辆法国轻型坦克在步兵的配合下在色当以南约 5 英里的布尔森（Bulson）附近对德军第 1 摩托化步兵团发起进攻。法国空军派出部分力量进行支援。德军所有的重型武器不过是机枪，却出人意料地击落了数架飞机，并阻挡了法军坦克和步兵的进攻，直到数分钟后德军第一批坦克赶了过来。到早上 9 点 40 分，法军只剩下 4 辆坦克，连同步兵一起撤至以南数英里的天主山高地。

与此同时，英国和法国空军英勇地努力摧毁默兹河上唯一的桥梁和其他正在修建的工事。纳粹空军已经接到命令执行其他任务，对阻击他们没出什么力，但是古德里安的防空机枪手们射落了几架联军飞机，保护了大桥。

到中午，德军步兵和坦克向色当以南约 15 英里的斯通尼（Stonne）的高地迫近。这个高地扼守着通往这个国家南部的门户和默兹河的河谷通道。

古德里安把防守任务交给了冯·维特斯海姆（Von Wietersheim）将军，留下第 10 装甲师和独立的大德意志步兵团（Gross－Deutschland Infantry Regiment），直到维特斯海姆的第 14 摩托化军赶上来接管侧翼的防御。

古德里安会见了第1和第2装甲师的指挥官［弗里德里希·基希纳（Friedrich Kirchner）和鲁道夫·法伊尔（Rudolf Veiel）］，在他们热切的附和下，古德里安命令他们转向西，彻底突破法军防线，向英吉利海峡进军。到5月14日晚，第1装甲师的部队已经夺取色当以西20多英里的辛格莱（Singly）。

同一天晚上，法军第9军，这是默兹河上唯一阻挡古德里安和莱因哈特的装甲集团军的力量，指挥官安德烈·科艾普（Andre Corap）将军犯了一个致命的错误，他命令全军放弃默兹河，撤退到西边15英里到20英里的新防线。他之所以做出这个决定，不只是因为色当失守，还因为隆美尔的第7装甲师已经在迪南渡河。科艾普收到一份不实的报告，说"数千辆"坦克正从隆美尔打开的口子倾泻而出，因此做出了上述决定。

当法军到达新的防线时，古德里安的装甲部队已经在一些本应由第9军占领的阵地就位，同时从默兹河的撤离也消除了莱因哈特在蒙特尔梅遇到的障碍。现在他的坦克鱼贯而出，沿着毫无阻挡的道路向西推进。古德里安和莱因哈特将第9军一分为二，冲开了一个60英里宽的口子，他们的坦克如汹涌的洪流倾泻而出。

色当之战对战术的影响是巨大的。在此之前，包括古德里安在内的装甲部队指挥官认为步兵和装甲应该泾渭分明，坦克则应该用来一锤定音。因此第1摩托化步兵团渡过默兹河时，只是携带了轻型步兵武器。如果法军在5月13—14日的夜间用重型武器进攻，就很可能将德军步兵团歼灭。

在5月14日早晨第一批坦克跟上来之前，步兵一直处于岌岌可危的状态。而如果有坦克和反坦克机枪随步兵团一起渡河，德军则会更加安全，甚至发挥更大作用。这一教训也催生了"战斗群"（也就是混合的战斗部队）的出现，包括坦克、机枪、步兵，有时还配备工程兵。事实证明，这种作战形式的战斗力很强，从此也主宰了德军的战术行动。

5 月 16 日，丘吉尔抵达巴黎，发现这里弥漫着恐慌情绪。政府部门在焚烧文件，仿佛首都随时可能陷落。骚乱渐渐平息，据传从一位受伤的德国军官那里得知，德军装甲正在向西开进，而不是指向巴黎。

法国总理雷诺（Reynaud）作报告时说，甘末林已经黔驴技穷了。他从达拉第手中接管了国防系统，解除了甘末林的职务，任命刚从叙利亚回国的马克西姆·魏刚（Maxime Weygand）为陆军总司令，并且任命原驻西班牙大使亨利·菲利普·贝当（Henri Philippe Pétain）为内阁副总理。5 月 21 日，魏刚来到前线，但他也拿不出任何可以逆转当前联军面临的灾难性局面的有效计划来。

克莱斯特的装甲部队滚滚前进，就像一个长长的移动走廊。这一带堵塞着逃兵，他们制造着混乱，而在这狭窄地带坦克要补充弹药、食物和燃料。两边都需要筑墙，以防英法联军反攻。维特斯海姆的第 14 摩托化集团军正集结坦克以形成拦截之势，但是他们的坦克数量太少，间隔又太大。只能靠步兵组成坚固的防线，但问题是大部分兵力还没跟上来。伦德施泰特（Rundstedt）想方设法让他们跟上来，但是部队行进速度还是太慢，还是接不上。对于大部分观念比较传统的德军高级军官们来说，这意味着任何一个十字路口都潜伏着危险。

德军的将军们和英法联军一样对战役推进的速度和德军取得的胜利惊讶不已。他们对已经发生的事将信将疑。希特勒也一样，他"万分紧张"。5 月 15 日，他在沙勒罗瓦（Charleroi）紧急接见伦德施泰特，敦促他不能向"无边的海岸"（Uferlose）开进。

伦德施泰特也有所顾虑，他命令克莱斯特停止前进，好给步兵时间让他们跟上来。克莱斯特并没有把上层的担忧告诉古德里安，只是命他停下，但是古德里安和其他装甲部队指挥官们已经看到巨大的胜利触手可及。只要他们继续全速西进，不给心慌意乱、日益绝望的敌人采取反制措施的机会，胜利就是十拿九稳的事。

古德里安故意曲解了克莱斯特的命令，他命令部队继续前进 24 小时，借口则是"给步兵留下可以赶上来的足够的距离"。带着"扩大桥头堡"的合法性，古德里安亲自驱车赶往色当西南方向 24 英里的巴维里蒙（Bouvellemont）。这是第 1 装甲师到的最远的地方，而第 1 摩托化步兵团已经在那里展开激战了。

在一个燃烧着的村子里，古德里安发现步兵已经极度疲惫。从 5 月 9 日到现在，他们从未真正地休息过，于是在狭窄的战壕里就睡着了。古德里安对巴尔克中校说他的步兵团要为坦克打开一条通道。

巴尔克找到他的下属军官，他们反对让疲惫的部队继续进攻。"这样的话，"巴尔克告诉他们，"我自己干。"他离开去照他说的做了。他那些窘迫的下属只好跟着他，最终占领了巴维里蒙。

这次行动摧毁了法军最后的抵抗据点，德军涌向索姆河北岸开阔的平原地带，前方已经没有大股敌军阻挡了。到 5 月 16 日黄昏，古德里安的先头部队到了距离色当 55 英里的马尔勒（Marle）和德尔西（Dercy）。

古德里安认为，这样漂亮的胜利应该可以消除德军总部的担心了，他报告说准备第二天，即 5 月 17 日，继续进军。一大早，古德里安就收到了电报，说克莱斯特早上 7 点要飞到他的简易机场。克莱斯特说到就到，甚至没向古德里安说早安，就长篇大论地斥责他不服从命令。古德里安立即请求解除自己的职务。克莱斯特吃了一惊，点了点头，让他把权力交给下一级军官。

古德里安给伦德施泰特的集团军指挥部发电报说明发生的情况，并说自己要飞回去陈述。几分钟后，一个电报发过来，要他继续待在那里。第 12 军的指挥官威廉·李斯特（Wilhelm List）上将准备前来解决问题。几个小时后，李斯特到了，他告诉古德里安，停止前进的命令是伦德施泰特下达的，他（古德里安）不能离职，但是，李斯特本人完全赞同古德里安继续前进的想法，因此授权他做"强行侦察"，这样就不会公开违抗伦德施泰特的命令，而是找个托词打打擦边球。

心怀无限感激的古德里安解除了他的坦克的"枷锁"，它们蜂拥向前进。伦德施泰特的集团军指挥部也如亡羊补牢般撤销了停止前进的命令。5 月 17 日傍晚，第 10 装甲师夺取了位于色当以西 70 英里莫埃（Moy）附近横跨瓦兹（Oise）河的一座桥头堡。第二天，第 2 装甲师抵达距莫埃 10 英里的圣昆廷（St. Quentin）；5 月 19 日，第 1 装甲师在圣昆廷以西约 20 英里的皮隆尼（Péronne）突破索姆河上的一座桥头堡。

德军装甲部队的行进速度让联军进行有力反攻的希望几乎化为泡影。即便如此，新成立的法军第 4 装甲师在夏尔·戴高乐（Charles de Gaulle）将军带领下于 5 月 19 日带着几辆坦克开来，在拉昂（Laon）附近发起进攻，但是遭遇重创。这种被众多坦克击败的情形也是法军和英军在整个战役中的失败的经典模式。即使在被德军突破后，如果他们集中尚存的装甲力量，针对德军侧翼的一点猛击，还是有可能阻止德军继续前进的。

但是这种情况一直没发生。1939 年冬天，法军组成了 4 个装甲师，却只有 150 辆坦克，且都浪费在分散的行动中，比如戴高乐在拉昂的行动就是如此。第 3 装甲师的大部分坦克分散在色当的默兹河沿岸的步兵中，其他的在小股进攻中被摧毁了。第 1 师燃料殆尽，被隆美尔的坦克超过了，第 2 师分布在 25 英里长的瓦兹河延长线上，古德里安的坦克不费吹灰之力就冲开了他们。

在比利时，10 个英军装甲营的坦克被分散到步兵师，这与法军机械化师和独立的法国坦克营的坦克的命运并无二致。虽然在让布卢集结的坦克为数不多，但它们表现得很好，这也说明了将坦克集中可能产生的巨大威力。

5月20日，德国第1装甲师夺取亚眠（Amiens）并向南推进，建立了一个跨过索姆河深入4英里的桥头堡。当天下午，第2装甲师到达阿布维尔（Abbeville）；当天晚上，该师的一个营穿过努瓦耶勒（Noyelles），成为第一支抵达大西洋海岸的德军部队。进攻开始仅仅10天时间，英法联军已经被截成两段。

在比利时境内的英法联军沿着斯凯尔特河（Scheldt River）一线布防，其南翼靠近阿拉斯（Arras），这里距索姆河边的佩罗讷（Péronne）只有25英里。也就是说德军只需在这狭窄的地带发动攻势，施展其坦克的威力。

联军仍然有机会。如果他们弥补上这段空隙，就能孤立德军的装甲，并集结起比利时境内的军力向南开进，从而阻遏德军的攻势。

英国远征军指挥官戈特勋爵在5月21日下达了从阿拉斯向南反攻的命令。他向法军寻求支援，但法军却称他们要到5月22日才能行动。此时古德里安的装甲部队已经抵达英吉利海峡，戈特认为不能再等下去了，他命令第50师的2个步兵营和第1坦克旅向前开拔，武器配备有58辆玛蒂尔达（Matildas）I型坦克（每辆只配有1架机枪）、16辆玛蒂尔达II型坦克（配有两磅、40毫米加农炮）。玛蒂尔达是慢速的步兵坦克，但是有75毫米厚的装甲，比起装甲较薄的坦克更能抵挡敌人的炮火。

这次进攻几乎没有炮火和空中支援。

隆美尔的第7装甲师已经到达阿拉斯南部，5月21日早上，他让坦克部队往阿拉斯西北方向展开。该师的炮兵和步兵随之跟进。

英军并没有意识到德军坦克已经赶在了他们前面，下午，他们在阿拉斯以西集结，向东南方向进攻，准备横扫科热勒河（Cojeul River），歼灭这里的敌人，这里是斯卡尔普河（Scarpe）的支流，位于阿拉斯市区东南方向 5 英里处。

在阿拉斯的南面和西南方向，英军与隆美尔的炮兵和步兵碰了个正着，发现自己坦克数量占优，于是准备大干一场。德军发现自己的 37 毫米反坦克机枪对付玛蒂尔达毫无用处。英军坦克刺穿了德军步兵的防线，越过反坦克机枪的火力，干掉了大部分机枪手和众多步兵，然后被德军一个突然的行动搞得措手不及——隆美尔亲自坐镇，组织起由阵地炮火构成的"火力防线"，特别是 88 毫米高射炮的加入，成为对付英法联军坦克的极具杀伤力的新武器。火炮和 88 毫米高射炮摧毁了 36 辆坦克，遏制了英军的进攻。

同时，隆美尔命令坦克掉转方向，包抄英军坦克和火炮的后方和侧翼。一场惨烈的坦克正面对垒后，隆美尔的坦克团摧毁了英军 7 辆玛蒂尔达和 6 挺反坦克机枪，捣毁了敌军阵地。但德军也损失了 3 辆 IV 型坦克和 6 辆 III 型坦克，以及数辆轻型坦克。

英军败退阿拉斯，一时不敢再发动新的进攻。

联军的努力虽然显得薄弱，根本无法扭转局势，但也显示了如果联军指挥官组织起大规模的反攻可能的作为。即便是失败了，但英军的努力还是产生了广泛的影响。隆美尔的师损失了 387 人，4 倍于此前的伤亡人数。这次进攻也使伦德施泰特震惊，而他的忧虑也增强了希特勒类似的担忧，其严重的后果几天之后就显现了。

5 月 22 日，古德里安从法国阿布维尔（Abbéville）和海边向北运动，目标直指英吉利海峡边的港口和英、法、比利时军队的后方，这些部队正向东迎战博克的 B 集团军群。莱因哈特的装甲部队继续在东北方向移动。次日，古德里安的装甲部队先后占领了法国北部港口城市布伦（Boulogne）和加莱（Calais）。古德里安进一步到达格拉弗林（Gravelines），距离敦刻尔克只有 10 英里，那里是比利时境内的英法联军可以撤退的最后的港口。

莱因哈特也到了离敦刻尔克 20 英里远的巴西运河（Bassée Canal）边上，这条运河向西经过杜埃（Douai）、拉巴西（La Bassée）和圣奥梅尔（St. Omer），直至格拉弗林。这支装甲部队比大多数英法联军部队更接近敦刻尔克。

5 月 23 日，迫于北面隆美尔从阿拉斯向里尔（Lille）突破的压力，英国远征军的右翼向拉巴西撤退，同时英军大部队进一步向北运动增援比利时防线。在那里，博克的部队正在进一步施压，造成比利时利奥波德国王（King Leopold）在次日宣布投降。

尽管如此，伦德施泰特在 5 月 24 日上午递给希特勒一个含糊的报告，强调德军坦克的损失和联军从北面和南面发起进攻的可能性。所有这些都增加了希特勒的担心。他偏执狂地说他担心德军坦克会陷在佛兰德斯的沼泽里，尽管每个坦克指挥官都知道如何避开这片沼泽地区。

自从突破一开始，希特勒就特别紧张。实际上，德军取得的胜利越多，就越是加剧他的紧张感，担心缺乏抵抗必有古怪，还担心德军的南翼会遭到毁灭性的打击。他并没有认识到曼施坦因的战略和古德里安的出色运用正要迎来现代军事史上最重要的决定之一。从第一天起，德军就没什么危险，但是对希特勒（和大多数德军高级将领）来说，一切好得让人难以置信。

现在的问题是在比利时的英军和法军怎么办。前方根本没有任何敌人，古德里安和伦德施泰特准备占领敦刻尔克，切断敌军上船撤退的最后港口。这将迫使整个英国远征军和法国第 1 集团军总计超过 40 万人投降。

恰在此时，战争却发生了一个极为怪异又让人手足无措的戏剧性转折。事情为什么会那样进展，留给后来的人无穷无尽的争论，其中缘由无人知晓。

希特勒召见了陆军元帅瓦尔特·冯·布劳希奇（Walther von Brauchitsch），命令他让装甲部队停留在巴西运河沿线。伦德施泰特对此表示反对，却只收到一条简短的电文："装甲师应保持在距敦刻尔克的中等炮火距离（8—9英里）。只能进行侦察和保护性的活动。"

克莱斯特认为这一命令毫无道理，他将坦克向前推进渡过了运河，以切断联军撤退的通道。但他随即收到了语气强硬的命令，让他撤回运河后方。坦克在那里停留了3天，英国远征军和法军第1和第7军的残部则源源不断撤到敦刻尔克。他们在那里建起坚固的防御工事，与此同时英国匆忙准备进行海上疏散。

英国人动用了所有能找到的船只，共计860艘，其中很多是民用游艇、渡船和小型商船。军队不得不把全部辎重留在岸边，但从5月26日到6月4日，这些船只共将33.8万人撤往英国，包括12万法军。只有几千名负责断后的法军被俘。

有两个表面上看起来正确的原因促成了希特勒的决定。一个是赫尔曼·戈林（Hermann Goring），他最亲近的部下之一和纳粹空军元帅，保证他的空军能轻而易举地阻止撤退，因为装甲部队要向南开进，做打败法国的最后一战。另一个原因是希特勒想和英国讲和，从而有意地避免摧毁英国远征军，使讲和能容易一些。不管是哪个动因最终打动了希特勒，但他最终还是做出了错误的判断。空军的表现乏善可陈，而英国人则被"敦刻尔克的奇迹"大大鼓舞，增强了继续战斗下去的信心。

纳粹空军的行动十分迟缓，直到5月29日都没能发起有力攻击。后面3天空中打击才逐渐增加，到6月2日联军白天的撤退不得不停止，但是英国皇家空军的战机大胆地尝试阻止德军投掷炸弹和俯冲扫射，取得了部分成功。海滩上的沙子抵消了炸弹的大部分冲击波。纳粹空军对联军造成的损失主要在海上：击沉了6艘英国驱逐舰、8艘运输船和200多条小船。

5月26日，希特勒撤销了停止行动的命令，但之后总指挥部很快就命令装甲部队向南运动以强渡索姆河，留下B集团军群的步兵占领敦刻尔克——在联军都走了以后的马后炮。

6月4日，丘吉尔在英国议会发表演说。他用这样的话结束了他的演讲，这段讲话也鼓舞了全世界：

我们将坚持到底，我们将在法国作战，我们将在海上作战，我们将在空中作战，越战越有信心，越战越强，我们将保卫我们的岛屿，不论代价如何，我们将在海滩上作战，我们将在登陆点作战，我们将在田野里、在街巷里作战，我们将在山丘上作战；我们决不投降！即使我们这个岛屿或这个岛屿的大部分被征服并陷入饥饿中，当然我们从不相信这种事会发生，我们在海外的帝国臣民，在英国舰队的武装和保护下也会继续战斗，直到新世界在上帝认为适当的时候，拿出它所有一切的力量来拯救和解放这个旧世界。

在法国的收尾工作很快完成了。在3周时间里，德军以阵亡6万人的代价俘虏了敌军超过100万人。比利时和荷兰军队已经被消灭，法军损失了30个师——几乎占其总兵力的1/3，而且这些也是法军最精锐的也是机动化程度最高的部分。法军也失去了8个英军师的支援，英军已经弃掉所有装备撤回本土。只有1个英军师还留在法国索姆河以南的地区。

魏刚手上还剩下66个师，大部分都兵力不足，他们守卫着索姆河、埃纳河和马其诺防线这一比之前更长的防线。他让49个师守住河流，17个师防守马其诺防线。法军的大部分机械化师都被歼灭或者被打散了。而德军则很快地让他们的10个装甲师恢复了战斗力，还配备了130个步兵师，他们中只有很少一部分参加过战斗。

德军最高统帅部整编了快速部队，把装甲师和摩托化师组合成新式的装甲集团军，一般是 1 个摩托化师和 2 个装甲师组成一个军。

国防军陆军总司令部提升古德里安担任由 2 个装甲军组成的新的装甲集团军的司令，命其从埃纳河边的勒泰勒（Rethel）出发向瑞士边境进军。克莱斯特率两个装甲军从索姆河边的亚眠和佩罗讷的桥头堡向南进击，但他们不久之后就掉头向东加强古德里安的部队。剩下的装甲军由霍特指挥，在亚眠和大海之间的地带行进。

6 月 5 日，进攻开始，法军很快就崩溃了。尽管并非所有的突破都很轻松，但是装甲部队大多避开了已经布防的城镇和村庄，而是迅速地按计划横扫乡野、制造混乱，成百上千的法军士兵投降。

隆美尔的第 7 装甲师就是典型例子，他们在 6 月 5 日在阿布维尔以东靠近昂热（Hangest）的地方渡过索姆河，其运动之神速以致法国人叫他们"鬼师"。6 月 6 日，在勒凯努瓦（Les Quesnoy），整个师摆开2000 码长的战线，由第 25 装甲团打头阵，穿越田野前进，就像进行演习一般。2 天后，他们前进了 70 英里，到达鲁昂（Rouen）东南 11 英里处的塞纳（Seine）河边。然后转向东北向大海开进，到达圣瓦莱里（St. Valery），在那里俘虏了英军第 51 高地师。

古德里安的装甲集团军迅速开进到瑞士边境，截断了法国东北部的通道。防守马其诺防线的部队撤退，几乎不发一枪就投降了。

德军对法国的作战已经胜利在望，于是在 6 月 10 日，意大利宣布参战。同日，美国总统富兰克林·罗斯福（Franklin D. Roosevelt）在位于夏洛茨维尔的弗吉尼亚大学发表演讲。罗斯福改变了一向强调的避免让美国卷入战争的说法，保证"全力以赴"提供支援。但综观其演讲，最让人印象深刻的则是对意大利"在邻居背后捅刀子"行为的讨伐。

6 月 14 日，德军进入巴黎，6 月 16 日到达隆河河谷（the Rhone

Valley)。同一天晚上，法国要求停战。6月17日，雷诺辞去总理职务，贝当接任。谈判还在进行之时，德军继续推进，越过卢瓦尔河（The Loire River）。与此同时，一艘法国轻型巡洋舰将从法国、比利时和波兰运出的1754吨黄金安全转移，另外，在英国海军上将威廉·詹姆斯（William James）的指挥下，多艘船只在多个法国港口把将近19.2万人（144171名英国人、18246名法国人、24352名波兰人、4938名捷克人以及162名比利时人）运到了英国。其中多数法国人加入了戴高乐领导下的"自由法国运动"，彼时戴高乐也已到达英国，他发誓要与德国人战斗到底。

6月22日，法国在贡比涅（Compiègne）接受了德国提出的条件，地点正好就是1918年时德国作为战败国签署停战协议的同一辆列车车厢上。6月25日，德法双方停火。德国人在6周的时间里就取得了现代战争中最辉煌的军事胜利。

第 4 章　希特勒的第一个重大错误

德国迅速地战胜法国，英国远征军在欧洲大陆丢盔卸甲，被赶回本岛，立刻给人们提出一个问题：英国还能保得住吗？

全世界可能都会想到一个很明显的答案：德国军队会继续横扫狭窄的海峡并占领英伦诸岛，就像他们击溃法国一样快，唯一的障碍是：德国必须至少在一段时间内取得在英吉利海峡的海上和空中的主导权。否则，德国的渡船、驳船和运输人员的船只很容易受到英国皇家海军的袭击，可能还没来得及在英国海滩和码头靠岸就被击沉了。

制空权极为重要。虽然德国海军领导人相信他们可以保护登陆船只完成这段并不长的航行，但唯有在英国战舰无法随意移动和进入德军护航区域的前提下方能奏效。这就要求纳粹空军必须掌握入侵船队上方的制空权，保证在地方舰船出没的时候以轰炸和低空扫射给予痛击。

希特勒其实并不愿意入侵英国，他期望英国能够有自知之明，认识到自己"军事上的无望处境"，进而主动求和。

虽然丘吉尔在法国投降前的四天，也就是 1940 年 6 月 18 日在英国议会发表了演说表明意志，但希特勒仍坚持自己的观点。"如此凶猛强大的敌人很快就要转向我们，"丘吉尔说，"希特勒应该明白，他要么在这个岛上打倒我们，要么输掉战争。如果我们起而反抗他，全欧洲就有可能自由，全世界可能会走进宽广的阳光普照的大地……让我们努力承担我们的责任，让我们承担起来吧，如果大英帝国及其联邦能延续一千年，人们将会说，'这是他们最好的时光'。"

之后不久，希特勒就被上了一课，他明白了英国人继续战斗的决心。

德军占领了法国五分之三的领土，包括整个大西洋海岸，剩下的部分留给了以小城维希为中心的贝当政府。一个巨大的现实难题是怎样组建法国舰队。法国舰队的大部分力量转移到了地中海沿岸的土伦（Toulon）港，但其最精锐的力量仍在北非。

丘吉尔担心，一旦法国舰队的任何一部分落入德国人之手，则敌我双方力量平衡就会被改变。英国人要得到它，否则就消灭它。

在1940年7月3日出人意料的行动中，英国军队俘获了在英国港口避难的法国军舰，而且由海军上将詹姆斯·萨默维尔（James Somerville）爵士指挥的由3艘战舰和1艘航空母舰组成的强大的海军力量到达阿尔及利亚的奥兰（Oran）和米尔兹比克（Mers－el－Kebir）港，那里停泊着在土伦以外最大的法国舰队。

萨默维尔试图劝降法军未果，遂向曾经的盟军开火。布列塔尼（Bretagne）号战列舰爆炸，敦刻尔克（Dunquerque）号搁浅，普罗旺斯（Provence）号搁浅，马他多（Magador）号鱼雷巡洋舰爆炸。斯特拉斯堡（Strasbourg）号战列舰和3艘重型巡洋舰成功逃到海上，冲出了英军的火力抵达土伦港，7艘停泊在阿尔及尔（Algiers）的巡洋舰也成功逃出。莫尔兹比克一役，约有1300名法军阵亡。几天之后，英军的鱼雷轰炸机从竞技神（Hermes）号航母起飞，重创停泊在塞内加尔达喀尔的黎塞留（Richelieu）号战列舰。

英军的袭击虽然激怒了法国，但也让世人看到了英国皇家海军强大的攻击能力。它让美国总统罗斯福和美国人民相信，支持英国无疑是明智之举。

希特勒直到 7 月 16 日才下令入侵英国，代号"海狮行动"。然而他却要求在 8 月中旬之前就要完成。

赫尔曼·戈林（Hermann Goring）向希特勒保证，他的纳粹空军会在短期内把皇家空军从天空中赶走。入侵英国全凭戈林的一句话。

战争开始时，英军只有 675 架飞机（60％为飓风式战斗机，40％为喷火式战斗机）准备就绪，可投入战斗。德国有 800 架梅塞施米特 109 战斗机保护它的 875 架双引擎轰炸机和 316 架斯图卡。此外，德国还有 250 架双引擎梅塞施米特 110 战斗机，但是比喷火战机时速慢 60 英里，成了较大的缺陷。

Bf109 最高时速可达 350 英里，装备有 3 门 20 毫米加农炮和 2 挺机枪。大致可与其相匹敌的是英国的超级马林喷火（Supermarine Spitfire）战机，最高时速达 360 英里，配备有 8 挺机枪。稍逊一些的是英国的霍克飓风（Hawker Hurricane）战斗机，最高速度达 310 英里，爬升速度较慢，配有 8 挺机枪，但是更加稳定，维护起来更加容易。1940 款的飓风时速可达 330 英里，携带 4 门 20 毫米加农炮。Me－109 和喷火战机的最大航程均可达到 400 英里，飓风为 525 英里。

战机数量是严格保密的，但是各国的领导人对双方实力的比较都大概心里有数，很少有人认为英国能赢。

戈林集结了他的战斗机和轰炸机，准备对位于英国南部的机场及战斗机发动全面攻击。然而他和空军其他领导人并没有意识到英国皇家空军的最大优势不是其战斗机，虽然它们也很重要，而是新研制出来的雷达，它可以发送无线电信号，信号遇到飞机时会反射回接收站。

1940 年时，英国共有两层面向欧洲大陆的雷达站防线。一层包括可以探测到 120 英里外高空飞行的敌机的设在高塔上的接收器。另一层探测距离较小，但可以捕捉到低空飞行的飞机。

雷达网与英国皇家观察团的观察哨一起向皇家空军探测并发出敌机

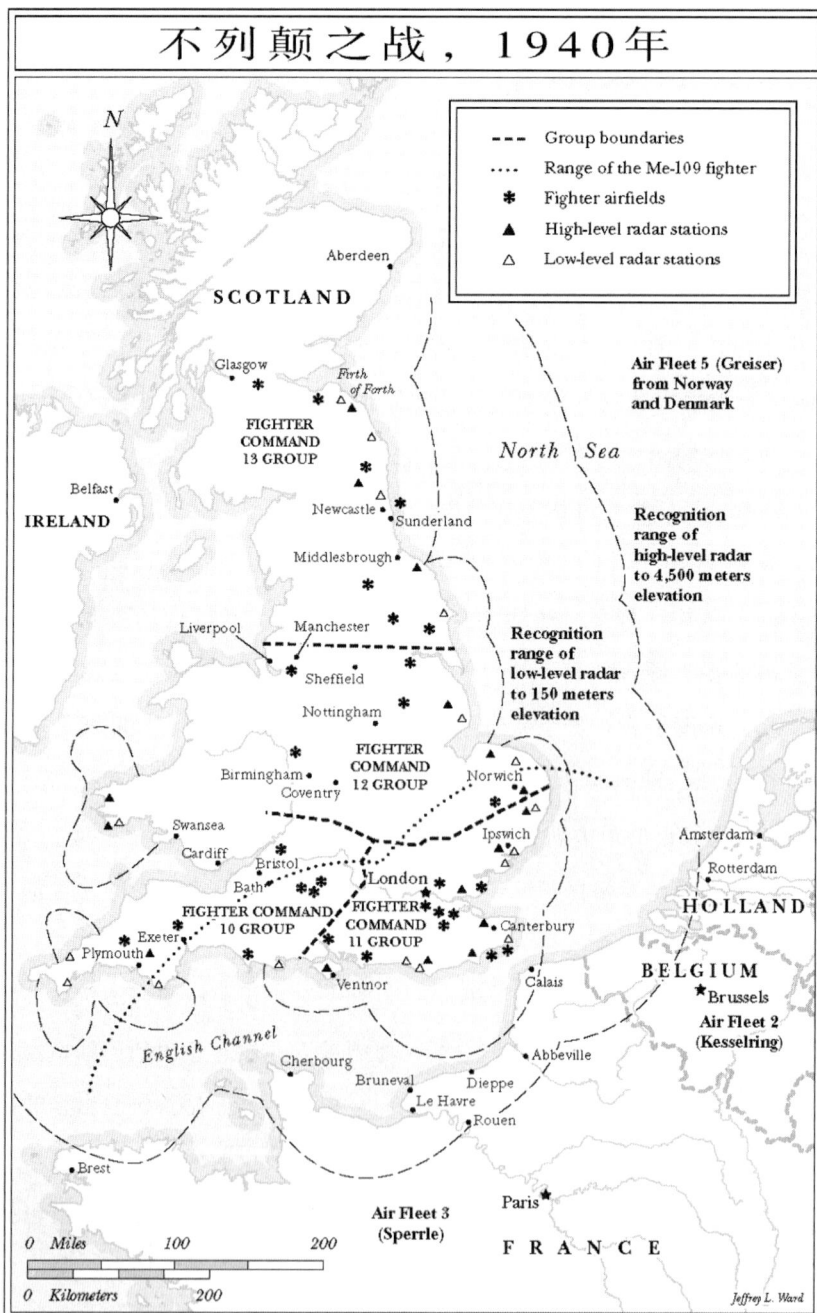

不列颠之战，1940年

N

Group boundaries
Range of the Me-109 fighter
✳ Fighter airfields
▲ High-level radar stations
△ Low-level radar stations

Aberdeen

SCOTLAND

Glasgow ✳
Firth of Forth △

FIGHTER
COMMAND
13 GROUP

Belfast
IRELAND

Newcastle △
Sunderland ✳

Middlesbrough ✳

Liverpool
Manchester △

Sheffield ✳

Nottingham

FIGHTER
COMMAND
12 GROUP

Birmingham ✳
Coventry
Norwich ✳

Swansea ▲
Cardiff ▲△
Bristol
Bath

Ipswich

London

FIGHTER COMMAND
10 GROUP
FIGHTER
COMMAND
11 GROUP

Canterbury

Exeter
Plymouth

Ventnor

Calais

English Channel

Cherbourg
Bruneval
Le Havre
Dieppe
Abbeville
Rouen

Brest

North Sea

Air Fleet 5 (Greiser)
from Norway
and Denmark

Recognition
range of
high-level radar
to 4,500 meters
elevation

Recognition
range of
low-level radar
to 150 meters
elevation

Amsterdam
Rotterdam

HOLLAND

BELGIUM
✳ Brussels
Air Fleet 2
(Kesselring)

Paris ✳

Air Fleet 3
(Sperrle)

FRANCE

0 Miles   100   200

0 Kilometers   200

Jeffrey L. Ward

靠近的警报，观察哨设在地面，负责追踪突入英国海岸线的飞机。英国皇家空军司令部的能力发挥正是以精明地运用雷达为基础的。从位于西欧的基地起飞开始，德军飞机就被信号追踪，并被记录下飞行的线路。皇家空军司令部能够准确掌握何时何地攻击它们。皇家空军可以集中攻击每一拨德国飞机，也可以在交战前就爬上高空，这样就节约了燃料。相较之下，由于梅塞施米特需要从欧洲大陆到英国往返，因此只能保护轰炸机几分钟的时间。

在大规模空战开始前的日子里，8 月 13 日的"鹰日"（即不列颠空战第一天），德军斯图卡持续打击英军机场和雷达设施；8 月 12 日，摧毁一个雷达站，但是德国人并未意识到雷达的重要性，故而没有集中攻击雷达站。斯图卡在执行对英国的长途奔袭作战中速度太慢、易受攻击的弱点暴露无遗，故而不得不被撤换。

8 月 13 日和 14 日，德军出动 3 个拨次，共计 1500 架轰炸机重创了英国皇家空军的多个机场，但并未造成毁灭性打击。德军最大规模的行动发生在 8 月 15 日，他们出动了 800 架次的轰炸机和 1150 架次的战斗机。100 架战斗机在来自斯堪的纳维亚半岛的第 5 空军大队的 Me－110 的护卫下，本想神不知鬼不觉地飞到英国东北海岸，却不料在靠近泰恩赛德（Tyneside）时遭到英国飓风和喷火的一顿暴打。德军 30 架战斗机被击落，大部分为轰炸机，而英军却毫发无损。第 5 空军大队从此与不列颠战场无缘。

相较而言，纳粹空军在英国南部的作战更加顺利一些。在四次攻击中，又一次几乎直捣伦敦，轰炸机袭击了位于克里登（Croydon）的 4 个飞机生产工厂，并破坏了 5 个战斗机机场。但德军却付出了损失 75 架飞机的代价，英国损失了 34 架。

8 月 15 日，戈林犯了第一个重大错误，他叫停了对英军雷达站的攻击，但是在 8 月 24 日，他又发现了英国皇家空军防御的第二个要点，即扇区站。这些神经中枢通过来自雷达、地面观察哨和飞行员的最新情报，指引着战斗机作战。戈林于是转而下令摧毁这些扇区站。在这些扇区站中，位于伦敦周围的 7 个站对保护英国南部来说至关重要。

从 8 月 24 日到 9 月 6 日，纳粹空军平均每天派出超过 1000 架飞机。量的投入显现了效益。他们造成了英国南部 5 个机场的严重破坏，对 7 个关键扇区站中的 6 个造成了严重打击，以至于英军通信系统濒于崩溃。

英国皇家空军岌岌可危。8 月 23 日至 9 月 6 日，英军 466 架战斗机被摧毁或遭严重破坏（德军损失 352 架）。虽然英国工厂在 8 月和 9 月间每月都生产了超过 450 架喷火和飓风，但要把它们列入作战编队尚需时日。而且真正的问题不在于机器而在于人本身。在此期间，103 名飞行员丧生、128 人重伤，占到作战总人数的四分之一。如果这样的损失再持续几周，英国就将无法组织起空中防御。

就在此时，希特勒突然改变了战斗的方向——以及战争的方向。如果他继续让空军轰炸英军扇区站，则"海狮行动"将会顺利推进，希特勒将以迅速的完胜结束战争。实际情况却是南辕北辙，他犯下了自己事业上的第一个重大错误，这个错误如此重大，以至于它根本性地改变了整个战争的轨迹——受其余波影响，之后又发生一系列其他的错误。

现有证据表明，希特勒出于愤怒而非精心算计才犯下了错误。

除了袭击扇区站，戈林还对英国军工产业进行持续打击，英国工业城市因之遭到严重破坏。8 月 24 日晚，戈林的 10 架轰炸机走偏了方向，将炸弹投在了伦敦市中心。第二天晚上，英国皇家空军轰炸机司令部对柏林发起报复性打击——这是德国首都柏林第一次遭到袭击。接下来的几天，轰炸机司令部又发动了数次这样的袭击。希特勒怒不可遏，他扬言要把英国的城市夷为平地。他命令停止对英国扇区站的打击，转而对英国城市狂轰滥炸。

　　这一突如其来的战略转变并非完全出于希特勒的复仇欲望。事实上，新的作战思路有着更加深远，也更加冠冕堂皇的理论背景。这是对意大利人杜黑（Giulio Douhet）在第一次世界大战后提出的"战略轰炸"理论的第一次大规模试验。杜黑认为，如果对一个国家的人口、政府机关和工业设施聚集的核心区域进行大规模轰炸，那么这个国家就只有屈膝投降。这样的打击将摧毁人民的意志和战争修复能力，无须动用地面部队就能取胜。

　　纳粹空军最初的行动目标是英国的机场、扇区站和飞机生产工厂，这也是他们在五六月间取得辉煌胜利的战斗的翻版。当时，他们消灭了法国空军的大部分力量，击落或是限制住了在欧洲大陆的少量英国飞机。这是为地面部队取得优势而进行的战术作战。

　　而第二种战役模式则完全不同。它的目的并非是取得战斗的胜利，而是摧毁敌国人民的意志。如果真如杜黑预言的那样，战役取得成功，那就再无必要入侵英国。垂头丧气的英国人民会举起白旗投降，要求赶紧停止轰炸。

　　希特勒是践行杜黑理论的第一人，但是他的炸弹却没能打垮英国人民。第二次世界大战证明了，人类能承受超乎杜黑的预测更大的来自空中的破坏。

　　1940 年 9 月 7 日下午晚些时候，625 架轰炸机和 648 架战斗机飞跃泰晤士河上空，对码头、伦敦市中心和人口密集的伦敦东区狂轰滥炸，造成 300 平民死亡、1300 人受伤。伦敦东区燃起的大火照亮了夜空，德军趁机发动了第二拨空袭。直到第二天早上五点钟，一拨又一拨的炸弹才停止落下。此后数天，德军的空袭一夜又一夜地继续。

　　9 月 15 日（周日）早上，德军开始了新的日间轰炸。英军战斗机从海岸线起一路与德军战机缠斗，但还是有 148 架德军战机闯入伦敦上空。当它们准备返航时，皇家空军的 60 架战机从东英吉利（East An-

glia）席卷而来，摧毁数架德军战机。德军损失 60 架飞机，英军损失 26 架战机。由于代价太高，纳粹空军很快就完全转为夜间轰炸，集中打击伦敦，轰炸持续了 57 夜，平均每晚 160 架轰炸机。9 月 17 日，希特勒下令无限期停止"海狮行动"。

伦敦千疮百孔。其他城市也未能幸免，特别是考文垂。那是一个残酷的秋冬季，到年底时，共有 2.3 万英国平民丧生，但是英国人的意志并未瓦解，军工产业也没有停止运转。实际上产量在上升，1940 年年内，英国共生产 9924 架飞机，超过德国生产的 8070 架。

空中的战争因此也就蜕变为毁灭家园、杀伤人民的罪恶战役，但已决定不了战争的前途命运。

当全世界的目光都紧盯英国之时，欧洲大陆的状况却更加恶化。就在巴黎陷落的当天，苏联领导人斯大林向波罗的海三国——立陶宛、拉脱维亚和爱沙尼亚发出最后通牒，并迅速占领三国，然后操纵了选举，使三国发出加入苏联的呼吁。秘密警察逮捕了上千名当地政治领导人和知识分子，把他们带到俄罗斯，其中大部分死在了那里。

1940 年 6 月 16 日，克里姆林宫要求罗马尼亚割让其与苏联接壤的比萨拉比亚（Bessarabia）和北布科维纳（Bucovina）地区。罗马尼亚很快就屈从了。

斯大林对邻国的所作所为让美国人深感不安。一部分人完全将其视为苏联为对抗潜在的德国侵略威胁构筑屏障，但是多数人，处于对共产主义的怀疑，将其视为苏联可能在世界上任意施展暴力的证据。对斯大林的侵略行为、对法国陷落的震惊以及对英国生存境地的忧虑，让全体美国人对西半球的防御极为关心。

夏天尚未结束之时，罗斯福签署了一项法令，开始建立世界上史无前例的最大规模海军（规模为原有舰队的两倍），开始建设拥有 7800 架作战飞机的空军，将国民警卫队（National Guard）编入联邦军队，通过了美国历史上第一个和平时期的征兵方案，更换了停在从纽芬兰到英属圭亚那的 8 个英国殖民地的长期租借出去的 50 艘驱逐舰。

虽然并未宣战，但罗斯福在尽一切可能支持英国抗击希特勒的战斗。1940 年 11 月 5 日，他成为美国历史上第一位（也是唯一一位）连任三届的总统，他的力量更强了。

12 月 17 日，罗斯福向记者宣布，他决定把英国作为美国的第一道防线。并且，由于英国无力购买所需的全部物资，他建议美国向英国"租借"武器、飞机、食品、汽车和其他任何需要的物资。美国公众对此反应积极，他们支持罗斯福的观点，及其在 12 月 29 日通过全国广播发表的"炉边谈话"，他说美国要成为"民主的兵工厂"。1941 年 1 月 6 日，罗斯福在就职演说中宣称，战后的世界应立基于"四大自由"——言论自由、宗教自由、免于匮乏的自由和免于恐惧的自由。

1941 年 1 月 10 日，《租借法案》正式提交美国国会，1941 年 3 月 11 日，法案正式通过。《租借法案》通过后，美国的工厂开足了马力生产战争物资。充分开掘美国的经济能力对战胜德国至关重要，《租借法案》也成为美国参战迈出的重要一步。

1940 年至 1941 年的越冬季节，美国参战的可能性变得更大了，其间来自英美两国的高级军官在华盛顿秘密会晤，探讨美国参战的情况下全面的联合作战战略。这一系列会谈（又称 ABC－1 美英会谈）于 1941 年 3 月 29 日结束，双方认为德国是比日本更加强大的对手，应把打败德国放在优先的位置。罗斯福虽然没有正式认可 ABC－1 计划，但采纳了会谈的意见。

英美两国在对日本的政策上未能达成一致。英国力促美国太平洋舰队开赴菲律宾和新加坡，但是美国人决意让舰队留在夏威夷的珍珠港，打算继续与日本外交代表进行谈判，以期达成和平方案。

第 5 章　致命的东进

不列颠空战开始前，希特勒的主要兴趣就已经从英国移开了。作为正式的开始是在 1940 年 7 月 31 日，在一次与高级军官的会议上，希特勒宣布他"决定在 1941 年春摧毁苏联人的生命力"。

希特勒的一席话让许多高级军官深感不安。他们担心置西线的英国和他的潜在盟友美国于不顾，转而集中德国的能力、智力和有生力量去消灭苏联。

德国高级将领及其参谋试图说服希特勒在转向对付苏联之前先制服英国。也许他们已经模模糊糊地意识到了丘吉尔的打算：对英国来说最好的计划就是等待希特勒犯下一个无法挽回的错误，重蹈拿破仑在 1812 年入侵俄国的覆辙。

只有海军总司令埃里希·雷德尔（Erich Raeder）对危险洞若观火，他频频发表意见，非常确信德国能以另外的方式实现目标。他对希特勒说战胜法国已经为德国通向胜利之路打开了大门——没有必要再通过进攻苏联来赢得胜利。

国防军最高统帅部（Oberkommando der Wehrmacht，OKW）作战局局长阿尔弗雷德·约德尔（Alfred Jodl）大将也持同样的观点，尽管不太公开表露也不太强烈。在 1940 年 6 月 30 日的备忘录里，约德尔写到，如果不能跨越英吉利海峡的进攻没有结果，那么地中海就是打败英国的最好战场。他建议占领埃及和苏伊士运河。也许意大利人就能完成这件事，如不能，那么德国可以协助。

当时英国在埃及只有 3.6 万人，包括一个由阿奇博尔德·韦维尔将军（Archibald Wavell）指挥的不完整的装甲师。此外，意大利的参战基本切断了英国的地中海补给线，除非重兵护航。现在英国的主要航线要绕道南非好望角再进入红海，航程达 1.2 万英里。

即使英国尽全力在埃及建立起一支强大的军队，还要花上几个月甚至一年来完成。而且英国不会这样做，因为要集中全力防御本土。

在德国的支持下，意大利很快地在其殖民地利比亚占据了兵力优势。此时，用纳粹空军轰炸机征服马耳他会相对容易。马耳他在西西里岛以南 60 英里，属英国殖民地，那里的飞机、军舰和潜艇构成了对往来于的黎波里和利比亚的意大利补给船和增援部队的主要威胁。

希特勒在 7 月 31 日的会议上没有完全否定在地中海的"边缘战略"，陆军元帅瓦尔特·冯·布劳希奇（Walther von Brauchitsch）和国防军陆军总司令部总参谋长弗朗茨·哈尔德（Franz Halder）建议派出装甲部队（一支"远征军"）和飞机开往利比亚帮助正在计划进攻埃及的意大利人。

但是希特勒并未对约德尔的备忘录做出回应，也并不打算派装甲部队和战斗机到非洲。地中海唯一让希特勒感兴趣的是夺取英国直布罗陀基地的可能性，这样就将英国皇家海军的地中海西大门给关闭了。1704 年，英国从西班牙手中夺去了这个战略要地，此后一直牢牢握在手里。

希特勒所能想到的夺取直布罗陀的唯一办法就是正面进攻。这就意味着德军需要过境西班牙。西班牙的独裁者弗朗西斯科·佛朗哥（Francisco Franco）将会乖乖地合作。德军高级将领见希特勒被这个念头深深吸引，于是派出了反间谍机构德国军事谍报局（Abwehr）的头目维尔海姆·卡纳里斯（Wilhelm Canaris）于 7 月 20 日至 23 日赴马德里试探佛朗哥的反应。狡猾的佛朗哥并没有拒绝帮忙，但也没有做出任何承诺。

"直布罗陀计划"，被认为是不撞南墙不回头的计划，成了接下来经常被谈论的主旋律。然而它是一个荒谬的想法，显出了希特勒的不切实际。

这个计划要求西班牙参战，这对西班牙来说是毫无益处的、极端危险的举动，反倒很快就会引起极端严重的后果。英国会切断西班牙所依赖的从阿根廷和其他美洲国家的粮食进口，并可能夺取非洲西北海岸线外的西属加那利群岛。佛朗哥不想和这个计划扯上关系，但鉴于德国国防军已经陈兵边境，他也不敢公开叫板。

除了直布罗陀，希特勒还有其他一些荒唐的想法，这说明他对摆在自己面前的战略机会缺乏深刻的认识。他对夺取葡萄牙的两个群岛抱以极大的热情：一个是里斯本以西 1200 英里的大西洋上的亚速尔群岛，一个是位于非洲西海岸的达喀尔以西 150 英里的南大西洋中的佛得角群岛。他还研究了在进攻直布罗陀之前夺取加那利群岛的计划，目的是给英国人迎头一击。

理论上讲，这 3 个群岛都可以作为空军和海上基地来切断来往于大西洋的英国船队。然而，希特勒对亚速尔群岛的热情主要是想在此建设可以直抵美国的远程轰炸机基地。他说，如能在亚速尔群岛建造和停靠这些飞机，就将迫使美国人专注于自身的防御而无暇顾及英国。

夺取大西洋上的群岛的想法比直布罗陀计划更显荒唐。只有海军上将雷德尔敢于向希特勒直言，虽然他表达反对的时候还是十分谨慎。雷德尔向希特勒保证，德国海军可以通过突袭占领岛屿，但是占领之后却无法保护海上航线。英国皇家海军可以在几天内构筑封锁线，切断德军要塞的供给，德军只能靠空运少量补给。攻击英国船队的可能性微乎其微，攻击美国就更不用说了，因为德国无法保障对岛屿的燃料供给。

雷德尔的逻辑无懈可击，问题本应就此打住，但是事与愿违，在接下来的秋冬季节，希特勒继续鼓吹要占领大西洋岛屿。

将军们无法劝服元首采行地中海战略，于是雷德尔上将在 1940 年 9 月 6 日和 9 月 26 日先后两次进谏。在第二次会议上，雷德尔与希特勒单独见面，给他一步一步地分析德国可以怎样在英吉利海峡以外打败英国，这样做的话就将使德国在与苏联的对抗中处于控制地位。

雷德尔还是被希特勒的热情打败了，他转而称德军应夺取直布罗陀和加那利群岛，但是他在那里的主要关注点是非洲西北部的大片的凸出部位，其中大部分由法国控制着。

希特勒的一个决定让人难以捉摸，那就是在和法国就其投降进行谈判时，他没有要求法国允许德国军队进驻法属北非，包括阿尔及利亚、突尼斯和摩洛哥。如果法国拒绝，他可以威胁占领法国全境，拒绝承认维希政府。另外，法国在北非驻军很少，无法阻止德国的占领。

但是直到 9 月 26 日会议的前 3 天，这一地区的重要性才出现在希特勒的视野：英军和戴高乐领导下的"自由法国"力量联合行动，企图夺取达喀尔，但最终被维希政府的兵力击退。这让雷德尔更加坚信，在美国的支持下，英国会试图在北非立足，以便对抗轴心国。他力主德国和维希政府联手保住这个地区。

但是雷德尔的主要论点是轴心国应夺取苏伊士运河。之后，德军装甲可以快速推进到巴勒斯坦、叙利亚以及更远的土耳其。

"如果我们能做到这点，土耳其就将在我们的控制中，"雷德尔强调，"俄罗斯的问题就将呈现不同的情景。现在还不确定从北面（也就是波兰和罗马尼亚）进攻俄罗斯是否还有必要。"

没有人比丘吉尔更能认清这一事实。在几个月之后给罗斯福的信中，丘吉尔断言，如果埃及和中东失手，此后的战争"就将变得艰难、漫长而惨淡"，即便美国参战也无法挽回。

　　然而对丘吉尔来说显而易见的事，希特勒理解起来却要困难得多。按雷德尔的说法，希特勒同意他的"总体想法"，但是还必须要和墨索里尼、佛朗哥和贝当谈谈。这说明希特勒想在地中海寻求有限的战术目的。尽管打通苏伊士运河需要和墨索里尼达成某种一致，但不需要佛朗哥和贝当的首肯。这表示希特勒并没有意识到对法国的胜利已经改变了德国整体的战略视野。

　　雷德尔认为陆军高级将领们有一种"纯大陆眼光"，不能认识到在地中海南岸展开的势在必胜的机会，因此永远不能给希特勒正确的建议。尽管国防军陆军总司令部和国防军最高统帅部确曾建议希特勒将军队派往北非，但他们的建议不像雷德尔的那样显得紧要。无论是布劳希奇、哈尔德、约德尔，还是国防军最高统帅部总参谋长、陆军元帅威廉·凯特尔（Wilhelm Keitel），都没有表示过在地中海的战争能取胜的坚定信心，虽然凯特尔也曾向墨索里尼说过占领开罗比占领伦敦更加重要。他们的犹豫部分是因为他们知道希特勒长期以来下决心消灭苏联、取得在东边的"生存空间"的夙愿。要使自己的职业生涯继续，就不该打翻前进的航船。然而，他们从未像雷德尔那样向希特勒阐明，在地中海的胜利将使对苏联的战争变得更加容易。

　　一旦轴心国夺下埃及和苏伊士运河，就会堵住皇家海军进出地中海的东大门。英国舰队就会立刻退到红海，因为它们将无法获得通过地中海西部而来的船只的充分补给。这样，无论德国是否夺下直布罗陀，英国都将在战略上陷于瘫痪。

　　轴心国将随意进入中东，因为英国在那里已经没有足够的兵力。中东地区是世界上大部分石油的来源地，夺下它就意味着德国获得其最为亟需的战略物资的源源不断的供应。

　　德军在土耳其南部边境地带的进军将使土耳其如热锅上的蚂蚁。希特勒既已将匈牙利、罗马尼亚和保加利亚拉入联盟，这时，大可通过保加利亚逼近伊斯坦布尔，或者从伊拉克和叙利亚向北迫近。土耳其将被迫加入轴心国集团或者成为轴心国进军的通道或补给通道。任何反抗的姿态都可能招致土耳其军队的迅速失败，结果将是灾难性的。

打开土耳其这条通道将使马耳他和直布罗陀的重要性下降。这样，无须佛朗哥的积极支持，也无须直接进攻，就可以清除这两个障碍。

无论有无维希法国政府的合作，德军都可以占领法属北非。从法属摩洛哥出发，他们可以经由西班牙控制的直布罗陀海峡从南面到达摩洛哥的狭长地带。西班牙将被迫给予德军过境权，或者在德军未经许可就占领狭长地带时作壁上观。毕竟，西班牙对于德军可能通过法国对其中心地区进攻的恐惧可谓挥之不去。其结果就是，德军的机场和炮台可以沿海峡的南岸排开。这样就关上了英国进出海峡的大门，无须以高昂代价对直布罗陀直挺挺的岩石进行军事打击就能完成。

封锁直布罗陀海峡将迫使英国放弃马耳他，因为那里的供给将被切断。

一旦把皇家海军赶出地中海，它就成了轴心国的内湖。德军可以占领整个西非地区，包括设在塞内加尔达喀尔的法军基地。无须占领佛得角群岛，从达喀尔出发的飞机、军舰和潜艇就可以封锁大部分英国船队在南大西洋的交通线。

在中东，战略收获会更大。在伊朗的德军可以切断从英国和美国经此供应苏联的补给线。苏联将只剩下巴伦支海的摩尔曼斯克（Murmansk）和白海上的阿尔汉格尔（Archangel）可以输送从西方运来的物资。这需要在严酷气候下进行危险的运输，还要面临来自德国军舰和从挪威的机场起飞的飞机的持续攻击的威胁。

更重要的是，苏联的主要油田在高加索和里海的西岸，就在伊朗的北面。德国不仅可以直接从西面的波兰和罗马尼亚，还可以从南面的高加索地区威胁苏联的油田。被包围和很快失去石油供应的危险会令斯大林不得动弹，迫使他给德国提供需要的任何粮食和原材料。也可以说，德国不需花费一兵一卒就可以享受苏联大原料库的好处，还有经西伯利亚大铁路从东南亚运来的锡、香蕉以及其他物资。

德军在伊朗屯兵也将给英国对印度的控制造成巨大威胁，此时的印度正在甘地（Mohandas K. Gandhi）和其他人领导下积极谋求独立。德军可以从伊朗经由开伯尔山口和其他通道到印度，这条入侵路线亚历山大大帝于公元前326年曾经率军走过，此后一直沿用。德国实际上不需要做什么，仅威胁本身就会迫使英国尽可能派兵保护它"王冠上的宝石"（印度）。德国不费一兵一卒就可以让英国瘫痪。

控制了中东、非洲北部和西部的全部地区以及俄罗斯以西的欧洲地区，德国军事力量基本完好无损，德国的经济得以享用来自三大洲的资源供应，这样的德国将不可战胜。英国在欧洲边缘地带的抵抗将变得无关紧要。德国也不用再全力以赴研制U型潜艇对付英国军舰。英国的有生力量只能用来保护其帝国领土和往返于本岛与海外领地之间的船只。

美国想要对欧洲大陆发起进攻基本无望，因为德军毫发无损且严阵以待，直到美国花费数年时间建立起强大的海军、陆军和空军，更别说采取这样规模的军事行动所需的运输船、登陆船、汽车和武器装备了。也许美国人可能冒险一试，但获胜的机会可以说微乎其微。而且更可能发生的情况是，美国人将优先转向对付日本在太平洋的扩张。

同时，德国可以整合其帝国版图，把附属国组成一个经纪联盟，使其在经济上、军事上和政治上变得更加强大。用不了多久，世界就会对新的德意志帝国适应起来，回到正常的国际贸易中来。

这一切最终会给希特勒实现其自20世纪20年代以来就梦想的机会——攫取乌拉尔山脉以西的苏联领土。一旦实现事实上的停火，希特勒就可以从南面和西面进攻苏联的欧洲部分，把斯大林和幸存的苏联人赶到西伯利亚，获得他垂涎已久的"生存空间"。

在雷德尔向希特勒谏言之后的几个星期，希特勒看起来不太那么坚持向东的战争了，至少是在时间上，而且他也开始正面地看待海军司令的建议了。高级将领们开始寄希望于希特勒改变决定。

希特勒的矛盾心态根源于他相信意大利进攻埃及会迅速取得成功。战役从 1940 年 9 月 13 日开始，由鲁道夫·格拉齐亚尼（Rodolfo Graziani）元帅指挥。意大利有 6 个师，3 倍于防守的英国军队，但是德国的担心（和英国的乐观）几乎立刻就开始增加，格拉齐亚尼率部极其小心地沿海岸前进，并未遭遇英军多少反抗。深入埃及 50 英里后，他在西迪拜拉尼（Sidi Barrani）停下来，这里距英军在马特鲁港（Mersa Matruh）的阵地只有不到一半的距离。

格拉齐亚尼在这里建立起一连串的加固的营地，但它们之间相距太远，不能相互支持。一周又一周过去了，意大利人却按兵不动。而与此同时，韦维尔却得到了增援，在丘吉尔的命令下，3 个装甲团乘 3 艘商船从英国火速赶来。

德军将领对意大利军队的能力素来颇有怀疑，而格拉齐亚尼的表现更增添了他们的担忧。意大利军队对战争表现得没什么兴趣，装备又旧又落伍，几乎没有任何的机械化部队，但是，德军总参谋部感到意军主要的问题不在于武器的陈旧，而在于指挥不力。意大利军官缺乏训练，和士兵分开住，甚至用餐都特殊。在德军中常见的军官和士兵之间的友情，德军军官的高标准和特殊技能，在意大利军队中很少看到。另一方面，德国将领很尊重英国军队，特别是他们不屈不挠的韧性。

于是，德国高级军官带着装甲部队和飞机支援意军，但是墨索里尼没有反应。他希望格拉齐亚尼有所动作，打退英军，给他和意大利争光。但这没有发生。即便如此，墨索里尼也不愿意让德国人介入，因为这意味着承认失败，而另一方面，他也不想失掉利比亚。

1940 年 10 月，意大利军队还在西迪拜拉尼原地不动，于是德军最高统帅部派出装甲兵少将威廉·冯·托马（Wilhelm von Thoma）去北非看看德军是否应该帮助意大利人——并且非正式地考察一下意大利军队的行动（或者不行动）。

托马回去报告说，可以在非洲保持 4 个德军装甲师，这些兵力足以把英国人赶出埃及和苏伊士运河，进而打开征服中东之门。当时德军共有 20 个装甲师，它们都没有参战。

希特勒召见托马会商此事。他告诉托马只能给一个装甲师，托马则回应与其如此倒不如放弃整个念头。托马的回答激怒了希特勒。希特勒说，他向非洲派兵只是出于政治考量，目的是避免墨索里尼改变立场。

希特勒对托马的一席话，说明他并没有认识到雷德尔向他指出的从苏伊士通向胜利的道路。如果他认识到了，他应该会坚持派出军队。

希特勒真正的兴趣在于让墨索里尼高兴，以及实施如攻击直布罗陀这样的疯狂计划。他并没有采纳雷德尔的战略灼见。他的思维仍然聚焦于苏联。他在集中思考坦克准备用在那里，所以他不愿再多派哪怕一个装甲师去非洲。

北非的战局很快就明朗了。12 月 7 日，英国陆军中将理查德·奥康纳（Richard O'Connor）召集了西部沙漠军队的 3 万人和 275 辆坦克离开马特鲁（Matruh）向西迪拜拉尼进发。

格拉齐亚尼在前方有 8 万人，但只有 120 辆坦克。意大利步兵缺乏摩托化运输，而且在开阔的沙漠地带很容易遭到摩托化的英国部队包围，他们的部队几乎没有掩护。此外，意大利坦克是重达 14 吨的 M13 型，中等装甲厚度，配 47 毫米低功率机枪。它们在当时并不是完全不好，但只是名声欠佳。双方士兵都把它称作"会走的棺材"，而英军则拥有 50 辆重装甲玛蒂尔达，大多数的意大利机枪都打不透它，它们在接下来的战斗中起了决定性作用。

奥康纳决定从后方靠近意大利军营，因为意大利人已在前方铺设地雷。12 月 8 日晚，英军穿过敌军营地之间的一条空隙地带，12 月 9 日早上，以玛蒂尔达开道，从后方突袭尼贝瓦（Nibeiwa）军营。守备部队大吃一惊，四散奔逃，4000 人成了俘虏。刚入下午，玛蒂尔达坦克横扫北面的西图马尔（Tummar）和图马尔两个军营，把那里的驻军炸飞上了天。同时，第 7 装甲师，他们后来获得"沙漠之鼠"的美名，向西开进，到达海岸公路，跨在了意大利人撤退的路线上。

第二天，第 4 印度师在第 7 装甲师的 2 个坦克团的支援下，向北开进，在西迪拜拉尼外围的军营两边集结，然后横扫意军阵地，俘获数千人。

第三天，第 7 装甲师的后备旅向西移动 25 英里，包抄到布克—布克（Buq—Buq）城外的海边，拦截大股撤退的意军，俘虏 1.4 万人。在 3 天内，在埃及的意大利军队半数都投降了。

残余的意大利军队躲藏在巴尔迪亚（Bardia）沿海的要塞里，此处正好位于利比亚边境以里。第 7 装甲师快速包抄到西侧，将巴尔迪亚孤立起来。直到 1941 年 1 月 3 日，在 22 辆玛蒂尔达开路下，步兵开始对巴尔迪亚发起进攻。全部意大利守军投降，包括 4.5 万人和 129 辆坦克。

第 7 装甲师又立即向西疾驰封锁图卜鲁克（Tobruk）。1 月 21 日，澳大利亚步兵跟在尚能战斗的 16 辆玛蒂尔达的后面发起进攻，3 万意军连同 87 辆坦克投降。

意军基本没有抵抗，英军可以继续按这种速度推进到的黎波里（Tripoli）。遗憾的是，丘吉尔决定保存英军的实力，利用墨索里尼犯下的另一个错误做文章。10 月 28 日，墨索里尼从希腊入侵阿尔巴尼亚。1939 年，他曾占领过此处。这是一个战略上的疯狂举动，它使意大利陷入了两线作战，而原本在北非这条战线的行动已经显得捉襟见肘。

"独裁者"（Il Duce）墨索里尼希望打造一个意大利帝国，但是希腊人却奋起反抗，他们把意大利人赶回了阿尔巴尼亚，并威胁要打垮整个意大利军队。

就在进攻开始的那天，希特勒在佛罗伦萨会见墨索里尼时才得知此事。他暴跳如雷，因为这打乱了他的整个计划，甚至打乱了他正在犹豫中的有关向北非派兵一事。

此前，希特勒刚刚于10月23日在法国边境的昂达伊（Hendaye）城会见西班牙独裁者佛朗哥，第二天又在蒙图瓦尔（Montoire）会见贝当。

在昂达伊的会谈持续了9个小时，佛朗哥并没有对参战和允许德军进攻直布罗陀作出任何承诺。希特勒又气又恼地离开了，把佛朗哥称作"卑鄙的耶稣会士"。与贝当的会面则更加愉快。贝当表示愿意与德国合作让英国屈膝投降。作为回报，法国可以在"新欧洲"中享有较高的地位，而且可就其被迫割让出去的领土在非洲获得补偿。

丘吉尔催促希腊人接受英国坦克和炮兵部队的援助，但希腊总理杨尼斯·梅塔克萨斯（Ioannis Metaxas）拒绝了，说英国的援助会刺激德国进行干预，却又制止不了德国的行动。即便如此，丘吉尔还是命令在埃及的军队待命，命令韦维尔不向奥康纳增援。

与此同时，奥康纳继续向西推进。他的第7装甲师只剩下50辆巡航坦克。2月3日，他通过空中侦察得知，意军准备放弃昔兰尼加西北的整个班加西角。奥康纳于是命令第7装甲师穿越沙漠腹地向位于海岸边的巴尔比亚（Via Balbia）运动，直奔班加西以南。坦克在沙漠中行进速度缓慢，于是在2月4日，该师指挥官迈克尔·克雷（Michael Creagh）少将组织起全部的步兵和炮兵，用装甲汽车车队运送前行。到了2月5日下午，这支部队已经在比达夫门（Beda Fomm）以南敌军撤退的路线上树起了障碍。当天晚上，该师的29辆还能战斗的巡航坦克到达，进入隐蔽的阵地。

意大利主力部队赶来，随之而来的有 100 辆新的 M13 巡航坦克，如果它们联合起来作战，就可以突破英国的拦截并打开通向的黎波里的道路。但它们实际上是分组进攻而非集中进攻。英军坦克对其各个击破。到了 2 月 6 日傍晚，60 辆意军坦克被打成了残废，并有 40 辆被丢弃。意大利军队失去了装甲的保护，步兵悉数投降，共计 2 万人。而英军的总兵力却不过 3000 人。这是二战中最具压倒性的胜利之一，它大大提升了英军的士气。

留在利比亚的意大利军队已为数不多，奥康纳信心满满地要奔袭的黎波里，那里的意大利军官正在收拾行李准备逃窜。

1941 年 2 月 6 日，最后一支意大利部队在比达夫门被歼灭，希特勒终于坐不住了，他终于决定派 49 岁的埃尔温·隆美尔（Erwin Rommel）率领德国机械化部队前去解救意大利人。这支部队并非托马所设计的需要征服苏伊士运河和中东的 4 个装甲师之一。而是由希特勒所说的唯一可以分出的一个装甲师（第 15 师），加上一个小型的配备坦克的摩托化师（第 5 轻型摩托化师）。

之所以挑选隆美尔，是因为他是德国仅次于古德里安的最著名的装甲部队指挥官。隆美尔的第 7 装甲师在 5 月和 6 月间神出鬼没，被法国人称为"鬼师"（Ghost Division）。隆美尔的高关注度使其成为赴非洲的不二人选，因为希特勒的初衷是做出支持墨索里尼的公共姿态，而非寻求在非洲定乾坤。

隆美尔指挥的新的"德国非洲军团"（Deutsches Afrika Korps, DAK）的先遣部队于 1941 年 2 月中旬陆续抵达，而整个第 5 轻型摩托化师直到 4 月中旬才抵达利比亚，第 15 装甲师 5 月底才到达。在此期间，英军仍有足够的时间进军的黎波里，将意军赶出北非。

恰在此时，丘吉尔勒住了韦维尔和奥康纳的"缰绳"。他指示韦维尔为在希腊作战准备尽可能多的军力。这就使向的黎波里的进军宣告终止。急剧的变化发生在 1 月 29 日希腊总理梅塔克萨斯的意外死亡之后，新上任的希腊总理屈从于丘吉尔的强烈要求，将英国人迎入希腊。

丘吉尔天真地希望能与巴尔干诸国建立起抗击德国的同盟。希腊人尚能将武器装备落后又缺乏作战热情的意大利人赶回家，但简陋的巴尔干诸国军队根本不是德军装甲的对手。就在希特勒谋划进攻苏联的几个月前，英国决定向欧洲大陆派兵，这使希特勒感到整个计划受威胁，特别是对在希腊的英军飞机袭击位于罗马尼亚普洛耶什蒂（Ploesti）的油田深感焦虑。希特勒的战争机器需要靠这些油田才能运转。

他命令军队准备好从保加利亚侵入希腊。到 1941 年 2 月的第三周，德军已经在罗马尼亚集结 68 万人。保加利亚领导人为希特勒对其许诺给予希腊领土和到爱琴海的通道而感到振奋，同意让德军从保加利亚通过。2 月 28 日，德军渡过多瑙河（Danube），抵达对希腊发起进攻的指定据点。

第一支为数 5.3 万人的英军于 3 月 7 日在希腊登陆，其中大部分为来自澳大利亚和新西兰的摩托化部队，他们将继续前进，帮助新的盟友希腊。3 月 28 日，在希腊南部的马塔潘角（Cape Matapan）海域，英军舰队在一次夜间战斗中摧毁 3 艘意大利巡洋舰，从此确保了墨索里尼的舰队再也不敢对英国皇家海军叫板。

此时的南斯拉夫正处于加入轴心国的巨大压力之下，但是南斯拉夫人民，特别是塞尔维亚人，表示强烈反对。南斯拉夫总理和外交部长趁夜溜出贝尔格莱德，以躲避抗议示威活动。3 月 25 日，他们当着希特勒和德国外交部长约阿希姆·冯·里宾特洛甫（Joachim von Ribbentrop）的面，签署了三国同盟协议（The Tripartite Pact）。

第二天晚上的贝尔格莱德，杜桑·西莫维奇（Dusan Simovic）将军率领空军军官发动政变，推翻了政府和同意加入轴心国的保罗国王。

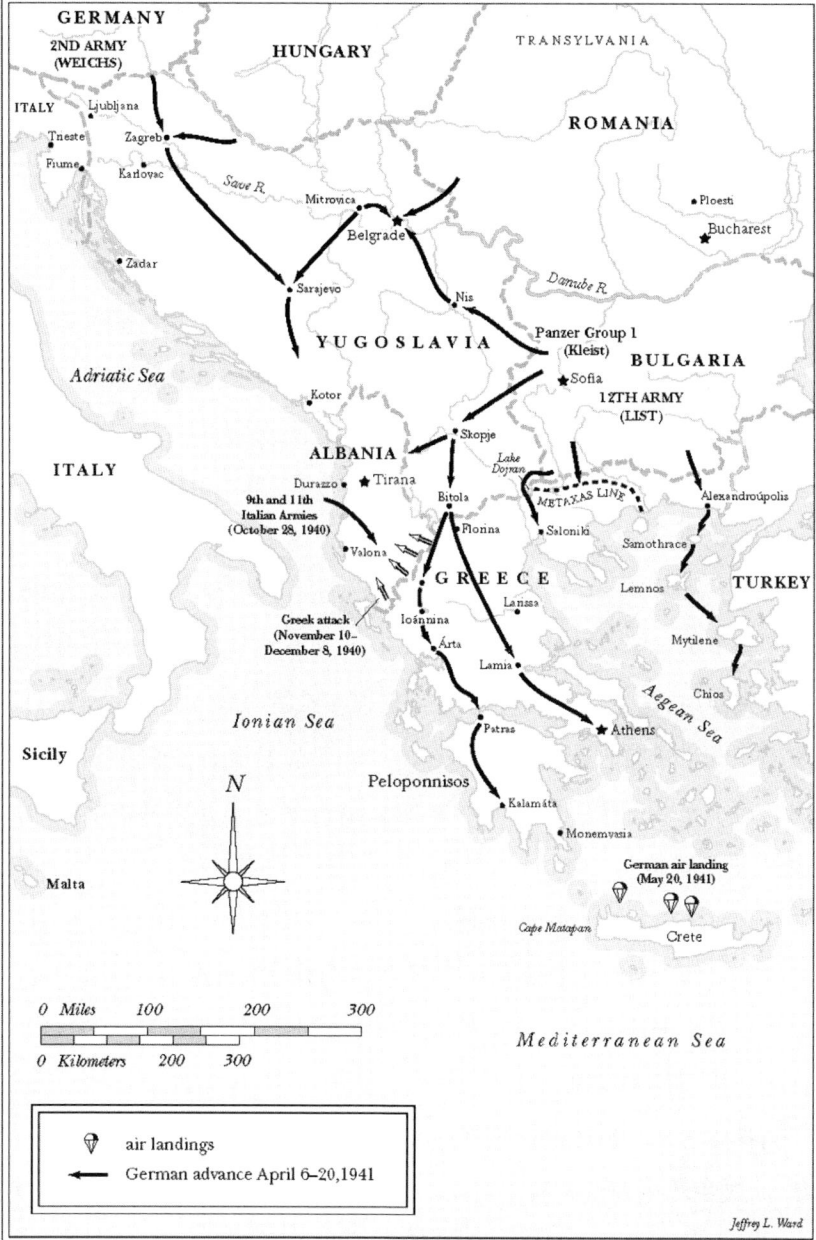

征服南斯拉夫和希腊，1941年

GERMANY
2ND ARMY (WEICHS)
HUNGARY
TRANSYLVANIA
ITALY
Ljubljana
Trieste
Zagreb
Fiume
Karlovac
ROMANIA
Save R.
Mitrovica
Belgrade
Ploesti
Bucharest
Zadar
Sarajevo
Nis
Danube R.
YUGOSLAVIA
Panzer Group 1 (Kleist)
BULGARIA
Adriatic Sea
Kotor
Sofia
12TH ARMY (LIST)
ALBANIA
Skopje
Lake Doyran
ITALY
Durazzo
Tirana
9th and 11th Italian Armies (October 28, 1940)
Bitola
Florina
METAXAS LINE
Alexandroúpolis
Valona
Saloniki
Samothrace
GREECE
Lemnos
TURKEY
Greek attack (November 10-December 8, 1940)
Ioánnina
Árta
Larissa
Lamia
Mytilene
Chios
Ionian Sea
Aegean Sea
Sicily
N
Pátras
Athens
Peloponnisos
Kalamáta
Malta
Monemvasia
German air landing (May 20, 1941)
Cape Matapan
Crete
0 Miles 100 200 300
0 Kilometers 200 300
Mediterranean Sea

air landings
German advance April 6-20, 1941

Jeffrey L. Ward

他们将保罗赶到了希腊。保罗曾想绑架其王位继承人彼得，但是彼得从排水管逃了出来，叛军不久就宣布其为新的国王。

这场政变让希特勒暴跳如雷。他下令即刻发起对南斯拉夫的全面进攻。

1941 年 4 月 6 日破晓之时，德军以排山倒海之势向南斯拉夫和希腊压过来。部署于奥地利和匈牙利的马克西米利安·冯·魏克斯（Maximilian von Weichs）的第 2 军从北面和东面驰入南斯拉夫。

在保加利亚的威廉·李斯特（Wilhelm List）的第 12 军承担了关键任务。他的第 30 军在土耳其的欧洲部分未遇任何抵抗就压到爱琴海边，而第 18 山地军（18th Mountain Corps）的部分军力冲向梅塔克萨斯防线时却被击退了。这是希腊军在西北部的主要防御阵地，共有 6 个师的兵力把守。

同时，格奥尔格·施图姆（Georg Stumme）指挥的第 40 摩托化军和第 1 装甲集团军，以及埃瓦尔·冯·克莱斯特指挥的 5 个师向西开进，深入南斯拉夫南部，切断了南斯拉夫与希腊的联系。克莱斯特的装甲集团军继续转向北夺下了尼什（Nish），沿摩拉瓦河谷向贝尔格莱德推进，途中遇到正从罗马尼亚而来向贝尔格莱德逼近的莱因哈特的第 41 装甲集团军。

从理论上讲，南斯拉夫共有 35 个师，但是整体装备落后，而且因为各种族之间的分立而内讧不断。只有约一半的预备役军人（大部分为塞尔维亚人）响应召唤动员起来。其余的大部分为克罗地亚人和斯洛文尼亚人，依旧待在家中。

指挥官想把分散在萨拉热窝周边的塞尔维亚部队集中起来，但是德军第 41 装甲集团军横扫波斯尼亚，迫使 30 万人投降。西莫维奇和年轻的彼得国王分别逃往希腊和巴勒斯坦。

与此同时，德军第 40 军逼近瓦尔达尔（Vardar）河谷，夺取了位于南斯拉夫南部的斯科普里（Skopje），接着转向通过萨洛尼卡（Sa-loniki）以西约 75 英里的蒙那斯迪尔隘口（Monastir Gap）涌入希腊。

这时，第 18 山地军的一股部队悄悄来到多耶然湖（Lake Dojran），这里正好位于希腊、南斯拉夫和保加利亚交界点以西 12 英里。从而包围了梅塔克萨斯防线的两翼，接着他们继续沿瓦尔达尔河谷向爱琴海进发，并占领了萨洛尼卡。这让梅塔克萨斯防线上的希腊人孤立无援，迫使其投降。

英军估计德国人会从萨洛尼卡直接往南，翻越奥林匹斯山，沿爱琴海进军。于是英军在这条线上重点布防，但是，德军却从蒙那斯迪尔隘口向西南突进，直奔希腊的西海岸，在阿尔巴尼亚切断了希腊人的联系，然后转向英军的西翼。这就导致了敌军的迅速溃败。

在伦敦的首肯下，韦维尔将军命令远征军撤离。英国战舰和运输船开进雅典和伯罗奔尼撒附近的港口，那里的英军和部分希腊军队正在紧急撤离部队，放弃了大部分武器。到 4 月底，皇家海军共帮助撤退了 5.1 万人，大约 1.3 万英军阵亡或投降。

希腊国王乔治二世（George II）携家人和高级官员乘英国船只逃离。4 月 27 日，德军装甲开进雅典，在雅典卫城（Acropolis）悬挂起卐字旗。大部分希腊军队都投降了。

德军仅用 3 周时间就征服了南斯拉夫和希腊，并又一次把英国人赶出欧洲大陆，仅李斯特元帅的第 12 军就俘虏了 9 万南斯拉夫人和 2.7 万希腊人，而己方只有 5000 人伤亡。

第 6 章　不该攻击的岛屿

希特勒做出了一个有违常理的决定，他对地中海的实际军事情形不管不顾，继攻击苏联之后，他又一次暴露出缺乏寻找战争胜利的另外路径的能力。

他决定用训练有素的伞兵和滑翔机部队夺取地中海东部相对并不那么重要的克里特（Crete）岛，却不去占领位于意大利和利比亚之间航道上的马耳他。

这个荒唐的决定遭到作为海军上将、国防军最高统帅部成员的雷德尔的反对，也意味着希特勒最终否决了可能给他带来胜利的地中海战略。如果轴心国要发起征服北非的战役，马耳他就势在必夺。另一方面，如果希特勒向利比亚派兵仅仅是为了安抚墨索里尼，而没有大的战略目标，那么德国的人力、物力以及财力就被愚蠢而轻率地浪费掉了。

克里特岛是古米诺斯文明的发祥地，是一座方圆 3200 平方英里的希腊大岛，位于雅典以南 180 英里，以及埃及和利比亚东部或昔兰尼加以北约 250 英里。它总长 152 英里，但宽只有 8—35 英里。

德国人占领巴尔干半岛后，克里特岛在战略上就陷入了被动。对英国来说，从位于克里特岛基地起飞的远程轰炸机可以向北飞行 675 英里到达罗马尼亚的普洛耶什蒂油田，但是该岛上的皇家空军基地也可能遭到 100 英里以外，驻扎于希腊南部的德军飞机的摧毁。对德国人来说，占领克里特岛可谓毫无意义，因为与在昔兰尼加东部的飞机相比，驻扎在克里特岛上的飞机到开罗和亚历山大的距离更远。

相比之下，马耳他的情况则完全不同。这个由英国控制着的小岛方圆 122 平方英里，距离北边的西西里岛只有 60 英里，距离南边的的黎波里只有 200 英里，是在北非插入意大利和德国背后的匕首。英军在此驻有飞机、潜艇和军舰，目的就是截断与利比亚之间的交通。

1941 年 4 月 15 日夜至 16 日凌晨，英国击沉了驶向隆美尔的非洲军团的一艘运输船，马耳他的危险性更加突出。来自马耳他的英军的威胁使得几乎任何一次到利比亚的航行都像一场赌博。有时候船只能侥幸通过，有时却在劫难逃。沉没的意大利和希腊货船逐渐在两个大陆之间的西西里海峡越积越多。

直到 1940 年 11 月 1 日皇家空军向克里特岛上运送空军和陆军部队，希特勒才正视起来。此后不久希特勒的注意力就聚焦到了马耳他。在格拉齐亚尼惨败之后，希特勒决定派德军进入利比亚。深恐得而复失的墨索里尼此时终于需要帮忙了。

军官们研究了完全通过空袭摆平克里特岛和马耳他的可能性，但是任何战役要想通过轰炸取胜就需要不断地持续下去，这显然不太现实，于是清除威胁的唯一办法就是出动地面部队占领岛屿，雷德尔元帅和海军最高指挥部都极力鼓动攻击马耳他。他们断言，占领该岛是"在地中海取得对英胜利的关键的前提条件"。

雷德和他的高级军官们试图改变早先在 1941 年 2 月 22 日的一个决定，当时国防军最高统帅部通知他们，希特勒计划推迟对马耳他的占领，一直到 1941 年秋天"东线的战争结束以后"。希特勒的如意算盘是通过发动夏季攻势解决苏联人，然后腾出手来解决马耳他的小问题。

国防军最高统帅部的数名军官在驶往隆美尔部队的船只被击沉后就对马耳他的危险性保持着警醒，他们也请求约德尔和凯特尔劝希特勒赶紧解决马耳他岛问题。

雷德尔和他手下的军官们蠢蠢欲动并不奇怪。希特勒的决定将隆美尔的紧急需要置于不顾，并将对苏联作战置于首要位置，其他则相对次要，而对苏战争的范围有多大、持续多久以及结果如何都殊难逆料。再者，驻防马耳他的部队并不多，因为开往该岛的船只必须经受意大利海军和空军的骚扰和袭击。还有，英军控制了地中海东部，倘有需要，他们可以向克里特岛派出大部队。

1941 年 4 月 21 日，巴尔干半岛上的战役已近尾声，希特勒终于做出了最后抉择。他决定进攻克里特岛，代号为"水星行动"（Operation Mercury）。马耳他则要再等等了。希特勒称，克里特岛更重要一些。他要将英军海军和空军力量从欧洲东南部清除掉。纳粹空军将负责对付马耳他的英军。另外，进攻苏联的"巴巴罗萨"行动将在 1941 年 6 月发动，因此"水星行动"需要在此之前结束。

因为这个决定，希特勒输掉了这场战争。进攻克里特岛招致了德国的两大灾难：它将地中海战役局限在外围或是表层；在英国仍在抵抗、美国随时可能参战的情况下将德军力量转而对付苏联。

希特勒并非唯一一个愚蠢地认为克里特岛很重要的领导人。德军总参谋长哈尔德将军也暴露出其对于把部队派往由敌军舰队控制的海域中的岛屿的无知。哈尔德认为占领克里特岛是"支持隆美尔进军苏伊士运河的最佳方式"。

丘吉尔也掉进了陷阱。他不顾英军中东总司令韦维尔将军和战争部的反对，想要加强在克里特岛的英军军力。战争部担心在克里特岛遭受重大损失，因为希腊本土的机场跑道都关闭了，纳粹空军轻而易举地轰炸英军基地。

然而丘吉尔还是坚持己见，从 1941 年 2 月开始，他向克里特岛派出更多英军，施工队在那里为皇家空军建起了 3 条跑道。

与此同时，英国情报部门获悉，德军第 11 航空军（11th Air Corps）——在几天之内征服荷兰的斯图登特的王牌伞兵和滑翔机部队——正在保加利亚机场陆续着陆，但是英国的间谍网络并没有搞清楚德军的目标到底是克里特岛还是位于东地中海的英国岛屿塞浦路斯。

4 月 17 日，丘吉尔命令部分从希腊撤出来的部队向克里特岛进发。韦维尔将军告诉伦敦，他的部队仅够抗住利比亚，与英国海军部一样，他认为应该放弃克里特岛，但是丘吉尔执意要保住克里特岛。他看到了挫败德国空降兵部队的机会，并且相信强有力的防御对土耳其和其他中东国家将有良好的示范效应。

4 月 30 日，陆军中将伯纳德·西里尔·弗雷贝格（Bernard Cyril Freyberg）率领由英国、新西兰和澳大利亚人组成的部队 28600 人，以及 7000 名希腊士兵登上克里特岛。其中大部分人是从希腊撤出来的，只有一些轻武器。弗雷贝格要求埃及紧急提供重武器，但只收到一小部分。

很清楚的一点是，德军将从北岸发起进攻。因为主要的登陆地点和重要城镇都集中于此。岛上大部分道路是东西向的。只有几条崎岖的小路沿陡峭的山脉通向南部，直通利比亚海。

情报部门指出，德军的进攻将从克里特岛西部开始，于是弗雷贝格将第 2 新西兰师部署在马利姆（Maleme）村以及离海岸不远的机场。他把约 1.4 万英国人和澳大利亚人组成的部队部署在东边数英里的干尼亚（Khania）和苏达湾（Suda Bay），以防德军从海上进攻。在干尼亚以东 30 英里的雷西姆农（Rethimnon），弗雷贝格部署了第 19 澳大利亚旅；再向东 30 英里远的伊拉克利翁（Iraklion）处，他将第 14 英国旅部署于此。在所有这些地点，弗雷贝格均部署了希腊部队作为后备。

"水星行动"指挥官亚历山大·勒尔（Alexander Lohr）将伞兵部队分为西、中和东共 3 组。在 1941 年 5 月 20 日清晨开始的第一拨进攻中，西组预定在两个地点着陆：马利姆以及干尼亚和苏达湾附近。在当天下午开始的第二拨进攻中，中组预定在雷西姆农以东跳伞，而东组则在伊拉克利翁的两侧降落。一旦拿下马利姆机场，第 5 山地师就将通过运输机抵达。沃尔夫拉姆·冯·里希特霍芬（Wolfram von Richthofen）将军的第 8 航空军负责掩护进攻，他们有 280 架轰炸机、150 架斯图卡、180 架战斗机和 40 架侦察机。

5 月初，里希特霍芬的飞机开始猛烈打击克里特岛上的 40 架英军飞机，皇家空军因此将所有飞机全部转往埃及。德国人完全掌握了制空权。他们对发现的每一处英军阵地进行打击，但是英军伪装得很好，士兵伤亡较小。

在进攻开始的几天前，德军侦察机发现英国皇家海军的主力已经移动到克里特岛南部和西部。这说明了英军决心继续保卫该岛。

因此，到了 5 月 20 日，德军控制了空中，英军控制了海上，但是皇家海军没有空中的保护，处境十分危险。

早上的空袭摧毁了英军的部分通信网和防空火炮，紧随其后，第一拨德军乘滑翔机到达马利姆和干尼亚以南。之后不久，伞兵降落在机场附近、干尼亚镇和苏达湾的码头上。在第一拨行动中，共有 6000 德军从天而降。英国、新西兰和澳大利亚联军正严阵以待。

对德军来说那几乎是彻头彻尾的灾难。

一些滑翔机还没到达目的地就坠毁了。其他的降落了，但部队一从飞机中出来就被歼灭了。很多伞兵直接落在了防御阵地，在降落途中被击落。导致这种情况发生的原因之一是从陆地上刮向海上的大风。飞行员担心把部队投到海里，于是就在陆上较远的地方投送，其中一些地方实际上是英军的阵地。

德军空降时只带了一些轻武器，因为英军炮火密集，德军很难接近被空投下来的装有重型武器的容器，它们落地的位置离部队比较远。

降落在干尼亚以南的德军没能夺下这座市镇以及苏达湾，当晚只能

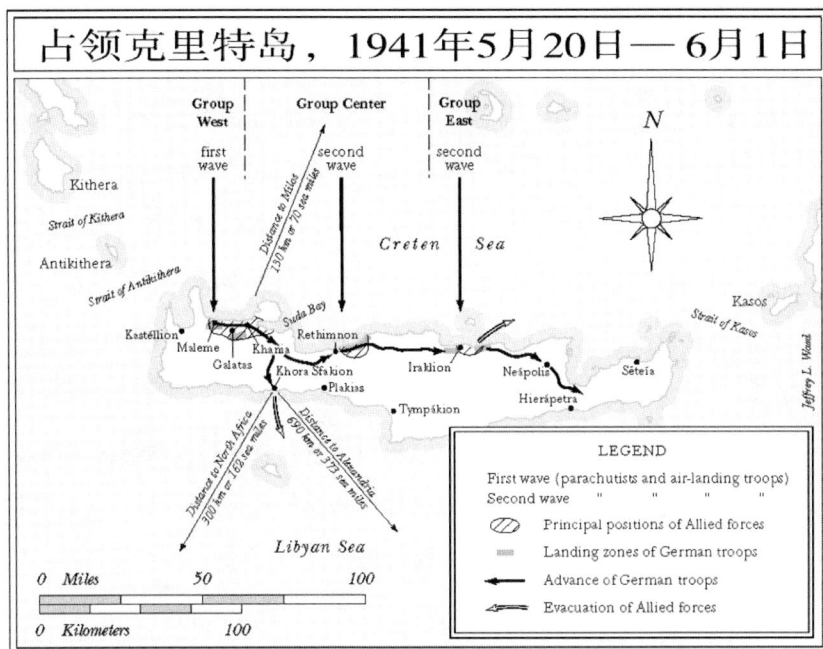

占领克里特岛，1941年5月20日——6月1日

转入防御。只有在马利姆以西的狭窄的塔威拉尼蒂斯（Tavronitis）河谷的部队集结起来进攻马利姆机场以南的制高点。驻防于此的新西兰部队阻击德军的进攻，令其未能拿下该机场。

然而就在当晚，该处的新西兰指挥官错误地认为他的部队实力较弱，无法抵挡住敌军的进攻。在得到旅长的同意后，他将部队往东拉了约1英里。这就让德军得以向前推进并占领了机场的一部分，还拿下马利姆南面的制高点。这样德军飞机就有地方降落了，尽管这里仍在英军炮火和步兵武器的打击范围之内。

西组的德军一度与设在希腊的总部失去了无线电联络。返回来接第二拨部队的飞行员不知道发生了什么事，以为一切正常。

结果，当稍后坏消息陆续传来时，改变计划已经为时已晚。另外，因为给飞机加油和希腊跑道的糟糕状况，第二拨起飞的时间被拖延了，里希特霍芬的轰炸机和战斗机已经径自去轰炸和扫射雷西姆农与伊拉克利翁。当第二拨运输机抵达时，已经没有了保护。

德军在雷西姆农和伊拉克利翁的损失比早上进攻时还大。约有一半的伞兵在刚一降落或者刚参加第一次地面战斗时就被击毙了。德军未能夺下一座城镇或一座机场，幸存者分散为小股部队，不得不转入防御。

勒尔和斯图登特将军决定，当务之急应该是巩固已经在马利姆机场取得的微弱胜利。5月21日早上，一些运输机降落在德军控制的机场跑道上，送来了德军亟需的武器等军需物资。当天下午又有几个连的伞兵部队降落在这一地区。

有了新到达的伞兵部队，加上原来的部队，西组终于完全占领了机场。下午晚些时候，第5山地师的首批部队在机场着陆。他们也付出了一些代价，因为英军的炮火还在持续对机场进行打击。到当天傍晚，机场上共有8架飞机被摧毁或是遭到严重破坏。

机场附近的德军试图向东移动与其他部队会师，但是他们在几百码外的皮尔戈斯（Pirgos）遭到了第5新西兰旅的阻击。

弗雷贝格将军在头两天犯了一个可怕的战术错误。他认为德军的主要进攻将会来自海上，因此拒绝将自己的部队撤出在干尼亚和苏达湾的海岸阵地，去消灭马利姆附近的德国人。

德军在5月21日计划用25艘希腊小型机动轻帆船运送重型武器、装备以及第5山地师的部分士兵，由一艘意大利驱逐舰护航，但是英军战舰在克里特岛以北海面截住了德军的小型船队，将大部分小帆船连同船上的所有武器、装备以及300人的山地部队击沉，残余的船只仓皇逃窜至北边的米洛斯岛。

5月22日，一支更大的小帆船队试图登陆克里特岛，但在米洛斯岛以南20英里海域遭遇皇家海军的船只。这支船队没有重蹈之前船队的覆辙，这次它们由一艘意大利军舰英勇护航，同时里希特霍芬的飞机对英国舰船猛烈打击，英舰不得不向西南转入基西拉（Kithera）海峡。

第二次世界大战中的首次空海大战开始了。里希特霍芬的斯图卡成了主要的空中杀手，为俯冲轰炸机如何有效打击海军军舰好好上了一课。在克里特岛附近的战斗中，英军损失 3 艘巡洋舰和 6 艘驱逐舰，另有 13 艘其他类型船只严重损毁，包括 2 艘战列舰和当时英军地中海舰队的唯一一艘航空母舰。

5 月 23 日，英军舰队指挥官安德鲁·坎宁汉（Andrew Cunningham）元帅将大部分船只撤往亚历山大，并开始趁夜派快速运输船只到克里特岛，以避开纳粹空军的袭击。

此时的弗雷贝格将军也意识到自己的失误，遂命第 5 新西兰旅去夺回马利姆机场。战斗持续到 5 月 22 日早上。新西兰人几乎打到了机场南面的塔威拉尼蒂斯河，接近海岸边的机场东端。然而，纳粹空军在破晓时分发起了进攻，迫使其退回到皮尔戈斯以东。一天之后，因恐被德军包围，新西兰部队撤往加拉塔斯（Galatas）。德军西组的新任指挥官尤利乌斯·林格尔（Julius Ringel）将军趁此机会将干尼亚西南一带分散的伞兵部队集合起来。现在英军的炮火已经打不到马利姆机场了。德军第 5 山地师的其他部队也赶到这里，后辈部队也陆续赶来，整个战况也随之改变。

勒尔将军指示林格尔夺取苏达湾，截断英军的补给线，然后去救援被分割和压制在雷西姆农和伊拉克利翁的伞兵部队。林格尔命令他的空降兵部队沿大道直接向东进军，在加拉塔斯，他们遭遇了新西兰部队的顽强抵抗。靠着空军的进攻，他们才冲破防线，得以在 5 月 27 日到达干尼亚。

弗雷贝格向韦维尔报告说，自己的部队已经撑到极限了。5 月 27 日，获得丘吉尔和韦维尔的准许，他将自己的部队撤往 23 英里以南濒临南海岸的克基拉·法基翁（Khora Sfakion），再从那里撤离。

5 月 28 日，德军攻破干尼亚以东英军严防死守的后卫阵地，并占领了苏达湾。与此同时，弗雷贝格的大部队正沿着崎岖小道向南海岸运动。林格尔完全没料到大股敌军会向南移动，只派了一个团的兵力去克基拉·法基翁。他命令大部队向东进军，留下少量部队在雷西姆农周围坚守到 5 月 29 日，第二天，留守的部队迫使该镇以东的一个澳大利亚连投降。澳大利亚人迟迟没有收到撤退的命令，结果发现为时已晚。而完全没被德军注意到的英军的一个旅和部分希腊部队，共约 3500 人，于 5 月 28 日到 29 日趁夜撤到停在伊拉克利翁的英国军舰上。

英国皇家海军用了 4 个晚上从克基拉·法基翁营救了 1.3 万名士兵。对船员们来说，在纳粹空军飞机的袭击下，撤离工作充满艰难、困苦与危险。坎宁汉的一位参谋指出，海军已经遭受沉重打击，是否值得继续冒着遭受更大损失的风险为之？

坎宁汉答道："海军建设一支战舰需要 3 年，但是要建立一个传统却需要 300 年；我们不能抛弃我们的部队。"

韦维尔将军得知，剩余的部队已经无力再牵制住正在向港口猛烈压过来的德军山地部队，于是在 6 月 1 日果断终止了撤离行动。未能撤离的 9000 名英国士兵和 1000 名希腊士兵投降。

客观地说，克里特岛的行动完全是一场灾难。英军在克里特岛损失了 1.2 万人，海军阵亡人数超过 2000 人。物资上的损失也是巨大的。只有 2000 名希腊人逃出该岛，残余的幸存者中多数也在游击战中死亡，或者与众多克里特岛居民一样被德军发现后遭杀害。

在克里特岛登陆的德军有超过一半的人死亡或受伤。第 11 航空军损失了 6000 人，其中 2/3 死亡，1/3 受伤。伤亡最为惨重的是战斗经验最丰富也是最训练有素的空降兵部队。斯图登特此后回忆说："元首为空降兵部队遭遇的惨重损失深感难过，并且认为他们作为奇兵价值的时代将一去不返。在那以后他常对我说，'空降兵的时代结束了'。"

哈尔德将军所强辩的夺取克里特岛将使对北非的补给更加容易的希望依旧只是幻想。一往如昨，轴心国的补给线还是要经过马耳他。

第 7 章　隆美尔的不讨人喜欢的礼物

1941 年 2 月 11 日上午，隆美尔作为当时还未正式组建的德国非洲军团的司令，与希特勒的副官、陆军中将施蒙特一起，乘坐一架亨克尔（Heinkel）111 轰炸机从西西里岛的卡塔尼亚（Catania）飞赴的黎波里。隆美尔此行的目的是在其先头部队到达之前实地考察利比亚的情况。

在卡塔尼亚，隆美尔让第 10 航空军司令汉斯·盖斯勒（Hans Geisler）轰炸班加西及分布于周边的英军舰队。盖斯勒说自己做不到，因为很多意大利军官和政府机关在班加西都有房产，意大利当局也不希望班加西被轰炸。隆美尔很愤怒，他直接询问希特勒的总部，很快就得到批准让空军实施轰炸。

在的黎波里，意大利军官正在收拾行李准备马上撤退，他们对守住的黎波里移动约 230 英里的苏尔特（Sirte）不抱任何希望，而隆美尔想在这里建立防线。隆美尔决定在前线亲自坐镇指挥，当天下午，他和施蒙特一起乘亨克尔到达苏尔特。

隆美尔对非洲的第一印象是荒凉，地形在沙漠荒原和毫无特点的山地之间转换。他写道："在这中间横亘着利比亚唯一铺设的道路，巴尔比亚大道就像一条黑色的线在荒无人烟的大地上伸展，视线范围内，看不到任何树或者灌木丛。"

Mediterranean Sea

Benghazi to Malta 400 miles

Derna

Bomba

Barce
Jebel
Akhdar
El Mechili

Benghazi
VIA BALBIA
El Abiar

Gazala
Tobruk

El Adem
VIA BALBIA

N

Bardia
Sollum

Solluch
Ben Tengeder
Bir Hacheim
Bir el Gubi

Halfaya Pass

Msus

Sidi
Omar

Beda Fomm
Antelat
Ben Gania
Bir Gibni

Saunnu
Cyrenaica

Giaf el Matar

Fort Maddalena

Agedabia

Mersa el Brega
LIBYA

El Agheila

El Agheila to Tripoli 400 miles

"十字军"战役，1941年11月

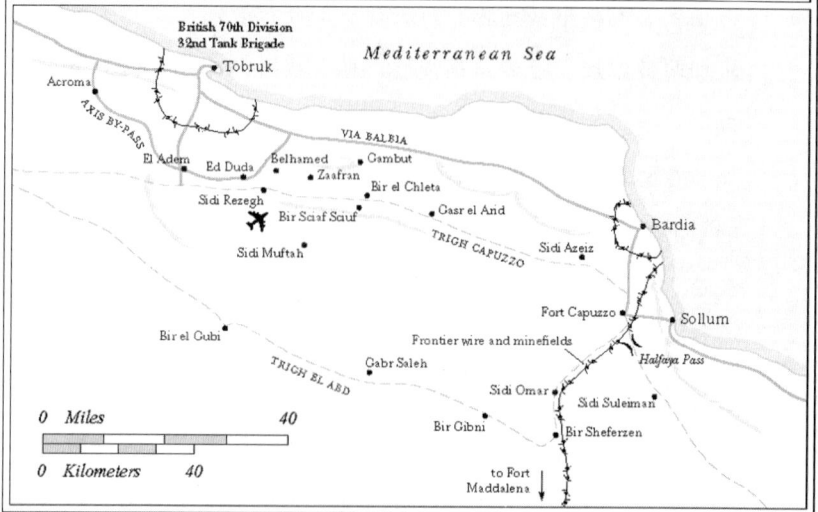

British 70th Division
32nd Tank Brigade
Mediterranean Sea

Tobruk

Acroma

AXIS BY-PASS

VIA BALBIA

El Adem
Ed Duda
Belhamed
Gambut

Zaafran

Sidi Rezegh
Bir el Chleta

Bir Seaf Sciuf
Gasr el And
Bardia

TRIGH CAPUZZO
Sidi Azeiz

Sidi Muftah

Fort Capuzzo
Sollum

Bir el Gubi
Frontier wire and minefields
Halfaya Pass

TRIGH EL ABD
Gabr Saleh

Sidi Omar

Sidi Suleiman

Bir Gibni
Bir Sheferzen

0   Miles   40

to Fort
Maddalena

0   Kilometers   40

沙 漠 之 战 ， 1 9 4 1 — 1 9 4 2 年

```
0   Miles        100
0   Kilometers   100
```

Sidi Barrani

Buq Buq

Habata

Mersa Matruh

Fuka

El Daba

El Alamein

Alexandria

Nile Delta

Libyan Plateau

Alam Halfa Ridge

Qattara Depression

Cairo

E G Y P T

Nile River

加查拉战役，1942年5 — 6月

Mediterranean Sea

Minefields　Gazala

Bir Temrad

VIA BALBIA

1st S. African Div

Alem Hamza

32nd Tank Brig

209

50th Div

Eluet et Tamar

Acroma

Tobruk

Kings Cross

151st Brig

1st Tank Brig

69th Brig

Rigel Ridge

Sidra Ridge

CALDECON

Bottom Ridge

Raml Ridge

Bir Lefa

El Adem

Ed Duda

VIA BALBIA

8th Army Hqs

Belhamed

Gambut

TRIGH ENVER BEI

Mteifel Rotonda

Sidi Muftah

Bir el Tamar

Knightsbridge

Naduret et Ghesceuasc

Sidi Rezegh

Zaafran

Bir el Chleta

Got el Useleb

150th Brig

TRIGH CAPUZZO

175

178

Bir el Harmat

Minefields

175

TRIGH EL ABD

Free French Brig

Bir Hacheim

Bir el Gubi

```
0   Miles        40
0   Kilometers   40
```

Jeffrey L. Ward

只有一个团的意军在苏尔特守卫。离此最近的英军部署在 180 英里以东的阿格海拉（El Agheila）。他们停驻在那里，并非因为意大利人，而是因为他们正好在一条特别长的供给线（从马特鲁港到铁路末端，长 630 英里）的末端，还因为中东司令部正在调大批英军去希腊。

其他的在利比亚的意军驻在苏尔特以西 200 英里的的黎波里周边。在隆美尔的坚持下，三个意大利师的先头部队于 2 月 14 日从那里出发向苏尔特移动。

同一天，首支德国部队——第 5 轻型装甲师的第 3 侦察营和反坦克营——被运送到的黎波里。尽管有遭遇空袭的危险，隆美尔还是坚持在探照灯的照明下趁夜卸船。第二天早上，两支德军部队身着新的热带军服列队行过的黎波里，然后向苏尔特进军，并于 26 小时后抵达。

隆美尔可谓抓住了在利比亚和埃及作战的关键点：机动性决定一切。

"在北非的沙漠地带，"他写道，"非机械化的部队在机械化的敌人面前毫无价值，因为几乎在每个战场，敌人都有机会通过随时掉转方向迂回作战。"

这也就是意大利人之所以不战而败的原因——他们主要靠步行，而英国人有汽车。在隆美尔看来，非机械化的部队只能用来做阵地防御，但是这些阵地其实并不重要，因为敌军的机械化部队可以包围他们并迫使其投降，或者直接绕过他们。换言之，在沙漠中步行的士兵，影响力不出其武器射程之外。

隆美尔认为沙漠战与海战奇怪地相似。机动装备可以随心所欲地移动，想到哪里就到哪里，与军舰行驶在海上的状态类似。隆美尔这样描述它们的相似之处："谁的武器射程远，谁的胳膊就长，跟海上完全一样。谁机动性更高……谁就能按自己的预想，快速行动战胜对手。"

意大利人士气低落，没兴趣跟英国人作战，而隆美尔只有第 5 轻型师的两个营受损。该师的大部队要到 4 月中旬才能全部到位，而隆美尔的主力作战部队第 15 装甲师则要到 5 月底才能集结完毕。

隆美尔对于希特勒在北非的兴趣只是帮助意大利人守住利比亚这一点心知肚明，要不然希特勒就会给他更多的部队。然而，隆美尔早在一战时就荣获德国最高级别的荣誉勋章（"蓝马克斯勋章"①），是一位足智多谋且意志坚定的将领，不会因为苦难而止步不前。当时没有人意识到，隆美尔是现代战争中最伟大的将领之一。更重要的是，他有着强烈的求胜欲望。

隆美尔决定用手上并不"锋利"的武器对英军发动突袭，此时位于东北方向 60 英里处阿格海拉和阿杰达比亚（Agedabia）之间的英军有些窃喜。奥康纳将军已经返回埃及，接替他的是菲利普·尼姆（Philip Neame）中将，他对沙漠作战毫无经验。韦维尔将军用刚从英国来的第 2 装甲师的一半替换了经验丰富的第 7 装甲师（被称为"沙漠之鼠"），另一半已被派往希腊。他还用第 9 澳大利亚师替换掉了作战老练的第 6 澳大利亚师，但因为供应困难，第 9 师的一部分还滞留在东北方向 280 英里外的图卜鲁克。

韦维尔认为仍在的黎波里塔尼亚（Tripolitania）的小股意军可以忽略不计。尽管他收到情报，德军正派来"一个装甲旅"，1941 年 3 月 2 日，韦维尔断定："我不认为以这样的兵力，敌人会企图夺取班加西。"

那是一个合情合理的判断。一般的将军都不会以如此少的兵力发起

---

① 蓝马克斯勋章（Pour le Mérite），又名功勋勋章，普鲁士和德意志帝国军队最高勋章。1667 年，腓特烈大帝创立该勋章，以法语命名为"Ordre de la Générosité"（勇敢勋章）。1740 年，腓特烈二世将其更名为"Pour le Mérite"（功勋勋章）。在 1740 年至 1810 年间，该勋章用于对军事和民政做出杰出功绩的人的表彰。1810 年后，腓特烈·威廉三世规定蓝马克斯勋章只能授予军事方面的突出贡献者。第一次世界大战中，隆美尔三次负伤，获蓝马克斯勋章和铁十字勋章。

进攻，但是隆美尔可并非凡人。

此时隆美尔的坦克都还没到，于是他找到了的黎波里近郊的一家工厂，用大众汽车组装了大量的假坦克。这些小汽车原本是作为德军的行军吉普车使用的。改装后假坦克足以假乱真，至少皇家空军飞行侦察员上当了，英军指挥部踌躇不定。

与此同时，隆美尔调集两个营和他的假坦克到阿格海拉以西 20 英里的穆格塔阿（Mugtaa）。两个意大利师——布雷西亚和帕维亚紧随其后，此外还有意大利在非洲的唯一装甲师阿里亚特随行，他们只有 8 辆坦克，其中多数还是已经落伍的轻型坦克。

尼姆将军认为德军兵力不足，对于德军在穆格塔阿集结表示怀疑，因此他把英军主力拉到了东北方向 70 英里的阿杰达比亚，仅在阿格海拉留下少量驻军。

3 月 11 日，德军第 5 轻型师的第 5 装甲团（也就是韦维尔听说的"装甲旅"）抵达的黎波里。这个团是第 15 装甲师到来之前，德军非洲军团唯一的装甲部队，该团共有 120 辆坦克，其中半数为 III 型和 IV 型中型坦克，其余的轻型坦克只在战斗中发挥有限的作用。虽然第 5 师并非装甲师，但在 1941 年时，它却有一个标准的装甲师的基本坦克配备。然而，这些坦克加起来的数量只比隆美尔在 1940 年战役中指挥的第 7 装甲师坦克数量的一半多一点儿。法国战役结束后，希特勒把装甲师的数量增加了一倍，但是分到每个师的坦克数量却更少了。

3 月 19 日，隆美尔飞赴希特勒的总部接受最新指示。陆军总司令布劳希奇和总参谋长哈尔德告诉隆美尔，总部并无在非洲打一场决定性战役的意图，因此他也别指望任何增援。

隆美尔试图说服他们，在北非的英军实力较弱，应该加以利用，但是没人听得进去。布劳希奇和哈尔德正一门心思准备"巴巴罗萨行动"，同时关心即将开始的针对希腊的战役。对他们来说，利比亚不过是插曲中的插曲。

隆美尔想再要两个装甲师来完成对埃及的征服。很显然，把他们运送到的黎波里是关键问题，要解决这一问题，就必须通过狂轰滥炸摆平马耳他或是通过空海一体战占下该岛，但是哈尔德对这个毋庸置疑的事实却置之不理，他诘问隆美尔，这两个装甲师怎么进行运输和补给。隆美尔暴跳如雷地撂下一句话："关我屁事。那是你的事！"

返回非洲后，隆美尔派侦察营在 3 月 24 日夺取了阿格海拉。那里的小股英军没怎么抵抗就撤到了 20 英里以东的布雷加港（Mersa el Brega）。这里是濒海的一个制高点，南面是比苏拉（Bir es Suera）盐碱沼泽，再往南是广阔而多沙的法雷格干谷（Wadi Faregh）。这两处地方汽车都难以通行。

隆美尔可以等到 5 月底他的部队全部到达，或者用现在手头不多的兵力发起进攻。对他来说作决定很容易：进攻。如果他继续等，英军就有时间构筑强大的防线。

第 5 轻型师的部队在 3 月 31 日发起进攻，被英军击退。下午，隆美尔发现了在英军附近的巴尔比亚和大海之间有一条道路。当晚，第 8 机枪营的车队冲过这条空当给英军迎头一击，占据了英军侧翼，迫使英军仓皇撤退，丢下 50 辆运载布伦（Bren）式轻机枪的小型装甲车和 30 辆卡车。

据纳粹空军报告，英军正从阿杰达比亚回来。隆美尔显然不会放弃这个机会。他旋即命令部队向阿杰达比亚进军，并于 4 月 2 日将其拿下。

得到韦维尔的批准后，尼姆决定从班加西往东撤离。英军的突然撤退对隆美尔来说是个大好机会，他抓得也很紧。

"我决定赶上撤退的敌人，一鼓作气一战拿下整个昔兰尼加。"隆美尔写道。

世界历史上最为戏剧性的追逐战开始了，此役弱旅主动进攻并完胜了强敌。隆美尔命令侦察营追在撤退英军后面在巴尔比亚大道上径直往班加西方向开进，而阿里亚特师的侦察营则越过昔兰尼加高地边缘开向海边，在英军到达前截断英军的退路。

隆美尔决定从昔兰尼加内部穿插过去，尽管意大利军官提醒那是一条死路。隆美尔曾经在空中观察过这个国家，发现它很便于车辆行驶，意大利人多虑了。

隆美尔得知英军已经放弃班加西以后，遂命第 3 侦察营开进那里。4 月 3 日晚间，该营顺利到达。

4 月 4 日上午，隆美尔命令第 5 轻型师的主力穿过班加尼亚（Ben Gania）到达德尔纳（Derna）的海边，阿里亚特师沿同样的路线转向北夺取杰贝尔·阿克达尔（Jebel el Akdar）半岛南部沿海的山区迈奇尼（El Mechili）。现在速度决定一切。隆美尔希望在英军从昔兰尼加撤出并逃离危险之前，能够至少拖住部分英军。

晚上，隆美尔得知英军仍驻守在班加西东南约 70 英里、班加尼亚西北约 50 英里的姆斯（Msus）。他还了解到，他的供应物资的卡车通行的最佳线路就是经过姆斯。

于是，4 月 5 日早上，隆美尔命令他的大部分装甲——第 5 装甲团和 40 辆意军坦克——直取姆斯，消灭那里的敌军，然后继续向迈奇尼逼近。尽管因为沙尘暴而耽搁，但装甲部队还是在 4 月 6 日傍晚拿下了姆斯，但他们在去迈奇尼的途中迷路，跑到了更南的位置，直到 4 月 7 日傍晚，隆美尔乘坐他的"白鹳"（Storch）轻型侦察机时才发现。

与此同时，新抵达的英军摩托化旅占领了迈奇尼。隆美尔一方面向德尔纳派出小股部队从两个方向封堵巴尔比亚大道，另一方面于 4 月 8 日将主力拉往迈奇尼从东西两个方向挤压英国旅，迫使英军投降。然后，他让坦克部队驰往德尔纳，那里的德军已经抓住更多的俘虏，其中就包括尼姆将军和从埃及赶来帮助尼姆的奥康纳将军。两人乘坐的汽车在没有护卫的情况下在巴尔比亚大道上正好撞上了德军。

1941 年 4 月 11 日，英军已经被完全逐出昔兰尼加，从利埃边境退至埃及，只有 2 个师孤立在图卜鲁克港，那里有意大利人战前修建的要塞，可以得到皇家海军从海上的补给。

隆美尔成功地蒙骗了英国人，让他们误以为德军的力量强于他们；他运动神速，打得英军措手不及，打乱了他们的部署。

隆美尔手上没有足够的兵力对图卜鲁克发动强攻，但是他仍坚持打了几次，最后被澳大利亚和英国守军顽强击退。

隆美尔将英军（除了图卜鲁克之外）赶出利比亚的日子意义重大。4 月 6 日，德军对南斯拉夫和希腊的战役已经打响，而在北非，德军已经取得了决定性的胜利，预示着这里的战役也将很快结束。

隆美尔交给希特勒一个意想不到的胜利，德意志非洲军团已经在离苏伊士运河不远的地方整装待发。只要加紧调兵，待希腊战役结束，以及再向隆美尔增援两个装甲师，只需要这些，就可以拿下埃及。英军已经因为希腊和利比亚的失败而晕头转向，已经无法承受一场联合进攻。

在部分德军坦克的助阵下，意大利的几个师完全可以封锁住图卜鲁克的守军。当德军发起对尼罗河三角洲的进攻后，英军就再也不可能从图卜鲁克的要塞发起反攻。

雷德尔元帅及其参谋都认识到了隆美尔取得的成就的意义所在，他们建议希特勒发动"一场对埃及—苏伊士的决定性进攻"。如果隆美尔得到增援，他将肯定能在 1941 年底之前拿下埃及。

对德国人来说不幸的是这一切都没有发生。希特勒没有接受隆美尔献给他的大礼，他再一次把目光投向了苏联。

在对自己的第一次战役进行评价的时候，隆美尔得出了与雷德尔元帅在半年前的判断一样的结论。

"在我看来，"他写道，"如果我们不插手希腊的话应该会更好，应该集中力量在北非作战，将英国人赶出地中海。"

"派往希腊的空军本应该用来护卫到非洲的船只，"他还补充道，"应该攻击马耳他而不是克里特岛。这样，在北非的强大的德军机械化部队就可以占据全部的原本由英国人控制的地中海海岸线，还可占领中东，作为石油来源和进攻苏联的基地。"

"这就将鼓励东南欧地区。希腊、南斯拉夫和克里特岛除了屈服之外别无选择，因为它们再无来自大英帝国的供给和支援。"

隆美尔抱怨他在陆军最高统帅部的上司。他认识到高级将领不愿意在利比亚发动大规模作战，但是，当时他并不知道是希特勒本人否决了地中海战略，布劳希奇和哈尔德屈从了希特勒的观点。在隆美尔奉上的令人难以置信的礼物面前，布劳希奇、哈尔德、约德尔和凯特尔的集体沉默意味深长，或者是他们缺乏远见，或者是他们惧怕希特勒。

第 8 章　巴巴罗萨行动

军事战略的目的是消除敌人的抵抗。每一位领导人都应该发现敌人的弱点并刺中其"阿喀琉斯之踵"①。这才是赢得战斗或战争的最佳方式。

类似的论述可以追溯到公元前 5 世纪的孙子，但人类的实践却是另外一番景象。1941 年 6 月 22 日德国对苏联的进攻就是发生在 20 世纪的最有力的例证，它说明了一个领导人和一个国家——在这个案例中是希特勒和德国——是怎样无视战争胜利的清晰和终极法则，进而发动战争而招致自身毁灭的。

正面进攻苏联从一开始就是错误的，因为它注定要遭遇最强的抵抗，而非最弱的抵抗。直接进攻还迫使敌方集中其储备和供给，却通常拉长了攻击方的物资补给线和人员增援线。最好的战略是把敌人的供给与储备分隔开。这也就是侧翼进攻更易取胜的原因。

如果希特勒选择攻击苏联的弱点，而不是其优势，则仍然可能取得胜利。

希特勒犯的最具毁灭性的错误是作为一名征服者而非解放者的身份进入苏联。苏联人民在共产主义体制下已经生活了 20 年。当红军迫使

---

① 指致命的弱点。

他们交出土地成立集体农庄时，几百万人死去了。更多的人被迫背井离乡去遥远的地方，在极其恶劣的环境下，在工厂或建筑工地超长时间工作。秘密警察对任何反抗予以惩罚，抗议者要么死亡，要么被运到西伯利亚可怕的监狱古拉格集中营。在 20 世纪 30 年代可怕的大清洗运动中，斯大林系统地杀害了（在他的迫害妄想狂的脑子里）所有对他的统治哪怕稍有威胁的政治和军事领导人。苏联老百姓的生活是乏味的，充斥了令人筋疲力尽的工作和各种危险。

如果希特勒打着自由解放和消除压迫的旗号进入苏联，许多民众可能就会随之起来反抗。如果希特勒这样做的话，苏联就可能崩溃。

这样的政策并不会使希特勒寻求的"生存空间"立竿见影，但是一旦苏联解体，他就可以对分离后的部分施加任何影响。

希特勒的所作所为却完全相反。他的"政委命令"（commissar order）[①] 要求立刻枪决苏联共产党在军队里的代表。他派出"流动屠杀分队"（Einsatzgruppen，特别行动队）随军行动，驱赶和杀害犹太人。他决心让数百万斯拉夫人饿死，为未来的德国定居者腾出土地。

德军开始进攻的两天前，希特勒委任的未来将被占领的地区的特派员阿尔弗雷德·罗森贝格（Alfred Rosenberg）告诉自己的密友："德国在东线作战的目标中，位列第一的应该是解决德国人民的需求……我们完全没有任何理由承担供养俄国人的责任。"

如果说战役一开始的阶段，德军士兵进入苏联城市和村庄时还能得到温和的待遇，但他们很快就被恐惧、憎恨和后方的游击战所拖累，前线的给养也有些跟不上。苏联人民消灭了成千上万的德军，给德军造成越来越大的阻力。

与政策导向的错误如出一辙，希特勒实际的军事计划在战略上也大

[①]　纳粹德国屠杀苏军政治委员的命令。

错特错，德军要想取胜只能寄希望于苏联红军从内部瓦解。然而希特勒实际上指望的就是这个，他所指望的并非通过谋略或方法取胜，而是寄望于苏联军队在经历几场战斗之后自己解体。

凡是伟大的将领都不会以这样的方式来赢得战争。他们不会把自己的命运寄托在敌人犯错或放弃抵抗上。凡伟大的将领均依靠的是自己的思想、主动性、能力和计策把敌人制伏，使敌人听从自己的差遣。凡伟大的将领能不战而屈人之兵。他能迫使敌人做出错误的选择、选择错误的战术，或者跳入自己设计的无法抽身的陷阱。

希特勒最大的战略错误在于他拒绝集中于一个决定性的目标。他试图在完全一样的时间里拿下三个相去甚远的目标：列宁格勒，因为这里是苏联共产主义的诞生地；乌克兰和外高加索，因为这里有丰富的粮食储备；莫斯科，因为这里是苏联的首都和神经中枢。

希特勒欲求不满，想全部包揽。事实上，他希望在 1941 年就深入到阿尔汉格尔—里海（Archangel—Caspian Sea）一线。那里位于莫斯科以东 300 英里，距乌拉尔山只有约 450 英里，但是德军其实并没有只通过一年的战役就完成所有这些目标的实力。能完成一个目标就已经不错了。

希特勒对这一限制条件完全不在乎，他命令北方集团军群进军列宁格勒，中央集团军群进军莫斯科，而南方集团军群则进军乌克兰。这些目标分散在整个广阔的苏联西部地区，目标之间很难协调。列宁格勒距离黑海边上的敖德萨直线距离 940 英里。每一个集团军群都需要独立作战。因为资源被分散在三个不同的方向，德军单一方向上的任何行动都不足以取得决定性的胜利。

希特勒给军队布置的任务简直不可思议。他希望在 1941 年年内征服 100 万平方英里的苏联土地，相当于密西西比河以东的整个美国领土面积。另一方面，在西边的战役战区面积达 5 万平方英里，与美国北卡罗来纳州或纽约州的面积相当。因此，东部的面积与人数之比是西部这一比例的 20 倍。

陆军总司令布劳希奇和总参谋长哈尔德希望将部队集中在中部，把莫斯科作为首要的目标。他们认为，要挫败苏联红军，才能占领列宁格勒、乌克兰和高加索地区，而苏联红军的主力或重要部分会往莫斯科方向集结。

斯大林将不得不全力保卫莫斯科。因为这里是铁路枢纽、共产主义的圣地、高度中央集权的政府的总部，以及拥有超过百万工人的巨型工业中心。

此外，对苏联中心地带（莫斯科）的进攻将把通常被认为是这个国家最大资产的幅员广阔的优势变成负担。一旦德军控制了莫斯科的通信中枢，苏联红军各部队之间就无法协调他们的行动。部队之间无法互相支援，处于他们中间位置的德军可以将其各个击破。

以德国的军事和经济实力，他们是完全可以应付莫斯科之役的。尽管到莫斯科需要深入苏联边境线以东 560 英里，但另一方面高速公路和铁路的连接增添了便利。

这仍将是对苏联红军的直接、正面的进攻，但是因为空间上作战人数比例很低，因此德军的机械化部队总是可以找到空隙间接迂回到苏军后方。与此同时，处于公路和铁路线交汇之地的面积广阔的城市可以说为德军提供了更多选择。德军可以佯装威胁一座城市和另一座城市，而最终却攻击它们之间的另一座城市。但对苏联人而言，由于不知道德军的真实目标是什么，只有三处都布防。

希特勒自己很清楚，要想一举打败整个苏联红军是不可能的。但他仍将自己的 4 个装甲集团军中的 2 个（分别由古德里安和霍特指挥）编入由博克指挥的中央集团军，意图通过一系列巨型的包围圈战役消灭挡在莫斯科前的苏联红军，以此解决问题。希特勒认为，苏联人会被就地

巴巴罗萨，1941年

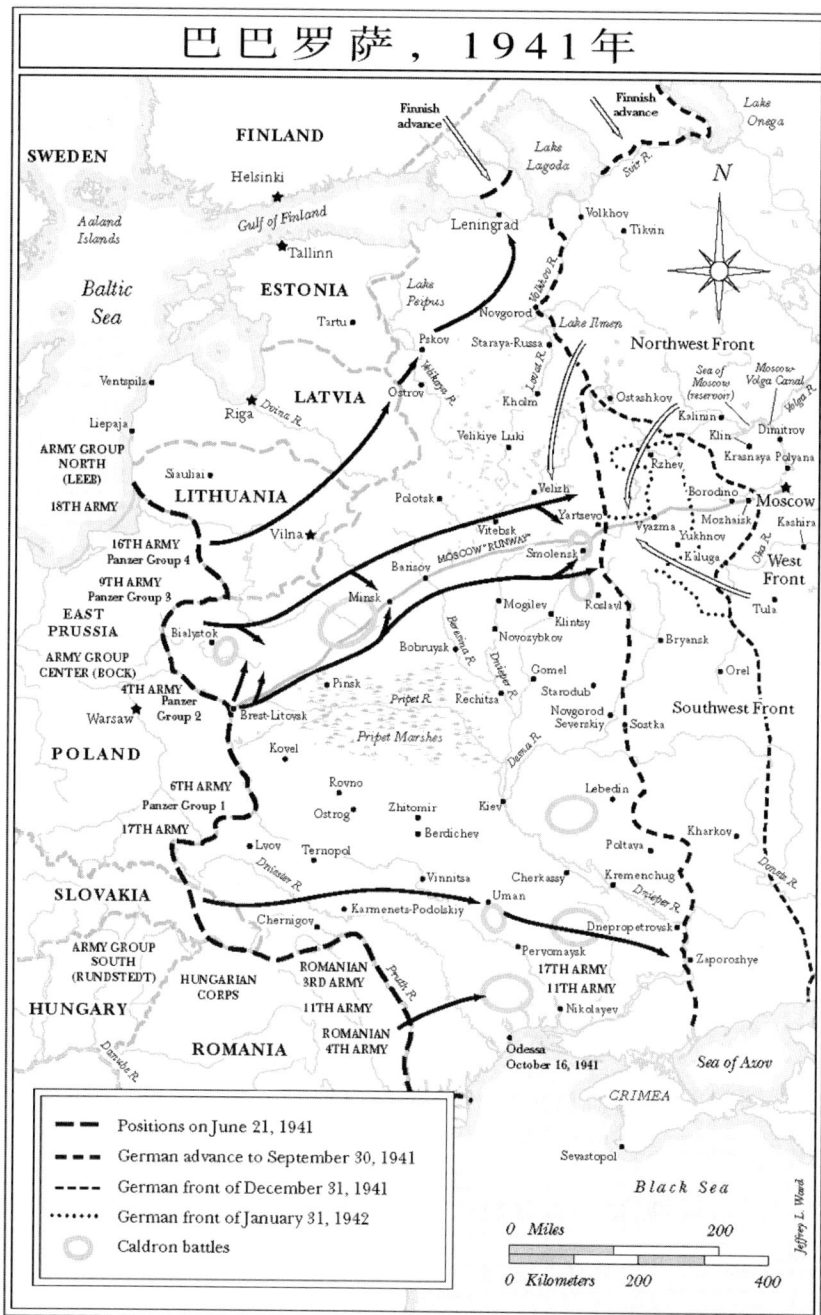

SWEDEN

FINLAND

Finnish advance

Finnish advance

Lake Onega

Helsinki

Lake Lagoda

Suir R.

N

Aaland Islands

Gulf of Finland

Tallinn

Volkhov

Tikvin

Leningrad

Baltic Sea

ESTONIA

Lake Peipus

Tartu

Pskov

Novgorod

Lake Ilmen

Northwest Front

Staraya-Russa

Sea of Moscow (reservor)

Moscow-Volga Canal

Kholm

Ostashkov

Volga R.

Ventspils

Velikaya R.

Ostrov

Kalinin

LATVIA

Riga

Dvina R.

Velikiye Luki

Rzhev

Klin

Dimitrov

Liepaja

Krasnaya Polyana

ARMY GROUP NORTH (LEEB)

Siauliai

Velizh

Borodino

Moscow

18TH ARMY

LITHUANIA

Polotsk

Yartsevo

Vyazma

Mozhaisk

Kashira

Vilna

16TH ARMY Panzer Group 4

Vitebsk

Smolensk

MOSCOW "RUNWAY"

Yukhnov

West Front

9TH ARMY Panzer Group 3

Bausov

Kaluga

Oka R.

EAST PRUSSIA

Minsk

Mogilev

Roslavl

Tula

Bialystok

Bobruysk

Novozybkov

Berezina R.

Dnieper R.

Bryansk

ARMY GROUP CENTER (BOCK)

Klintsy

Warsaw

4TH ARMY Panzer Group 2

Brest-Litovsk

Pinsk

Pripet R.

Rechitsa

Gomel

Starodub

Orel

POLAND

Kovel

Pripet Marshes

Novgorod Severskiy

Desna R.

Sostka

Southwest Front

6TH ARMY Panzer Group 1

Rovno

Ostrog

Zhitomir

Berdichev

Kiev

Lebedin

17TH ARMY

Lvov

Ternopol

Dniester R.

Poltava

Kharkov

SLOVAKIA

Vinnitsa

Cherkassy

Kremenchug

Dnieper R.

Donetz R.

Chernigov

Karmenets-Podolskiy

Uman

Dnepropetrovsk

ARMY GROUP SOUTH (RUNDSTEDT)

HUNGARIAN CORPS

ROMANIAN 3RD ARMY

Pervomaysk

17TH ARMY

Zaporozhye

HUNGARY

11TH ARMY

11TH ARMY

Nikolayev

ROMANIA

ROMANIAN 4TH ARMY

Prut R.

Odessa October 16, 1941

Sea of Azov

Danube R.

CRIMEA

Positions on June 21, 1941

German advance to September 30, 1941

German front of December 31, 1941

German front of January 31, 1942

Caldron battles

Sevastopol

Black Sea

0 Miles   200

0 Kilometers   200   400

Jeffrey L. Ward

消灭。

中央集团军群准备在普里佩特沼泽（Pripet Marshes）以北发动进攻，该沼泽非常庞大，其宽约220英里，从华沙以东约170英里处开始一直延展120英里纵深，正好将前线一分为二。博克的部队由装甲开道，准备从东普鲁士（East Prussia）和德俄边境出发，沿着布格河（Bug River）向斯摩棱斯克（Smolensk）进军。

威廉·冯·勒布（Wilhelm von Leeb）指挥的北方集团军群，有一个由霍普纳指挥的装甲集团，从东普鲁士出发，经波罗的海国家①向列宁格勒进军。

伦德施泰特指挥的南方集团军群携克莱斯特领导的最后一个装甲集团，准备从普里佩特沼泽以南强力向处于布格河下游，距离河流源头直线距离300英里乌克兰首都基辅推进，然后向位于基辅东南430英里的工业集中的顿涅茨盆地进军。

第一个大的包围圈是由中央集团军群来包围位于波兰境内、德苏边界线以东不到60英里的比亚韦斯托克（Bialystok），并在由此再往东180英里处的明斯克组织第二个包围圈。接着，两个装甲集团军向距离明斯克200英里远的斯摩棱斯克逼近，组织第三个包围圈。完成那里的行动后，希特勒计划调这两个装甲集团军向北帮助夺取列宁格勒。

根据希特勒在1940年12月18日下达的"巴巴罗萨行动"指令，只有在夺取列宁格勒以后，德军于1941年对苏联的进攻才能深入到"进一步的以占领莫斯科重要的通信中心和军工生产中心为现实目标的进攻行动阶段"。

然而希特勒的意图还是要同时完成三大目标，他指示，一旦包围圈战役完成（而且如果占领了列宁格勒），接下来就不仅要向莫斯科进军，

---

① 主要指现今的立陶宛、拉脱维亚和爱沙尼亚三国，位于波罗的海最东端沿岸地区，有时包括芬兰和波兰。

还要同时向乌克兰进军夺取顿涅茨盆地。

总之，按照希特勒的最初指令，德军需要出动三个集团军群从三个方向深入苏联腹地发动大规模进攻，接着还要由一半的装甲部队向北移动 400 英里去夺取列宁格勒，接着再回过头来推进到莫斯科，与此同时，南方集团军要继续推进到距离德苏边境 700 英里远的乌克兰。

这注定不可能完成。结果还没止于此，希特勒把情况变得更糟了，因为他抓住一个机会消灭了乌克兰基辅附近的不少敌军，转而放弃了原来的战略。就在中央集团军完成包围圈战役时，他却只派出一个装甲集团军向北到列宁格勒，而派了另一个向南在基辅以东封堵敌军。

北方集团军群并不具备夺取列宁格勒的实力。到装甲部队启程返回莫斯科时，雨季已然来临，接着又是俄罗斯的冬季。结果，对莫斯科的进攻也失败了。由于在南方的装甲数量不足，企图夺取整个乌克兰和打开到高加索地区油田通道的努力也都化为泡影。

希特勒并不甘心，他接着又改变了军事重心，将中央集团军的一个装甲集团军派往乌克兰，结果则是处处皆输。这些失败也意味着德国实际上已经输掉了战争。到 1941 年 12 月时，除了议和之外已无更好的选择，然而希特勒这人对此拒绝考虑。

希特勒的计划是基于两个错误的假设之上的。第一个错误是，他认为有足够的时间（即使不把装甲派往乌克兰）将装甲先调向北然后再返回中央，在秋季的雨雪来临之前取得决定性的胜利。然而由于距离太长、俄罗斯境内的道路和气候条件极差以及苏联红军的抵抗太猛烈，这一计划可以说希望渺茫。正如古德里安在 1941 年 12 月 10 日向他的妻子总结这场战役时说的，"敌人，这个国家的规模，以及恶劣的天气，都被严重低估了"。

第二个错误假设是，通过包围圈战役摧毁苏联红军后，斯大林再无能力组织起军队。也就是说，一旦包围圈战役结束，苏联就将崩溃，而德军则可以随心所欲地在没有任何抵抗的情况下占领这个国家其他的地方，但是希特勒并未料到苏联领导人的坚韧以及俄罗斯人民保家卫国的意志。还有，希特勒的盟友日本拒绝进攻西伯利亚，这就在关键时刻让斯大林得以腾出百万部队的1/4紧急驰援西线抗击德军。

尽管莫斯科是德军在1941年时唯一可能夺取的目标这一事实确凿无疑，但布劳希奇和哈尔德都不愿意在这一点上反对希特勒。他们希望等待时机合适时，能够说服希特勒将装甲部队留在中部，改变其分兵的主意，而继续向莫斯科进军。他们错了。

从表面上看，所谓包围圈战役的概念像是一个高度危险的战略，因为它寄希望于敌人轻易地让德军大规模集结部队构筑对自己的包围圈，迫使敌人投降。然而，由于斯大林将大部分部队陈兵边境，这倒成了一个可行的战略。结果，在几个点的突破就可以形成德军的大规模突穿并席卷到大股苏联红军后方，从而截断其退路，形成包围圈。

这样的包围圈战役符合德国人一贯的作战原则，早在19世纪初期，德国理论家克劳塞维茨就提出过这样的理念。他们将公元前216年时汉尼拔通过对坎尼（Cannae）的包围消灭罗马军队这一经典战例概念化而成其奉行的理念。在1940年德军取得西线战役胜利之前，德国人最辉煌的胜利当属1914年8月在东普鲁士坦能堡对俄国军队的包围战。

对苏联的战役并没有重复1940年在西线的闪电战的轨迹。如果能以装甲横扫敌军的侧翼而构筑包围圈，则将上演一系列更加经典的包围圈战役。

在大多数战争中，一开始的战役或是初期阶段过去后，交战国的内在实力就显得越发重要。如果一方无法以最初的兵力取得决定性胜利，那么长期的因素通常就会决定战争前途。优势的一方长时间地拖垮对手的战争被称为"消耗战"。这也是实力较弱的交战方会遇到的最大的危险。

而这正是希特勒所面对的情况。苏联资源之丰富非德国能比，苏联广袤的领土极大地分散了德军军力。苏联的人口是德国的两倍多，它还有不计其数的石油、矿藏和能源。苏联的战时生产能力随着时间推移会超过德国。此外，苏联还可仰仗世界其他地方的资源，特别是美国，因为同盟国控制了海洋，并可取道伊朗运输物资。

希特勒只有速战速决，否则就只能被拖入一场无法取胜的消耗战。希特勒拒绝看到这一点，而这也是他毁灭的原因所在。

为了迅速组织起进攻，希特勒集结了 107 个步兵师、19 个装甲师、18 个摩托化师以及 1 个骑兵师，总计 300 万人，另外还有增援部队。这已经占到德军总的 205 个师兵力的大部分了。"巴巴罗萨行动"的兵力构成中，包括了 3350 辆坦克、7200 门火炮和 2770 架飞机。

对装甲师影响最大的不利因素是道路条件。在广袤的苏联土地上，却只有 4 万英里铺设好的公路干道。大部分的道路满是泥土，而且一到下雨天就变成了泥沼。一个装甲师中只有不到 300 辆车是全履带的，而将近 3000 辆都是车轮式的，严重受限于道路状况。在西部地区倒没什么问题，因为这里有大量全天候公路。而在俄罗斯境内这种全天候公路的相对缺乏意味着，一旦遇到泥泞，坦克的机动性就使不出来。

苏联红军对德军的猛烈袭击并没有准备，之所以如此，部分是因为其兵力状况，部分是因为太多的部队陈兵边境附近，但是也有部分原因是斯大林对德军发起大规模进攻的方向判断失误，而把大量优势兵力放到了普里佩特沼泽以南。

苏联方面沿边境集结了 5 个集团军或叫"方面军"的 171 个师。在 5 个前沿的方面军后面，5 个野战军的不同部队形成了第 2 战略梯队。这个预备队方面军沿第聂伯（Dnieper）河和德维纳（Dvina）河一线集结，这里位于边界线以东 180 英里、东北方向 100 英里。在开战前，德国情报机构根本不知道这些预备队的存在。

苏联当局得到大量有关德军将发起进攻的情报，但是斯大林却至少在一段时间内希望避开希特勒的锋芒，而无视明显的事实。

1941 年 3 月 20 日，美国副国务卿萨姆纳·韦尔斯（Sumner Welles）向苏联大使通报了德军将发起进攻，这一情报是由美国在柏林的商务随员获得的。1941 年 4 月 19 日，丘吉尔也通过私人信函提醒斯大林。英国的"超越"（Ultra，意为"超级机密"）密码破译机截获了有关情报（这一点丘吉尔并未告诉斯大林）。美国驻苏联大使劳伦斯·斯坦哈特（Laurence Steinhardt）告诉莫洛托夫，美国使馆得到的报告显示，德军的进攻时间几乎精确到天。纳粹空军的高空侦察机在 D 日（即 1941 年 6 月 22 日诺曼底登陆之日）之前的几周之内飞越苏联领空 300 架次。6 月 16 日，德国驻苏联大使馆除关键人员外其余全部撤离。各种警告信号还有很多。

直到开战前的最后一天，苏联还在源源不断地向德国提供原材料，包括 4000 吨橡胶以及从远东地区通过泛西伯利亚铁路运输而来的锰和其他矿石。

但是斯大林实际上却一直在为战争做准备。5 月 6 日，斯大林取代莫洛托夫，亲自担任人民委员会主席①，莫洛托夫仍担任外交部长。这也是斯大林第一次担任政府职务。

4 月，斯大林采取包括部分动员在内的准备措施。他把西伯利亚的部队运往西部，向边境地区派出 28 个步兵师和 4 个军，并开始在莫斯科附近集结第 5 支军。到 5 月底，他已集结起 80 万人的预备队。

然而，苏联实际上并未准备好，他们的部队阵列、训练和装备都很差。苏联领导层因执着于维持和平而陷于瘫痪，然而希望却被现实蒙上了阴影。

---

① 苏联人民委员会（Council of People's Commissars），1946 年后改称苏联部长会议。

比如，当基辅军区司令米哈伊尔·基尔波诺斯（Mikhail P. Kirpo-nos）于 6 月初派部分军队开往边境时，克里姆林宫旋即叫停，并断然告诉基尔波诺斯："不会有战争。"

受大清洗运动的影响，训练有素的司令员和参谋官严重匮乏。德军长期对军官素质的重视、丰富的作战经验以及超级的自信，都是苏军无法比的。苏联红军军官长期以来学会了保持低调，任何独立的判断都可能招致死刑或者流放西伯利亚集中营的恶果。

在最需要防守的地方却没多少部队，除了更多的部队被派往普里佩特沼泽以南布防外，其余部队被分散在前线，没有留出多少部队准备反击。这些部署正中德军战术的下怀，他们要用压倒优势在苏军防线撕开口子，然后派机械化部队从突破口快速深入苏军后方。

苏军有大约 110 个步兵师布防在西部边境。理论上他们和德军师人员规模应该一样（15000 人），但是在 1941 年 6 月他们平均却只有8000 人。

苏联红军最大的错误是装甲和摩托化部队的组织。苏军拥有 50 个坦克师和 25 个机械化（摩托化）师，远比德军多，但是斯大林没有采用德军的集中坦克的战法。其最大的装甲部队编制是一个机械化集团军，有 1 个摩托化师和 2 个坦克师。这些集团军广泛分布在前线，而不是像德军那样大规模集中编制。而且，每个集团军的师往往相距 100 千米远。有些集团军承担支援局部反攻的任务，其他的则作为预备队，在方面军指挥下参加反攻。苏联的装甲小股分散编制几乎犯了英国和法国在 1940 年战役时犯的错误。

第 9 章 两头落空

正当希特勒乘火车离开柏林赶往位于东普鲁士拉斯腾堡的新的总部"狼穴"（Wolfsschanze）之时，1941 年 6 月 22 日星期天凌晨 3 点，纳粹空军的飞机从跑道上起飞，轰炸和扫射苏联的机场，击中了数百架停在机场上的飞机，并截击腾入空中的飞机。天色大亮之前，纳粹空军共摧毁了 1200 架苏军的飞机。短短几天内，德军就把苏军的大部分飞机赶出了空中，取得了制空权。

集结在重要过境地点的德军装甲突破了边境线，并向苏联腹地长驱直入。除了在南部以外，德军每到一处都能出奇制胜。在南方，德军步兵在利沃夫（Lvov）以西和施特尔（Styr）河一带遭遇顽强抵抗。

斯大林认为，希特勒将把主攻方向放在乌克兰，因此苏联西南方面军的装甲配置尤为强大——包括了 6 个机械化集团军，其拥有的新式 T34 坦克也远非其他军队可比。T34 坦克让德国人都大吃一惊，它的装甲好、速度快、配有 76 毫米高射机枪，性能超过了任何德军坦克。西南方面军司令基尔波诺斯指挥苏军装甲对克莱斯特指挥的德军第 1 装甲集团军的两翼发起了进攻。第 5 集团军在普里佩特沼泽外围的作战可谓稳扎稳打，然而第 6 集团军在向南伸展的空旷的大草原上作战时就不是这样了。那里的战斗很残酷，苏联负责对德军夹击的两翼部队一直没能合拢，而克莱斯特则长驱直入，于 6 月 30 日占领了利沃夫。装甲部队再从那里横扫罗夫诺（Rovno）和奥斯特洛（Ostrog），经日托米尔走廊（Zhitomir corridor）向基辅进军。

在最南边，第 11 罗马尼亚和德国军仅用了一周时间就打过了普鲁特河（Pruth River）进入比萨拉比亚（Bessarabia），然后以全部为罗马尼亚人的编制去包围黑海沿岸的敖德萨。

北方集团军群由霍普纳的第 4 装甲兵团开道，从东普鲁士出发，经波罗的海国家直奔列宁格勒。

在中央集团军群，古德里安的第 3 装甲兵团在布列斯特—立托夫斯克（Brest—Litovsk）渡过布格河，霍特的第 3 装甲兵团从东普鲁士出发，按预定目标向布列斯特东北方向 215 英里的明斯克进军。苏军在布列斯特要塞守卫，但是德军步兵已经包围此地，防守已无希望，不到一周时间苏军就投降了。

苏军被打了个措手不及，于是古德里安的装甲部队趁机轻松渡过了布格河，有些坦克能够涉水 13 英尺深，这得益于为"海狮行动"研发出来的防水措施。

两天后，当古德里安在布列斯特东北 100 英里的斯洛尼姆（Slonim）与装甲部队指挥官们开会时，两辆苏军坦克从大雾中蹿出，后面的两辆德军 Mark IV 型坦克穷追不舍。苏军发现了德军军官们。

"我们立即遭到雨点般的炮弹袭击，射击距离如此之近，以至于一段时间内我们什么都听不见也看不见。"古德里安这样写道。

大多数军官都是老兵了，他们卧倒在地，避免了受伤，但是一位从德国赶来的后方梯队的一位中校反应不够快，严重受伤。苏军坦克一路冲进城到处射击，但它们最终还是被歼灭了。

德军装甲部队向东移动，并在比亚韦斯托克附近从两侧包围了苏军。此时，博克元帅令其步兵第 4 和第 9 军包围比亚韦斯托克以东那些绕道而行的苏军（共 12 个师）。第一次大包围圈开始形成。

到 6 月 28 日，古德里安的装甲已经到达布列斯特—立托夫斯克东北 170 英里的贝雷斯纳河（Beresina River）畔的波布拉斯克（Bobruysk），而霍特的坦克已经占领波布拉斯克西北 80 英里处的明斯克，这样就几乎在明斯克以西形成了对苏军 15 个师的又一个包围圈。

德军知道自己可以用机动性（或快速部队）来胜过苏军，但是不能以战斗取胜。不论哪里，苏军都会坚决抵抗。当陷入包围时，他们不会立即就陷入恐慌或是直接投降。一位德国将军是这样描述战役开始阶段情况的："（这里的）自然条件很严酷，而在此环境下生活的人们也一样顽固和迟钝——对恶劣天气、饥饿和干渴并不在乎。俄罗斯平民很坚强，而士兵们则更加不屈不挠。他们似乎有着无限的顺从和忍耐力。"

在德军的两个大包围圈中，苏军抓住了德军装甲必须继续前进而不得不由步兵继续完成包围圈这一事实，做足了文章。很多苏军都逃脱了，尽管是以小组的形式逃出的。其他的苏军顽强地战斗，但并不全力地突围。部分原因是德军在被包围的苏军部队周围加强了兵力。另一个原因是苏军指挥官害怕命令撤退会招致被枪毙的危险——这种事很快就发生了。还有一个原因是苏军的车辆太少，而且逃生乏术。在战争开始的最初几周里，苏军是有投降的想法的，因为他们并不知道被囚禁时会遭到被屠杀的待遇。这些因素可以解释为什么在 1941 年夏天会有数量惊人的苏军被送进德军战俘营。

然而不出几周时间，苏联人民就意识到他们面对的是毫不留情的、嗜血的对手。德军中反布尔什维克思想的灌输导致了对于俄罗斯"劣等人"（Untermenschen）的优越感和不宽容。希特勒有指示，士兵们违反国际法的行为可以被原谅。这一免上军事法庭的指令将很多士兵身上的兽性激发出来，而"政委命令"也造成这样的感觉，即任何苏联红军——无论是政委还是普通士兵——都可以就地解决掉。

战役开始几天之后，古德里安的第 47 装甲集团军指挥官约阿希姆·莱梅尔森（Joachim Lemelsen）将军抱怨到，射杀苏军战俘和逃兵并不恰当。他认为正确的方法应该是："元首的指示是对布尔什维主义（政治委员）以及任何形式的党羽（游击队）展开无情的行动。那些能被清晰确定身份为此类人的应该单独带出来，由军官发令枪决。"

然而鉴于德国人可能将任何人界定为一名政委或党羽，苏联人很快就停止了投降，即使在绝境中也经常至死不降。

在比亚韦斯托克和明斯克附近的包围圈战役却不是上述情况，截至7月9日，德军共俘获23.3万人，其中包括众多将领；1800门加农炮；摧毁3300辆坦克，但其中很少是 T－34 坦克，它们只是小规模地出现过几次。即便如此，也有几乎与被俘人数相当的苏军从德军铁钳中逃出。

与此同时，霍特与古德里安的装甲集团编入由京特·冯·克鲁格（Günther von Kluge）率领的第4装甲集团军，准备从明斯克出发疾驰200英里加入到斯摩棱斯克附近的第三个大的系列包围圈。由于中央集团军群的步兵师还落后于装甲部队数英里，克鲁格遂将其坦克、半履带车和摩托化师分散于 3 个大的包围圈、莫吉廖夫（Mogilev）和涅韦尔（Nevel）以西的 2 个较小的包围圈以及奥斯察（Orscha）和斯摩棱斯克之间的 1 个更大的包围圈。

在遭遇苏军顽强抵抗后，德军歼灭了苏联的 3 个军，到 8 月 6 日，已俘虏苏军 31 万人，摧毁 3200 辆坦克并缴获 3100 门火炮。然而，还是有约 20 万苏军逃出包围后撤，继续阻挡德军通往莫斯科的道路。

德军其他两个集团军群的进展也十分引人注目。

在南方集团军群，克莱斯特的第 1 装甲集团在第 17 军和匈牙利集团军的帮助下，在基辅以南 120 英里的乌曼（Uman）附近包围了 2 个苏联集团军，俘获 10.3 万人。

北方集团军群占领了拉脱维亚。霍普纳的第 4 装甲集团刺穿列宁格勒西南约 200 英里的奥斯特罗夫 (Ostrov)，而库勒的第 18 军也突入爱沙尼亚。加入德军的芬兰军队运动到卡累利阿地峡 (The Karelian isthmus)，但并没有威胁到列宁格勒。

由于斯大林犯了一个巨大的错误，他把主力部队放在边境，兵力过于集中或是在大包围中被俘，因此尽管德军在进攻时兵力十分分散，但依然胜利在握。事实上，希特勒和哈尔德都认为他们已经胜利了。然而，希特勒并没有利用斯大林潜在的致命错误，而是开始了一系列的拖延和犹豫不决，这些是灾难性的，也终结了他的胜利。

中央集团军群取得的胜利让人吃惊。守在通向莫斯科道路上的苏军已经不多。一个意想不到的机会来了，古德里安和霍特的坦克在 6 周时间里行进了 440 英里，距莫斯科已经不到 220 英里。干燥的天气肯定会持续到秋天。尽管德军坦克一开始就被分成了两半，但仍有理由相信这一半的坦克可以到达莫斯科，在苏联的心脏上插上一刀。

包围圈战役的胜利让布劳希奇和哈尔德又振奋起来，他们想把所有可能调动的兵力都放在中部前线，拿下莫斯科。然而就在此时，希特勒却把战役带向了完全不同的方向——也因此失去了包围圈战役带给他的夺取莫斯科的大好机会。他对已经敞开的通向苏联首都的大门视而不见，6 月 19 日，他下令让霍特的装甲集团转向北支援里布向列宁格勒进军，让古德里安的装甲集团转向南帮助伦德施泰特的集团军占领基辅。

7 月 27 日，古德里安赶往诺维·波里索夫 (Novi Borisov) 的集团军群司令部开会，接受新的作战指令。他得知自己已被提升为集团军司令，他的集团军也因此更名为古德里安装甲集团军，他对停止向莫斯科进军的指令感到非常愤怒。

博克赞同古德里安的意见，但是就像布劳希奇和哈尔德一样，他没有勇气挑战希特勒。他和国防军陆军总司令部希望让鲁莽的古德里安独自挑战希特勒，而当古德里安拖延行动时，他们就策略性地跟随，从而让希特勒的命令落空。

此种努力全赖于对罗斯拉夫尔市（Roslavl）的占领，该地位于斯摩棱斯克东南 70 英里，正好处于通往莫斯科、基辅和列宁格勒的道路交汇点上。罗斯拉夫尔的重要性在于它能充当进攻莫斯科的起跳点。而古德里安的主要目的是让其部队深度卷入这次行动，使增援伦德施泰特的命令被迫撤销，这样他就可以继续进军莫斯科。

俄罗斯人无意中帮了大忙。斯大林向罗斯拉夫尔迅速调集后备部队，这都是些仍在训练中的新部队和动员起来参战的民兵武装，也是斯大林仅有的新增部队了。希特勒将对霍特和古德里安的调动推迟到了 7 月 30 日，并决定于 8 月 4 日亲自造访中央集团军群看看情况。

在这次会上，博克、霍特和古德里安分别向希特勒陈述了继续进攻莫斯科的重要性。希特勒之后把军官们召集起来，并证明了他对正当逻辑和合理的军事考虑是多么无动于衷。他宣布列宁格勒才是他的主要目标，而且他还倾向于将乌克兰列为接下来第二位的目标，因为他需要那里的原材料和粮食，伦德施泰特已稳操胜券并且需要拿下克里米亚以防在那里的苏军飞机轰炸普洛耶什蒂油田。

古德里安写道："在飞回来的路上，我决定无论如何还是要为进攻莫斯科做好必要的准备。"

他计划将坦克集中在罗斯拉夫尔到莫斯科的高速公路上，消灭从斯帕斯·杰缅斯克（Spas Demensk）沿着这条公路到斯摩棱斯克以东约 90 英里的维亚济马（Vyazma）的苏军。这样也有利于霍特的装甲从北面进军莫斯科。

同时，在 8 月 7 日，约德尔和哈尔德也劝说希特勒重新向莫斯科进军，然而 3 天之后在列宁格勒遭遇的抵抗又让希特勒改变了主意，他命令霍特的坦克增援里布。希特勒终于看出最高统帅部、博克和古德里安在搪塞命令，于是失去了耐心，再次向古德里安下令增援伦德施泰特，还给布劳希奇发了一封颇为伤人的信，说他缺乏"必要的理解力"。布劳希奇为此心脏病轻微发作。哈尔德劝其辞职，布劳希奇果然请辞，但希特勒没有同意。

8月22日，一切都显得紧张起来。古德里安收到了警告，被要求将部队调向南边帮助消灭基辅附近的苏军。第二天，在集团军群总司令部举行的指挥官会议上，哈尔德宣布，希特勒已经决定既不在列宁格勒也不在莫斯科展开行动，而将主要精力投入对乌克兰和克里米亚的占领行动上。

每一名与会者都明白，这就意味着冬季战役在所难免，而德军并未对此做好准备，战争将演变为消耗战。

博克和哈尔德专门安排了古德里安与希特勒的单独见面，希望让古德里安改变希特勒的想法。古德里安与哈尔德一起飞回拉斯腾堡。希特勒听完了古德里安的一席话，然后开始大加训诫。

"我的指挥官们对战争的经济方面一无所知。"他说。他坚持认为必须占领从基辅到哈尔科夫的经济带，还要占领克里米亚，以防苏军飞机轰炸普洛耶什蒂油田。由于希特勒周围的其他军官都全力支持或者惮于反对他，古德里安也意识到强辩无益。

希特勒的优柔寡断浪费掉了一个干燥的夏天，有这段时间他的装甲车本可以开到莫斯科。现在为了占领乌克兰，他要把时间拖延得更久了。8月25日，古德里安转向南方执行新的任务，这又要花上一个月的时间才能完成。等到他可以回师莫斯科时，秋天的雨季就要到了，那是一个被称为"无路"的泥泞季节，这将减缓乃至阻止车辆的行进。接着就会进入俄罗斯的冬天。

发生在七八月间的争议证明了希特勒并不具备作为伟大指挥官的基本前提条件。自亚历山大大帝以来的成功将帅会提前想清楚他们的目标是什么，并在紧张而又混乱的战役中固执地坚持目标，而不为其他目标选项所惑，无论它多么具有吸引力，而且他们还能为了赢取最终的全面胜利而放弃部分的胜利。

希特勒可以说没有伟大的战略计划。一旦被卷入战役，他就随时可能放弃原有目标，就连已经出现的实现主要目标的机会都会放弃。在1940年的战役中，他就已经表现出优柔寡断的一面，就在装甲部队将要突破到不设防的地区时，他因为莫名其妙的担心而叫停了装甲的继续前进，实际上让坦克在敦刻尔克面前停步不前。

若论一个领导人是怎样被短期胜利吸引转而放弃能带来全面胜利的行动的，德军对基辅的进攻就是历史上最好的例证之一。德国在基辅赢得了巨大的局部胜利，却丧失了最终赢得整个战争的最后机会。

基辅确实是个诱人的目标。南方集团军群并没有占领基辅，而是占领了位于基辅东南250英里的第聂伯河转弯处的第聂伯罗彼得罗夫斯克（Dnepropetrovsk）。斯大林下令不惜一切代价守住基辅地区，苏军最高统帅部向基尔波诺斯将军和谢苗·布琼尼（Seymon Budenny）元帅指挥的西南方面军增派了3个军以增强实力。

现在的形势是要构建一个巨大的包围圈，因为在斯塔罗杜布（Starodub）的古德里安的装甲部队远在基辅东边和北边。如果在第聂伯河转弯处的克莱斯特的第1装甲集团向北进军，同时古德里安向南进军，他们就可以在基辅附近的地区合拢。这也是希特勒希望看到的机会，也正是此种期待把希特勒从对莫斯科的进攻中拉开了。

8月25日这天，战役正式打响。在第2军从戈梅利（Gomel）向南压上时，古德里安的装甲从东边75英里的斯塔罗杜布突破，赶在苏军破坏之前，占领了南面60英里处杰斯纳河（Desna River）上的一座桥梁。苏军有力的抵抗使古德里安花了一周时间才艰难突破并继续向南进军。

同时，克莱斯特的第 1 装甲集团从第聂伯罗彼得罗夫斯克向更西边的位于克列缅丘格（Kremenchug）的第聂伯河上的一座桥头堡移动，并于 9 月 12 日顺利渡河。

到这时，苏军才开始意识到自己的危险处境，但是对阻止古德里安已经无计可施。布琼尼派了一名将军去莫斯科请求允许撤退。但斯大林的回复是："不惜一切代价守住。"他还以谢苗·铁木辛哥（Semen Timoshenko）取代了布琼尼的西南方面军司令的职务。苏联的集团军陷于无望的处境。9 月 14—15 日，德军装甲部队的先头部队在基辅以东 125 英里的洛赫维察（Lokhvitsa）会师。宣告大包围完成。

铁木辛哥刚一到达，就意识到了难以置信的危险。尽管有原西部方面军司令迪米特里·帕夫洛夫（Dimitri G. Pavlov）在明斯克之役后于 7 月 1 日被斯大林枪毙的前车之鉴，但在 9 月 16 日，铁木辛哥还是自行命令部队撤退。基尔波诺斯不敢执行这一命令，花了两天时间请求斯大林批准，结果只是徒劳。到那时为时已晚了。德军已经形成铁桶般的包围圈，并在苏军试图突围时将其分割开来。基尔波诺斯在战斗中阵亡。到 9 月 19 日，德军占领基辅，苏军的抵抗也结束了。

德军在基辅包围圈战斗中共俘获 66.5 万人，创造了历史上单次战役最大的胜利，也创造了一次战役俘获人数最多的纪录。

第 10 章　莫斯科前的失败

在战争开始阶段的紧张日子里，苏联政府把 1500 家工厂和尽可能多的机器，连同工厂工人一起由铁路转移到乌拉尔地区和西西伯利亚。这个混乱的、令人筋疲力尽的举动导致生产量骤减，工人的生活条件极差，但（从长期来看）保证了苏联的工业能够最终恢复，并大量生产武器和战争物资。在这段空档期的情况，则取决于西方支持苏联的意愿有多强。

在美国和英国都存在对苏联能否挺过夏天的质疑。一般的美国人乐于见到世界上两大最坏的独裁政权互相撕扯对方的要害，希望它们两败俱伤。然而罗斯福和丘吉尔都担心希特勒万一取胜，那么民主世界就将面临欧洲和苏联地区联合起来的资源的挑战。

罗斯福对于苏联求援的第一反应比较谨慎，他回避了媒体有关将租借法案适用于苏联的问题，但是他很快就决定，帮助苏联红军也许值得一搏，他随即在 7 月中旬派出了自己的心腹哈里·霍普金斯（Harry Hopkins）到伦敦去同丘吉尔会商此事。

丘吉尔赞成美国帮助苏联，却不同意将本应给英国的援助物资转移给苏联红军的想法。霍普金斯决定亲赴莫斯科评估情况。行程漫长而艰难，但是霍普金斯却在莫斯科发现了苏联人的自信、高昂的斗志和"获胜的坚定决心"。斯大林发誓，即便莫斯科陷落，自己也会在乌拉尔山乃至更远的地方战斗下去。

当时，美国在注意着希特勒对苏联的进攻的同时，也警惕着日本。7月2日，在东京举行的一次日本皇室秘密会议上，日本领导人决定不卷入对苏联的战争，除非苏联红军崩溃了。相反，他们决定继续南进以夺取东南亚的大部乃至全部地区，占领荷兰、法国和英国的殖民地。就在1940年法国战败不久，日本就要求并获准占领法属印度支那（越南、老挝和柬埔寨）北部。

克里姆林宫通过安插在东京的间谍理查德·佐尔格（Richard Sorge）得知了7月2日会议的结果，但是斯大林却不想冒险。尽管他在西线亟需驻在远东地区的30个师、大量的坦克和2800架战机，但他还是让他们原地不动，而且事实上还加强了对日本驻有重兵的中国东北地区附近的防御。

这就更加坚定了日本南进的决心，7月14日，日本政府要求维希法国政府同意其占领印度支那南部的8个空军基地，并且使用法国海军在金兰湾（Camranh Bay）的基地。法国很快就妥协了。

罗斯福和国务卿赫尔（Cordell Hull）都并不知晓日本御前会议的情况，但是对东京发生的一切都高度警惕。到1940年8月时，美国陆军和海军的密码破译专家已经发现了日本被称为"紫色"的密码机的秘密，日本外交官用电波与东京保持联络。美国人通过名叫"魔术"的解密程序破译了这些信息，了解到日本对东南亚的企图。

这就刺激了罗斯福，他已经克制一年多了，1941年7月25日，他终于采取了行动：冻结日本资产并立即中断与日本的所有贸易往来。英国及其自治领地，以及荷属东印度群岛迅速响应美国的行动。

罗斯福和丘吉尔希望借此行动拖住日本开战的脚步，但适得其反。没有来自美国或东印度群岛的石油进口，日本的军事行动几个月内就会瘫痪。日本陆军和海军都开始为武力对抗做准备了。

霍普金斯从莫斯科返回伦敦，正好赶上准备搭载丘吉尔及其随行人员赴纽芬兰布雷森莎（Placentia Bay，Newfoundland）与罗斯福会面的英国战列舰威尔士亲王号（Prince of Wales）。1941 年 8 月 9—12 日将在那里举行大西洋会议，这也是两位领导人的首次会晤。霍普金斯告诉罗斯福，全力支持苏联将是正确的选择。这样即使在最坏的情况下，也可以拖延希特勒足够长的时间，为美国备战赢得时间。他建议将苏联列为租借法案适用国家。

罗斯福去信斯大林，承诺在 3 个月后提供大力援助。罗斯福做出这一决定，也是担心斯大林可能与希特勒媾和，而这比德国获胜好不到哪儿去。

当丘吉尔返回英国时，一个事实上的反希特勒联盟已经形成了。就在 1941 年 8 月 12 日，也即会议的最后一天，众议院以 203 比 202 只多出一票的微弱优势通过一项议案，表明了美国重新武装和自卫的决心。冻结与日本的贸易就是这一决心的表现之一，而罗斯福事实上做得更多：他让美国海军为英国向冰岛的运输护航，并准备沿着这条路线向苏联运送物资。

8 月 25 日，英国和苏联联合占领了伊朗，确保了到苏联的全天候、安全的供给线。苏军从北面进军，英军从南面进军，占领了这个国家，他们要求礼萨·巴列维国王让位给其儿子，并强制动员劳力修建了从阿拉伯河（Shatt al Arab）到里海的高速公路，以加速从美国到来的物资输入。

当古德里安的装甲集团向南移动加入基辅包围圈战役时，希特勒又派霍特的装甲集团加入北方集团军群夺取列宁格勒的作战，但是芬兰人却拒绝从北向南推进到战前的边境以外的地方。城里 300 万人中有 50 万帮助修建城市外围的防御工事——620 英里的土木工事、400 英里的反坦克壕沟以及数千个混凝土地堡。

德军装甲封锁了从东南方进入列宁格勒的道路，这是从陆上通往苏联其他地方的必经之地。此举让城市陷入包围，但是城东边的拉多加湖（Lake Ladoga）仍有一条水路可通。形势对城里的人们来说十分不利，但却没有人愿意投降。9 月中旬，因建议斯大林放弃基辅而被降职为参谋长的朱可夫（Georgy K. Zhukov）奉命守住这座城市。

朱可夫把所有能找到的火炮和坦克都用来对付德军，防止城市防线被刺穿。9 月 24 日，里布告诉希特勒进攻失败了。列宁格勒战线渐渐陷入阴森可怖的包围圈，一直持续到 1944 年春，其间数百万人被杀死或饿死，但对整个战争进程来说已无大的影响。

与此同时，远在南面的伦德施泰特的集团军占领了顿涅茨盆地，11 月 21 日又占领了位于高加索地区入口处的罗斯托夫（Rostov on the Don），但是因为没有古德里安的坦克的支援，他无法继续开进高加索的油田。苏联人很快就将其筋疲力尽的部队赶出了城市。

伦德施泰特想把部队拉回到罗斯托夫以西约 40 英里的沿米乌斯河（Mius River）的良好的防线上，但是希特勒却不许其撤退。伦德施泰特回应说，他无法执行这样的命令。希特勒非同寻常地携布劳希奇和哈尔德一起来到伦德施泰特设在波尔塔瓦（Poltava）的总部。

希特勒责备伦德施泰特丢了罗斯托夫。伦德施泰特却回答说责任应该由运筹帷幄的人来负。"希特勒狠狠地看了一会儿，就好像要自己冲向伦德施泰特，将他身上的骑士十字勋章撕下来一般。"瓦尔特·戈利茨（Walter Goerlitz）写道。布劳希奇当场就心脏病发作了。

伦德施泰特坚持要求退役，遭到希特勒的拒绝后，他要求解除自己指挥官的职务。希特勒同意了，但是在最后一次见面时，他告诉伦德施泰特，今后不会再同意任何将领提出的退役请求。

与此同时，奉命率领第 11 军夺取克里米亚的曼施坦因于 9 月 29 日到达该半岛的脖子处，到 11 月 18 日，他们已将大部分幸存的苏军赶进了塞瓦斯托波尔（Sevastopol）。曼施坦因对塞瓦斯托波尔要塞的进攻无果，1941 年 12 月 30 日，他终于下令停止进攻。同时，苏军于 12 月 26 日在克里米亚东部的刻赤半岛登陆，欲图占领克里米亚。曼施坦因千辛万苦地封锁住了该半岛，但是可以预见的是，苏军在 1942 年春天还会卷土重来。

随着基辅包围圈的完成，希特勒终于可以进攻莫斯科了。他发出了从 9 月 30 日开始执行的代号为"台风行动"的命令。主要的目的是在冬季开始前剩余的有限时间内，摧毁挡在通往苏联首都道路上的苏军。

他将霍特和古德里安的装甲集团调回，把北方集团军群中霍普纳的集团军除了一个军（鲁道夫·施密特的第 29 军）之外全都派了上去。从理论上讲，中央集团军群的博克元帅已经有足够强的装甲编制了，还加上了克鲁格的第 4 军、斯特劳斯的第 9 军以及 70 个师的机动部队。

但是自 6 月 22 日以来，德军共计已经损失了 50 万人，几乎没有哪支部队是满员的。德军带到苏联境内的运输物资的 60 万匹马中大部分都死了，而且无法补充。弹药和军需品不得不散放在路边。最基本的必需品匮乏——刮胡刀片、肥皂、牙膏、修鞋工具以及针线等。伤员不能留在后方，因为后方的森林里时有游击队出没。冷冽的西北风吹来，雨季也在 9 月来临。藏身之处难觅。军靴散了架，军服变成了碎布。

步兵师减员了 2000 至 4000 人。3 个装甲集团（共 13 个装甲师和 7 个摩托化师）加起来才只有约 1000 辆坦克。然而，他们相比于交战对手伊万·科涅夫（Ivan S. Konev）的西部方面军的 480 辆坦克（只有 45 辆新的 T—34 和 KV—1 坦克，两款均配有 76 毫米高射机枪）还是占有优势。

苏军花了 2 个月时间在通往莫斯科的道路上修建野战工事，约有 80 万人驻防，但是他们大多是没受过什么训练、指挥也较差的刚刚补充的人员。

德军装甲在 5 个地方突破了苏军防线。古德里安从索斯塔加（Sostka）向东北方向行进到莫斯科以南 80 英里的奥廖尔（Orel）。他的行军速度可谓迅雷不及掩耳，当他的坦克开进城时，城市里的电车仍在运行，对工厂的疏散也正在进行。工人们只好将机器和工具遗弃在大街上。

古德里安接着又转向西边的布良斯克（Bryansk）。在西边的第 2 军和北边的霍普纳的第 4 装甲集团的帮助下，古德里安包围了布良斯克以南和以西的数千苏军。与此同时，第 4 军、第 9 军与霍特的第 3 装甲集团在维亚济马（Vyazma，距莫斯科仅 135 英里）以西形成了另一个包围圈。

战斗进行得很混乱。德军部队经常被切断联系，不得不各自为战。苏军飞机频繁轰炸，但它们飞得太高，对目标的轰炸并不准确。由 T－34 和 KV－1 坦克发起的反攻将战斗带入了关键阶段。

对于 10 月 11 日在奥廖尔东北部与第 4 装甲师的联合作战，古德里安这样评价：“大量的苏军 T－34 坦克冲上来，重创了德军坦克。到那时之前我们还占据着坦克上的优势，但从那时起情况却反过来了。”

德军的坦克手们发现，要想靠 Mark IV 上的短炮筒的 75 毫米火炮撂倒 T－34 坦克，办法只有一个，那就是打中其后部发动机上的格栅，但这种概率极低。在 480 英里宽的战场上，遍布着阵亡的士兵、死去的马匹、冒烟的坦克以及首批美军吉普车。

斯大林将几乎未经训练的民兵匆匆派上战场，其中很多人都不战而降。更糟的是，苏军的线状防守也使德军得以选择几个地点突破，然后对苏军大部队形成包围。10 月 13 日，维亚济马包围圈里的抵抗停止了。一周之后，陷于布良斯克包围圈的残余苏军投降。德军总共俘虏65 万人，几乎相当于基辅包围圈的俘虏人数。

此时挡在德军与莫斯科之间的苏军士兵已所剩无几。在俄罗斯欧洲部分的苏军总数已降至 80 万人，坦克也减少到 770 辆，但是从 8 月开始，形势却发生剧烈变化。10 月 7 日，第一场雪降落。雪很快就融化了，但紧接着则是大雨连绵。

"道路很快就变成了无底的泥运河，"古德里安写道，"我们的车辆在上面只能以蜗牛般的速度行进，而且对发动机的损伤极大。"

在危急关头，斯大林于 10 月 10 日将朱可夫从列宁格勒调回，命其指挥莫斯科的防御。恐慌情绪在人民中间蔓延。有关德军大举压境的谣言迅速传开。人们开始逃离莫斯科。

朱可夫动员每一个能找到的人到城外修建反坦克壕沟，平息人们的恐慌情绪。共计 25 万人，其中 3/4 为妇女，徒手用铲子、铁锨和筐来完成这项工作。朱可夫还调动了他所能找到的所有部队构筑了莫扎伊斯克防线（Mozhaisk line），这是苏联人最后的防御阵地，它从莫斯科以北 70 英里的伏尔加河上的一座水库"莫斯科之海"，呈半圆状延伸到莫斯科以南 55 英里的奥卡河（Oka River）。

斯大林下令政府机构，包括所有高级官员、外交使团和大量专家，撤往莫斯科以东 420 英里，位于里海以北的古比雪夫（Kuybyshev）。

但是斯大林本人却没有离开，他也没有失去抵抗的勇气。他住在离克里姆林宫很远的一座小别墅里，大多数时间在住处附近的基洛夫地铁站工作，苏军最高统帅部也设在这里。10 月 15 日，斯大林收到安插在东京的间谍佐尔格发来的一则电文，获悉日本人会在接下来几个月之内就和美国开战。这就意味着他保持在远东地区的庞大军队已经没有必要了，于是他下令在东西伯利亚和外蒙古的 12 个师，连同 1700 辆坦克和 1500 架飞机（共计 25 万人），前来保卫莫斯科。但他们要赶到莫斯科还需要几周时间。苏联人能否挺到那时就主要取决于天气了。

充满泥泞的"无路"季节到了最坏的时候。德军的车辆轮毂都陷进去了，供给系统成了跛子。

但是在 1941 年 11 月 2 日，天气开始有所好转。轻度霜冻天气让德军部队又机动起来了。火炮装备也从泥地里拽了出来。卡车轮子又能转了。铁路线也恢复畅通。

博克下令以双向包围抵近莫斯科，做最后的努力。在中央，克鲁格的第 4 军以正面进攻拖住敌军。在北边，第 3 和第 4 装甲集团准备打到莫斯科—伏尔加运河，一直到莫斯科之海。在南边，古德里安将穿过图拉（Tula）到莫斯科东南约 60 英里的奥卡河畔的科洛姆纳（Kolom-na）。

这次最后的大进军在德军的记录中被称为"到前线的飞行"（die Flucht nach vorn），也就是在冬季到来之前不顾一切地冲进莫斯科的"避难所"。

德军的行动在 11 月 15 日展开，这是一个清冷多雾的天气。德军北翼的装甲部队在迪米特洛夫（Dimitrov）夺取了运河上的一座桥头堡，1 个师行进到距莫斯科不到 80 英里的科阿斯纳亚·波利亚纳（Krasnaya Polyana）。古德里安在图拉附近严密防守，并且进抵距科洛姆纳仅 32 英里的卡西拉（Kashira）。

也许压在最前面的德军巡逻队队员已经看到了克里姆林宫的塔顶，传说中是这样的，也或许没有。无论如何他们顶多一瞥了。严酷的冬季到来了，加之一部分从远东调过来的增援部队抵达，朱可夫决定转入反攻，因此德军的进攻停止了。

温度降到了零下 20 摄氏度，然后继续下降。德军无法适应这样的寒冷天气。士兵们缺乏过冬的衣物（皮帽、风雪大衣、毡靴和防雪帽兜等）。德军冻伤的人数累计增加到 22.8 万。坦克、机械武器和电台都失灵了。机车也开裂了。

第 4 军的反攻宣告失败。在接下来的两周里，在北面和难免的进攻也失败了。夹在糟糕的天气和苏军的瓦解性进攻之间，德军只能取得局部进展。T—34 坦克在图拉以东进攻古德里安的右翼部队，以不可阻挡之势揪住了第 112 步兵师，迫使其大部仓皇撤退，但是苏军指挥官命令第 44 蒙古骑兵师越过一片开阔的冰雪覆盖之地在莫斯科西北 55 英里的克林发动进攻。德军防守部队用机枪和火炮杀死 2000 人和大量马匹，而自己却毫发无损。

相持战开始了。博克对继续进攻的价值表示怀疑，他于 12 月 1 日请求国防军陆军总司令部暂停作战行动，但是布劳希奇由于特别害怕希特勒发火，坚持继续进攻。

德军前线部队向前推进了几英里。但就在此时，12 月 5 日，朱可夫发起了反攻。他这次不仅投入了从远东赶来的增援部队，还有在俄罗斯腹地伏尔加河以东地区组建的 3 支新的部队。其中一些新的部队装备了喀秋莎火箭炮（"斯大林管风琴"），这是一种吓人但并不太精确的新式作战武器，可以从装在卡车上的轨道发射 16 发翼稳定 132 毫米火箭炮。也是第一次，苏军强大的战斗机出现在天空中。

在德军最脆弱的时候，苏军对筋疲力尽的德军反戈一击。古德里安遭到被其称为"西伯利亚人"的攻击，不得不放弃已经占据的图拉附近的阵地。12 月 6 日，苏军的 4 个军向科林（Klin）方向突穿，迫使德军从他们离莫斯科最近的位置退回。在莫斯科以南，其他苏军部队威胁在卡西拉的古德里安先头部队，欲切断其联系，古德里安往南撤往 60 英里以外的顿河上游一线。

苏军由于兵力有限，未能在德军逃走之前将其围住，但是被包围的前景始终在德军中萦绕不去。然而，德军仍然顽强坚守，阻止了苏联红军在莫斯科两侧发起的进攻。

就在这一危急的当口，日本于 1941 年 12 月 7 日袭击了夏威夷珍珠港的美国太平洋舰队。4 天后，希特勒对美国宣战，并把墨索里尼也拉了进来。这是希特勒又一个愚蠢的决定，因为美国人的注意力和愤怒情绪都聚焦在日本对其"偷袭"上，这样罗斯福就很难让国会通过单方面对德国宣战的决议。

6个月之前希特勒面对的只是英国。现在，经过他的精心选择之后，他让世界上3个强大的工业国拉开架势对抗他，而对方在人力上也占有明显优势。

德国高级军官们无暇兼顾他们的新对手，因为他们正疯狂地投入应付苏联的进攻。哈尔德甚至在12月11日的个人日记里对德国宣传丝毫未提。布劳希奇提议将军队后撤约100英里到雅克罗夫—利则夫（Yukhnov—Rzhev）以东缩短冬季战线。希特勒断然拒绝。

希特勒接受了布劳希奇的辞呈。表面上的原因是布劳希奇心脏病严重发作，然而事实上却根源于他与希特勒之间长期的关系不和。希特勒让自己成了陆军的总司令，并下令"疯狂抵抗"。未经他本人授权军队不得撤退。尽管有此禁令，但许多地方的德军为了避免被包围和被歼灭还是撤退了。

"巴巴罗萨行动"失败了。希特勒却没有意识到自己犯了任何错误。他将失败归因于"出人意料的过早到来的严冬"。德军的损失继续上升，死亡、受伤和失踪的德军升至77.5万人，几乎相当于整个野战部队军力的1/4。

一场领导危机随之而来。希特勒解除了伦德施泰特的职务，因为他想撤到米乌斯河。他又将其他集团军群的司令官也撤职了——博克，表面上是因为其生病；里布，因为他提出的从列宁格勒附近的暴露阵地撤退的建议希特勒并不赞同。3位军司令官也离开了——第2军的马克西米利安·冯·魏克斯（Maximilian von Weichs）、第9军的阿道夫·施特劳斯（Adolf Strauss）以及第17军的卡尔·海因里希·冯·史图尔普纳格（Karl Heinrich von Stülpnagel），此外还有其他30名军官，其中就包括未经希特勒批准就命令部队撤退的霍普纳。最重要的是，他解了古德里安的职。德军最好的装甲部队指挥官被投进了备用陆军军官的行列。

到 1942 年 1 月 1 日时，苏军已经夺回莫斯科西北 100 英里的卡里宁（Kalinin）和西南 100 英里的卡卢加（Kaluga），他们绕过并包围了德军要塞，对其进行围攻。莫斯科的危险解除了。

就在此时，希特勒下令所有部队继续坚守。1 月 7 日，斯大林发动全线反攻，而这是力量薄弱的苏联红军难以完成的任务。苏军未能消灭被包围的德军，在其他地方也只取得了有限的进展。因为斯大林的急功近利，德军在 1941 年至 1942 年的越冬季节得以幸存，但希特勒却以为原因在于他下令继续坚守。在接下来的战争中，这一信念鼓舞着他坚持寸土必争。

希特勒从来不曾留意瑞士军事分析家约米尼（Antoine－Henri Jomini）评论拿破仑 1812 年入侵俄国的行为时的建议："这个国家，进去容易出来难。"这对德国来说太可惜了。

第 11 章　在沙漠里的前前后后

　　由于隆美尔进攻图卜鲁克失败，加之希特勒拒绝给非洲军团增兵，整个北非的局势在 1941 年春陷入了僵持。隆美尔没有足够兵力可以越过埃及边境，而英军也没有足够实力解救图卜鲁克。

　　然而，与德军最高统帅部不同，丘吉尔意识到了苏伊士运河的重要性，并且甘冒极大风险也要保住它。为了增强中东战区司令官韦维尔将军的实力，丘吉尔命 5 艘船组成的船队载着 295 辆坦克和 43 架飓风战斗机直接经过地中海前往北非，而不再绕道好望角。1941 年 4 月 20 日，他给英军参谋长委员会写信说，在中东的战争和保卫苏伊士运河"胜负可能取决于几百辆装甲车。必须不惜一切代价将它们运过去"。在大雾天气的帮助下，船队于 5 月 12 日抵达亚历山大港，其间并未遭到轴心国的袭击，只是在西西里海峡（Sicilian Narrows）一艘载有 57 辆坦克的船只触发水雷而沉没。

　　韦维尔并没有干等着坦克的到来。5 月 15 日，他发起了第一次解救图卜鲁克的"简短行动"，派出 26 辆玛蒂尔达坦克支援第 22 警卫旅对驻防海岸边的苏鲁姆（Sollum）和哈法雅隘口（Halfaya Pass）的敌军部队发动正面进攻。苏鲁姆和哈法雅是位于利比亚和埃及边境的、部队能穿过从苏鲁姆延伸到埃及境内的 600 英尺高的悬崖唯一的地方。同时，29 辆巡航坦克在摩托化步兵和大炮的支援下，运动到南面的沙漠侧翼，试图包抄轴心国部队的后方。

英军以损失 7 辆玛蒂尔达坦克的代价夺取了哈法雅隘口。然而，德军从侧翼反攻的威胁促使英军回撤，英军只在隘口处留下小股守军。5月 27 日，隆美尔突然发起集中的进攻，重新夺回隘口。他埋设了 4 架 88 毫米高射炮，接下来成为德军最好的坦克杀手。这种大炮的炮筒与地面是平行的，在地面上几乎看不见，它们在接下来对付英军发动的"战斧行动"中起到了巨大的作用。

韦维尔将"战斧行动"分为 2 个独立的行动。第一，一支步兵部队在半数英军装甲、一个玛蒂尔达旅的支持下，前去夺取哈法雅、苏鲁姆和西边 8 英里的卡普佐要塞（Fort Capuzzo）。第二，余下的装甲向南包抄沙漠的侧翼，防御隆美尔部署在那里的装甲团。隆美尔的其他装甲团部署在图卜鲁克附近待命。

韦维尔的计划暴露了一直纠缠着北非英军的关于装甲的矛盾心理。韦维尔把装甲部队一分为二，彼此不能支援。而隆美尔却可以派出第 2个装甲团迅速增援第 1 个。

英军犯的另一个错误是他们在哈法雅错估了 88 毫米高射炮的作用。英军的理念还相当执着于坦克对坦克的战役，而隆美尔则尽可能把反坦克炮运用到极致，把坦克留作决战或运动战时使用。

1941 年 6 月 15 日，当英军玛蒂尔达坦克进攻哈法雅（这里被英军士兵称为"鬼门关"）时，前方指挥员发回的最后一条电报是："他们（德军）正在把我的坦克撕成碎片。"13 辆玛蒂尔达坦克中只有 1 辆从 88 毫米高射炮的陷阱中逃脱。英军的进攻宣告失败。

德军还把 4 门 88 毫米高射炮和 50 毫米反坦克炮运到了卡普佐西南数英里的哈菲德山脊（Hafid Ridge）。当英军巡航坦克从南翼开过来到达哈菲德时，德军的火炮阵毫不留情地予以阻击。到此时，隆美尔的打前站的大部分坦克已经就位，在英军装甲旅的侧翼形成进攻威胁，迫使韦维尔将部队撤回埃及。

夜幕降临之时，英军已经损失了超过一半的坦克，大部分是倒在88毫米高射炮和反坦克炮的火力下，而隆美尔的坦克则几乎没什么损失。

隆美尔领悟到了一些被英军忽视的沙漠战方法：战术目标应该锁定在消耗或者拖垮敌军以及摧毁敌军的有机连接上。在其他的机动部队较少的环境下，比如1939年的波兰和1940年的西欧，一支部队可能面临的最大危险就是陷入包围。一旦被包围并四处受敌，部队就可能分化瓦解，以致被消灭或被迫投降。

而在沙漠中，被包围的摩托化部队几乎总是可以集中在一点实现突破，从而使其他地方的严密包围变得无效。

因此，隆美尔把重点放在打消耗战和瓦解敌军的组织上。他总结了5点方法。他写到，一名指挥官应该：（1）集中自己的力量，同时将敌军分割开来各个击破；（2）保护自己的供给线，同时切断敌军的供给线；（3）用反坦克炮攻击敌军装甲，保存自己的坦克实力以做最后一击；（4）在前线附近指挥以备战术形势改变时迅速做出决定；（5）出其不意，快速运动，趁敌军陷入混乱时果断迅速歼灭。"速度决定一切，"隆美尔写道，"而且，在分割孤立敌军后，必须穷追猛打，绝不能让他们重新组织起来。"

隆美尔只有一个秘密武器，那就是88毫米高射炮。在1940年的战役中，他和其他德军将领发现它可以在2000码远的距离打穿83毫米的装甲。这就使88毫米高射炮成为双方都最有杀伤力的反坦克武器。英国有与之相当的高射机关枪，口径与之大致相同（3.7英寸），应该具有同样的杀伤力，但是英国人却没有把它用来对付坦克。

隆美尔还有50毫米反坦克炮，它们逐步替换掉战前生产的陈旧的37毫米火炮。50毫米火炮可以在1000码的距离打穿50毫米厚的装甲。

尽管玛蒂尔达的前装甲很厚，不太容易被这种火炮打穿，但其他轻型巡航坦克则不然，特别是近距离接触时，经常被撂倒。88 毫米高射炮和50 毫米反坦克炮既可以直接点射刺穿装甲，也可以高射来摧毁英军的反坦克武器或击毙射手。

相比之下，英军的 2 磅重（40 毫米）反坦克炮就没什么威力了。它只能直接瞄准点射，要求直接打击以摧毁敌军反坦克炮，而且只能在200 码以内的距离穿透相对较薄的装甲侧板。英军的 25 磅（87 毫米）加农榴弹炮，本来是一种优异的阵地火炮，但不得不作为反坦克武器使用，还要付出不能保护步兵的代价。直到 1942 年春，英军才开始使用6 磅（57 毫米）反坦克炮，它既能高射也能点射，比德军的 50 毫米反坦克炮的穿透力还要强 30%。

英军迟迟才反应过来，隆美尔正用反坦克炮对付自己的坦克。在进攻或偷袭之时，隆美尔把相对灵活的 50 毫米反坦克炮在隐蔽位置之间随时转换，同时将坦克保持在水平线以下。一旦反坦克炮架好，它们就可以保护坦克前进。

在防守时，隆美尔则试图诱惑或吸引英军。他将轻型坦克派上去迎敌，然后又撤退。英军典型的反应是以"装甲部队"御敌，但是由于搅动起来的尘土和沙子使能见度很低，英军坦克手们通常很难发现在坑洞或孔隙里守株待兔的 50 毫米反坦克炮，也看不到在后面的 88 毫米高射炮的炮轴线。50 毫米反坦克炮攻击进入射程内的英军坦克，同时 88 毫米高射炮则在英军坦克的 2 磅（40 毫米）火炮的打击范围之外对突袭的英军装甲进行打击。英军将其装甲分散部署，大部分为单一作战而非完整编队，更不会大规模编队，这就在无意中帮助了隆美尔的战术取得成功。

除了把坦克划分为巡航坦克和步兵（或 I 型）坦克而将装甲部队一分为二，英军还犯了另外两个错误：坚持组建"支援部队"；将装甲部署得过于分散。

1941 年 2 月，由步兵和炮兵组成的支援部队曾在贝达富姆（Beda Fomm）成功阻击撤退的意大利军队。英军从此就复制这一模式。德军组成了"战斗群"，它可以应付任何敌军力量，但英军不以为然，认为没有必要把坦克编入战斗群组。结果，支援部队不得不依靠少量 25 磅加农榴弹炮和 2 磅反坦克炮，而这要对付强大的德军或由德军支持的意大利军队往往是不够的。

英军将坦克分散部署是因为从空中看来，在沙漠中隐藏装甲根本不可能。隆美尔尝试采取相反的方法，他把所有能找到的坦克和火炮集中在一起对付单一的目标，而由于英军的分散部署，这个目标通常只是英军全部装甲力量的一部分。

最终，英国人没能复制出斯图卡俯冲轰炸机那样的利器，斯图卡是移动的火炮，可以向先头部队希望消灭的目标或希望进军的地方开火。俯冲轰炸机可以充当进攻部队的先锋，一旦发现敌军，就能迅速清除敌军的战略要点，而无须更多作战武器的参与。如果坦克无法敲开敌军的战略要点，那么唯一能够破解的方法就是让野战火炮上阵，它耗时较长，往往会给敌军机会来加强阵地或者进行转移。

自从第二次世界大战拉开战幕，在坦克和俯冲轰炸机配合下的闪电战揭幕，进攻就变得比防守更重要。而这个时期如今已经走到了尽头。防守相对于进攻的内在优势重新显现出来。这在一战时期比较典型，当时催生了威力强大的防御武器，比如野战工事、火炮和机关枪。

1941 年夏秋季节在苏联突然爆发的大规模进攻战役让这一点一度变得有些模糊，但是图卜鲁克战役和"简短行动"却已经预示了"战斧行动"现在所证明的：当意志坚定的部队驻守防御严密的阵地，且拥有能打垮坦克的武器时，就可以取胜。这一在 1914—1918 年西线战场堑壕战中被领教过的教训，如今在二战的战场上被再次领教。

当"巴巴罗萨行动"的大包围圈战役于 1941 年秋天在苏联渐渐展开之时，英军也在北非准备着对隆美尔的首次大进攻。

几个月来，丘吉尔一直鼓动着这样的进攻，他把尽可能多的部队和装备都输送到了埃及。就在"战斧行动"结束 4 天后，他解除了韦维尔将军的职务，由驻印英军总司令克劳德·奥金莱克（Claude Auchinleck）将军取而代之。丘吉尔立即开始催促奥金莱克发起行动，从轴心国手中把利比亚夺下来。

1941 年 11 月 18 日，代号为"十字军战士行动"（Operation Crusader）的战役展开，并逐渐发展为历史上最为壮丽的坦克战，在允许最大限度自由运动的沙漠里，坦克的速度发挥到了极致。

然而，"十字军战士行动"特别值得注意的一点是，奥金莱克以一个错误的观念为基点——他试图摧毁敌军的力量——并且将自己的装甲分散得太开，以致在任何一点都无法取得决定性优势。结果，尽管在坦克和其他武器数量上大大少于英军，但隆美尔还是成功地阻击了英军，将看起来注定的失败变成了几近于胜利。

装甲部队行动流畅的特点使其不适合被当作目标物，通常只能以间接方式摧毁他们。为达此目的，英军可以在轴心国的供给线上设置战略障碍，以迫使隆美尔在有利于英军的情况下调其装甲去重新打开供给线。

这样的战略障碍的确存在：位于图卜鲁克以西 20 英里轴心国供给线上的阿克罗马（Acroma）。对阿克罗马的集中进攻不仅可以不战而解除图卜鲁克之围，还将迫使隆美尔正面进攻障碍或者因缺乏燃料和补给而撤退。然而英军却从未以阿克罗马或任何其他在轴心国供给线上的战略要点为目标。相反，他们与隆美尔的火炮阵正面相撞，结果损失惨重，而且，他们由多个分散的单位发起作战，而不是大规模的装甲部队。

于是隆美尔一次又一次地抓住了英军分散的装甲部队。正如战斗结束后他对一名被俘英军军官所说的："如果你有 2 辆坦克对我的 1 辆坦克，但你把它们分散开让我一个个地打掉，你的 2 辆与我的 1 辆有什么区别？"

英军的沙漠部队已被重新命名为第 8 军，由陆军中将阿兰·坎宁汉（Alan Cunningham）指挥，被分为两个集团：陆军中将古德温－奥斯汀（A. R. Godwin－Austen）指挥的第 13 集团军，下辖第 2 新西兰师、第 4 印度师以及一支步兵（或叫 "I" 型）坦克部队；陆军中将诺里（C. W. M. Norrie）指挥的第 30 集团军，下辖有 "沙漠之鼠" 之称的第 7 装甲师（包括第 7 和第 22 装甲旅，外加一支步兵和炮兵支援部队），第 4 装甲旅、第 22 警卫旅以及第 1 南非师。第 2 南非师作为预备队。

英军的计划是，由第 13 集团军压制住驻守在从苏鲁姆和哈法雅隘口到内陆 25 英里的西迪奥马尔（Sidi Omar）边境线的轴心国部队，同时，第 30 集团军横扫西迪奥马尔以南，摧毁隆美尔的装甲，然后与距离边境线 70 英里的图卜鲁克守军会师。

第 30 集团军的 3 个装甲旅一开始就有不同的目标，显示了英军还是顽固地坚持将装甲部队拆分开——尽管奥金莱克和坎宁汉将位于图卜鲁克防守线东南仅 12 英里的一处悬崖上的西迪雷泽格（Sidi Rezegh）机场设定为主要目标。如果能夺下这个机场，这里的坦克就能与来自图卜鲁克的坦克会师，从而解除包围并威胁轴心国的阵地。

1941 年 11 月 18 日夜，第 30 集团军横扫隆美尔的沙漠侧翼，未遇任何抵抗。第二天，坎宁汉派出第 7 装甲旅的 3 个团中的 2 个前去夺下西迪雷泽格机场。第 3 个团和该师的支援部队直到第二天早上（11 月 20 日）才赶到。此时隆美尔已经迅速派出第 90 轻型师的部分军力和大量反坦克炮前去阻击英军。

而这时，其他 2 个英军装甲旅分别开赴不同的地方，它们很快就陷入了麻烦。刚从英国赶到的第 22 装甲旅在西迪雷泽格以南 22 英里的比尔古比（Bir el Gubi）遭遇的里亚斯特装甲师的火炮，不等援兵到来，该旅就发起了针对意大利火炮的"轻骑兵的冲锋"①，短短几分钟内就损失了 160 辆坦克中的 40 辆，并彻底陷入困境。

第 4 装甲旅在西迪雷泽格东南 30 英里的加布尔萨勒赫（Gabr Selah）停了下来。其原因是要与第 13 集团军的左翼（南翼）保持联系，尽管本可以通过无线电保持联系。该旅的 3 个团中的 1 个团急行军 25 英里追击德军侦察部队，当天失去了联系。隆美尔派出第 21 装甲师的坦克团，外加 12 门野战火炮和 4 门 88 毫米高射炮，对付英军第 4 旅剩下的 2 个团，以损失 3 辆坦克的代价摧毁英军 23 辆斯图亚特（Stuart）坦克。

德国人也犯了一个严重错误。指挥非洲军团的路德维克·克吕维尔（Ludwig Cruewell）将军收到一个错误的报告说英军先头部队正从卡普佐要塞方向赶来，他随即在 11 月 20 日早上出动所有装甲冲向那里，结果徒劳无功。

尽管坎宁汉将军得知了德国非洲军团离开的消息——这意味着轴心国阵地打开了一个大窟窿，他却并没有利用这个天赐良机。他本应该集中起装甲力量直捣西迪雷泽格机场并解除图卜鲁克之围。这就将大大削弱轴心国的整个战线。然而他却无动于衷，从而给了德军以补救克吕维尔之大错的机会。

虽然德军第 21 装甲师在西迪奥马尔附近油料耗尽，直到黄昏时分

①　轻骑兵的冲锋（Charge of the Light Brigade），指克里米亚战争巴拉克拉瓦战役中，由卡迪根勋爵（Lord Cardigan）带领英军轻骑兵向俄军发起的冲锋。在战斗中，英军付出了沉重的代价，却没有实际得益。丁尼生勋爵为此写下了作品《轻骑兵的冲锋》，在字里行间中突出了轻骑兵的英勇，诗作亦成为这场冲锋受后人铭记的原因。此处为用典。

才得到补给，但第 15 装甲师杀回了西南部，在当天下午撞上并重创了仍停留在加布尔萨勒赫的英军第 4 旅。坎宁汉命令第 22 装甲旅前往增援，但是从比尔古比到那里足有 28 英里的距离，直到战役结束之时，他们才赶到。然而，英军第 13 集团军的步兵坦克旅在第 4 旅的东边仅有 7 英里的距离，而且很希望能驰援，但是，因为它们是"步兵"坦克，坎宁汉没有召集它们增援。

虽然隆美尔对于克吕维尔轻率出击卡普佐要塞的行为大为光火，但他也看到，英军第 8 军并没有转移到安全空阔的地方，其在西迪雷泽格机场的第 7 装甲旅和支援部队处于危险状态。他们被德军第 90 轻型师阻截在去图卜鲁克的路上，而坎宁汉却没有采取任何措施保护其后方。因此，隆美尔在第二天早上（11 月 21 日）命令非洲军团赶上他们的尾巴，企图歼灭之。

英军第 30 集团军的诺里将军一直盯着图卜鲁克，却没有注意到他的后面。他计划在 11 月 21 日早上派第 7 坦克旅及其支援部队，与从图卜鲁克出来的部队一起，以坦克开路，向图卜鲁克出击。

然而在早上 8 点时，诺里却发现德军装甲正从南面和东面逼近西迪雷泽格。诺里并没有把全部装甲部队派出去应对威胁，而是让第 6 皇家坦克团继续进攻图卜鲁克，并将其他两个团——第 7 轻骑兵团和第 2 皇家坦克团——去迎战克吕维尔。结果是个灾难。第 6 皇家坦克团遭遇德军第 90 轻型师的火炮，被彻底打败；同时隆美尔亲自指挥 88 毫米高射炮猛轰试图从图卜鲁克突围的英军坦克，击毁数辆步兵坦克，阻止了其前进。

与此同时，在西迪雷泽格东南面，德军第 15 装甲师在英军第 7 轻骑兵团和第 2 皇家坦克团之间楔入 7 英里宽的楔子。这就使德军第 21 装甲师占据了优势，几乎把被孤立的第 7 骑兵团彻底歼灭。在补充油料之后，德国非洲军团当天下午又杀回来，进攻第 2 皇家坦克团，以反坦克炮对英军装甲的正面和侧翼进行打击。反坦克炮造成该团大量伤亡，直到从加布尔萨勒赫姗姗来迟的第 22 装甲旅赶到，该团才避免了全军覆没。第 4 旅则直到第二天才赶到。

英军支援部队的炮火阻止了德国非洲军团夺占西迪雷泽格机场的企图，但是德军装甲集团军已然处在被拿破仑称作"中心位置"的两支敌军中间的位置，两者均受制于中间的力量。也就是说，德国非洲军团处在位于一边的英军支援部队和第 7 坦克旅剩余部队，和另一边的从南边赶来的第 22 和第 4 装甲旅之间。隆美尔发现，非洲军团可以依次消灭两边的部队，遂命克吕维尔在第二天发起进攻。

但是克吕维尔却并没有意识到非洲军团占据的极为有利的位置。他又一次犯了一个愚蠢的错误。他原本计划趁夜将非洲军团向东开进，以便取得"完全机动的自由"。得到隆美尔的命令后，他又犯了第三个错误。他并没有把整个军团拉回中心位置，而是派第 15 装甲师前往西迪雷泽格东北 20 英里的甘布特（Gambut），派第 21 装甲师在机场已被约 7 英里的贝勒哈迈德（Belhamed）和扎阿弗兰（Zaafran）之间重新集结。

这样克吕维尔就把两个装甲师分开了 18 英里，从而放弃了中心位置，英军第 30 集团军得以集中起剩余的 180 辆坦克。

11 月 22 日约中午时分，隆美尔到达第 21 装甲师，发现他的装甲已被分开。但他决定无论如何也要把英军支援部队从机场赶出去。第 21 装甲师的步兵和火炮从北面进攻西迪雷泽格，把英军支援部队封锁在原地，隆美尔又出动装甲团，携大量 88 毫米高射炮和 50 毫米反坦克炮向西南进军，袭击英军阵地的西翼，占领了机场，并消灭部分支援部队。

英军这一次还是没有集中使用他们的坦克：第 22 装甲旅前来帮忙，但第 4 装甲旅却莫名其妙地踌躇不前。在英军第 22 装甲旅撤退前，德军的 88 毫米高射炮和反坦克炮摧毁了其半数坦克。当第 4 装甲旅在硝烟密布中终于赶来参加战斗时，已经无法再挽回局面。

此时的英军认为机场守不住了，决定向南撤退并等待已经获命向北开进的第 1 南非师，11 月 23 日早上，只有该师的第 5 旅赶来。

与此同时，克吕维尔携第 15 装甲师返回，并在英军第 4 装甲旅刚刚退进防御工事时，从东面对其发动进攻。德军夺取了该旅指挥部，俘获大量人员和坦克，给该旅以沉重一击，第二天时，他们已无法重新集结。

非洲军团取得了对战场的控制权。第 15 装甲师驻在西迪雷泽格以东 15 英里的比尔西亚夫西乌夫（Bir Sciaf Sciuf）；第 21 装甲师驻守西迪雷泽格地区；意大利阿里亚特和的里亚斯特师在南边 22 英里的比尔古比附近集结。

隆美尔收到报告说，第 7 装甲师的残部已经从机场撤退，估计该师已经移动到西迪雷泽格以南约 20 英里处。11 月 23 日，意大利部队向东北运动，德国非洲军团向南和向西开进，包围了英军第 7 装甲旅和第 5 南非旅，眼看即可歼灭。

然而，当隆美尔的命令到达时，克吕维尔已经按照自己的计划行动了，这说明了，即便是指挥官最好的想法，也可能被不理解其意图的下属给破坏了。

与此同时，英军第 13 集团军的第 2 新西兰师已经径直从东边开进直取卡普佐要塞，还派出其第 6 旅沿一条阿拉伯沙漠小道——卡普佐小道（Trigh Capuzzo）——向西进军。11 月 23 日天亮后不久，克吕维尔离开军营，该旅在西迪雷泽格以东 25 英里的加萨阿里德（Gasr el Arid）无意中撞上了德国非洲军团的总部，在一番激战后将其夺下。非洲军团遭遇的人员伤亡和无线电联络的损失使隆美尔在接下来的日子里极为不利。

克吕维尔欲图歼灭英军第 7 装甲师和第 5 南非师的计划是愚蠢的。他命令第 21 装甲师的步兵和火炮守住西迪雷泽格以南的悬崖和机场，同时让该师的装甲团与第 15 装甲师一起在英军第 7 装甲师和南非旅的后方形成大范围包抄，并与正从比尔古比运动过来的意军阿里亚特和的里亚斯特师会合。克吕维尔的想法并非隆美尔想要的全方位对敌军形成集中进攻，而是由所有集中起来的轴心国部队对英军和南非军发动一次正面进攻。

然而，正当克吕维尔的部队在 11 月 23 日清晨的大雾中向南穿越时，正好一头撞进了英军第 7 装甲师阵地的中心。

诺里将军并没有如隆美尔设想的那样将该师拉到 12 英里以南与南非军会合，而是向东南移动了数英里。英军与德军一样感到吃惊，德军坦克的到来让英军坦克惊慌四散，其他车辆也纷纷夺路而逃。该师的溃逃给了克吕维尔全歼其全部力量的绝佳机会，但是正准备与意军会师的克吕维尔却叫停了追击，还继续向西南方向做更大范围的迂回包抄。就这样，克吕维尔错失一次绝好的机会。

直到下午 3 点左右，克吕维尔才与意军接上头。他还要花一些时间整顿军力发动对现已在北边的南非军的进攻。利用克吕维尔耽搁的这些时间，南非军将其大部分火炮移动到暴露的侧翼，形成了强有力的防御阵地。

克吕维尔接着又犯了一个错误。按照德军的战术原则，在装甲部队投入战斗前，应该让反坦克炮突前和部署在侧翼以对付敌军的装甲，摧毁敌军的火炮。然而克吕维尔却没有遵循这一原则，他让坦克排成长线，让步兵乘卡车跟在后面，轻率地发动进攻。英军炮火如织。一辆一辆坦克被摧毁，整车整车的步兵被消灭。当英德两军的坦克和反坦克炮惨烈对攻的时候，德军不得不调集所有的火炮对付南非军的火炮。下午晚些时候，德军装甲终于在前线打开几个口子，坦克得以向前推进，歼灭了英军第5南非旅，杀死或俘虏3000人。当夜幕降临之时，数百辆燃烧的车辆、坦克和大炮照亮了地平线。

克吕维尔的进攻成功了，但代价惨重。德军数百步兵死亡，非洲军团损失了仅剩的160辆坦克中的70辆。尽管英军第30集团军只有70辆适合作战的坦克，而且它们较为分散（这里仅是最初的500辆坦克的一部分），但英军还有大量储备的坦克，而德军则几乎没有了。

在这次疯狂的进攻中的坦克损失使隆美尔在过去数天里高超的调兵收获的成果付诸东流。

隆美尔的进攻力量已大为削弱。但他并不打算撤退，他发现了一个绝妙的反击机会：插到英军后方，切断其补给线，并重整为在苏鲁姆—哈法雅要塞一线的局面。隆美尔希望这一出其不意的行动会使坎宁汉失去战斗力，从而放弃抵抗。

鉴于英军强轴心国弱的实力对比，这可以说是隆美尔做出的最为大胆的决定。一名更保守些的指挥官可能会选择打扫散落在战场上的第30师的残部，或者出击仍在向西往图卜鲁克运动的第2新西兰师，但是隆美尔知道，对任何部分敌人的直接进攻都将消耗他手上有限的兵力。再者，英军巡航坦克比自己的快，它们可以逃跑以避免被歼。

隆美尔看到的唯一胜利的机会就是对敌军的心脏进行致命一击。这样就能动摇敌军士气，特别是利用英军指挥官的恐惧起作用。

隆美尔把不同编制的部队拼凑在一起组成一支实力有限的部队，保持对图卜鲁克的包围。然后，在11月24日中午，他以第21装甲师向东出击，并让第15装甲师、意军阿里亚特和的里亚斯特师跟进。

这次出其不意的进攻将面前的英军第7装甲师和第1南非师打散了，在5个小时内，隆美尔就推进到60英里以外，哈法雅隘口以南20英里的位于边境地带的谢费尔增井（Bir Sheferzen）。隆美尔立即派出一个战斗小组穿越边境地带一直延伸到哈法雅的分隔网和地雷带，沿海岸公路抢占英军第 8 军的撤退和补给线。

这一行动使英军第 30 集团军陷入了混乱，并导致坎宁汉恰恰做出了隆美尔希望他做的事：让第 8 军立即撤回埃及境内，但是奥金莱克将军来到了第 30 集团军指挥部，命令继续战斗下去。这是个勇敢的决定。奥金莱克手下的指挥官们被隆美尔的突袭搞得惊慌失措，能想到的就是逃跑，但是奥金莱克知道，隆美尔的力量事实上基本耗尽，而第 8 军却还有大量尚未投入战斗的力量，包括在后方军火库里的大量坦克。当其他很多指挥官纷纷想要逃跑时，奥金莱克却有坚定的勇气继续战斗。这一决定也注定了隆美尔的失败。

奥金莱克很清楚，必须撤换掉坎宁汉，于是在 11 月 26 日，他任命自己的副总参谋长、陆军中将尼尔·里奇（Neil Ritchie）指挥第 8 军。这就保证了无论遇到什么风险，战斗都将继续下去。

隆美尔自己乘坐的车因为发动机故障被滞留在边境线的另一边。好在克吕维尔的指挥车——一辆从英军手中缴获的伪装的小货车——经过这里接上了他。夜幕降临后，德军指挥官们找不到穿越边境地区地雷阵的出路，于是他们和随员们一起，伴随着来来往往送信的印度骑兵和穿梭不停的英军坦克和卡车一起过了一夜。拂晓时分，他们悄悄溜走，穿过边境回到利比亚。

回来之后，隆美尔发现第 15 装甲师仍未到达边境，而阿里亚特和的里亚斯特师也在西边停下来迎战第 1 南非师的 1 个旅。另外，运输燃料和弹药的后勤部队也没有到达。此时的隆美尔无法实施派出一个战斗小组夺取哈法雅隘口东南 25 英里的哈巴塔（Habata）的计划，那里是英军新建的供给铁路线的终点站；也无法派兵截断从哈法雅的悬崖向东南延伸到埃及的英军补给和撤退的路线。他的迫使英军撤退的赌注失败了。即便如此，隆美尔还是顽固坚守，等待机会出现对英军致命一击。

与此同时，英军第 13 集团军以第 2 新西兰师和 9 辆步兵坦克打头阵，向西直奔图卜鲁克。这样，留下来防御西迪雷泽格地区的东拼西凑的部队很快就面临巨大压力。11 月 25 日，新西兰部队夺取图卜鲁克边界东南方向仅 9 英里的贝勒哈迈德（Belhamed）。第二天晚上，图卜鲁克守军冲破了轴心国的包围，占领了位于悬崖顶部的埃德杜达（Ed Duda），这里距新西兰部队只有几英里远。

装甲集团总部疯狂发电要求装甲撤回，但隆美尔却不愿就此放弃。他命令克吕维尔向北出击，由西边的第 15 装甲师和东边的已经在哈法雅的第 21 装甲师扫清苏鲁姆战线，但是第 15 装甲师已经退回苏鲁姆以北 15 英里的巴迪亚（Bardia）加油去了。同时，第 21 装甲师因为错误理解命令，也往巴迪亚开进。

隆美尔意识到希望已然破灭，遂命第 21 装甲师回防图卜鲁克，但仍把第 15 装甲师留在巴迪亚以南。11 月 27 日早上，该师的坦克攻占了第 5 新西兰旅在巴迪亚西南 10 英里处的西迪亚则斯（Sidi Azeis）的指挥部，俘虏了指挥官、800 名士兵，并缴获了数门大炮。此役获胜后，隆美尔将第 15 装甲师也调往图卜鲁克。

在边境地带，德国非洲军团没有取得任何决定性的胜利。现在他们的兵力只相当于最初之时的一小部分，而英军取得西迪雷泽格战场的控制权后，坦克得到了修理，还从埃及补充和替换了一部分坦克。英军的坦克数量现已达到 130 辆，而德军只有 40 辆，但是隆美尔还是继续集中使用他的装甲，而英军则继续分散部署。

隆美尔希望孤立图卜鲁克守军，并在贝勒哈迈德地区歼灭 2 个新西兰旅（第 2 和第 4 旅）。11 月 29 日，第 15 装甲师迂回到西迪雷泽格南面和西面，经过一番激战，在从西南方向发起的进攻中夺取埃德杜达。阿里亚特师和第 21 装甲师准备从东面和南面进攻新西兰部队，但由于遭到英军装甲对其南翼的进攻，他们并没有什么进展。

装甲集团的士兵们已经筋疲力尽，天气十分寒冷、周围没有水源、轴心国的补给线也被破坏了。虽然新西兰部队几乎被包围了，但是强大的英军装甲对轴心国南翼的薄弱部队形成威胁、欲图冲破，第 1 南非师也正驰援而来。

隆美尔仍意志决绝，士兵们也是如此。11 月 30 日早上，第 15 装甲师在第 90 轻型师的战斗小组帮助下，从西迪雷泽格北面的悬崖向南发起进攻。至傍晚时分，他们已攻占新西兰部队的一些阵地，俘虏 600 人，缴获 12 门大炮。几乎在同时，第 21 装甲师和阿里亚特师成功阻止英军装甲从南面发起的救援进攻。

当天晚上，大部分新西兰部队成功突围，尽管德军俘虏了超过 1000 人，缴获了 26 门大炮。英军装甲和步兵向南面和东面移动重新集结，图卜鲁克再次被孤立。

从表面上看隆美尔获胜了，但是代价极为惨重。他已经没有了进攻能力，而英军的坦克实力却随着后方源源不断的海运补给而日渐增强。如果要保存部队以利再战，隆美尔就不得不解脱出来。

和进攻时同样大胆，隆美尔通过一系列巧妙的战斗把部队迅速后撤，以防英军在任何情况下包围轴心国部队并迫使其投降。

1942 年 1 月 6 日，隆美尔到达的黎波里塔尼亚边境的梅尔莎隘口（Mersa el Brega）。昔兰尼加的英军再次被疏散。1942 年 1 月 2 日，被孤立在巴迪亚的轴心国守军投降，但是在哈法雅隘口的一支残余部队直到 1 月 17 日才投降。这就大大拖延了英军的行动，特别是其补给，英军只能维持对刚从英国来的第 1 装甲师以及在阿杰达比亚的第 201 警卫旅的补给。

与此同时，由于希特勒派出纳粹空军的一支部队到西西里岛和意大利本土，遏制了英军从空中和海上对到利比亚的海路的控制，所以隆美尔的供给状况得以迅速改善。1942 年 1 月 5 日，一支载有 55 辆坦克和大量反坦克炮的意大利船队抵达的黎波里。加上已经修复的，截至 1 月

20 日，隆美尔已经有 111 辆德制和 89 辆意制坦克。英军第 1 装甲师有 150 辆坦克，但全部由缺乏经验的人员驾驶。

隆美尔决定立即反攻。为了保密，他的计划对德军和意军最高统帅部都没有透露。他禁止一切空中侦察以迷惑英军，让其为胜利而沾沾自喜。他还将坦克伪装成卡车的样子，并通过夜间急行军来集结部队。

因此，在 1942 年 1 月 20 日夜至 21 日的进攻开始时，他完全做到了出其不意。隆美尔派出第 90 轻型师的一个战斗小组和一些坦克沿巴尔比亚大道向北行进，而非洲军团则沿法里格干河（Wadi el Faregh）向内陆推进 40 英里。隆美尔希望截断英军的退路，但是在沙丘中行进十分困难，以致敌军有充分的时间逃脱，并在阿杰达比亚以东集结。非洲军团燃料已经用尽，但隆美尔还是亲自指挥第 90 轻型师的战斗小组冲进了阿杰达比亚，于 1 月 22 日占领那里，之后沿巴尔比亚大道继续向北，使英军后勤部队陷入混乱。

隆美尔试图阻击撤退中的英军第 1 装甲师，非洲军团在阿杰达比亚东北 40 英里的萨乌努（Saunnu）成功包围并摧毁了一个有 70 辆坦克的战斗小组，但该师的大部分还是逃脱了。在这次可称二战中最不同凡响的追击之一的行动中，德军装甲穷追英军装甲，把英军剩余的坦克消灭了一半多。

隆美尔让非洲军团佯攻姆斯东北 80 英里，横跨昔兰尼加突出部边缘地带的迈奇尼（El Mechili）。自从 1941 年 4 月隆美尔在首次进攻战中使用这条路线，里奇就上钩了，他调集了所有装甲前去迎敌。而隆美尔却让第 90 轻型师沿海岸疾驰班加西，在那里从第 4 印度师手中俘获了难以计数的供给物资和 1000 名俘虏。这一胜利也使隆美尔晋升为上将，但是下辖的兵力并未增加。

英军装甲军团的士兵已经精疲力竭。当里奇撤退到图卜鲁克以西仅 40 英里的加查拉并开始构筑新的防线时，德军和意军只能眼巴巴望着，他们直到 1942 年 2 月 6 日才来到这里。

隆美尔又一次以少胜多。他在加查拉驻扎下来，准备重整军队后再次发起攻势。

第 12 章　战略没有改变

随着美国参战，德国面临一个全新的战略挑战。美国潜在的实力是巨大的，但它的效益在将来才会显现。希特勒必须在两个选项中抉择：是继续进攻苏联，还是在那里转入防御，专注于将英美军队排除在欧洲大陆之外？

对雷德尔元帅来说，选择起来很容易。1942 年 2 月 13 日，雷德尔提议，德国的首要军事任务应该是由隆美尔通过埃及进入中东，同时在苏联的军队只需要做两件事：夺取摩尔曼斯克，让盟军船队无法使用这个不冻港；进军高加索地区，夺取苏联的油田。完成这些以后，通往伊朗的道路就打通了，趁此切断从那里到苏联的供给线，并与隆美尔会师。与此同时，德国的战时生产应该转移到优先保障海军和空军建造更多潜艇和其他舰船还有飞机上来，以阻断从美国来的物资的运输。

两天后，隆美尔乘飞机到希特勒设在东普鲁士拉斯腾堡的总部。隆美尔强烈要求为其增派更多部队，他想增加 3 个师以使他在北非拥有的德军部队增加一倍。他说，如果有了这些军力，他就可以打败英军，夺下埃及，将英国皇家海军赶出地中海并推进到伊拉克和伊朗的油田。

隆美尔的提议强化了雷德尔的呼吁，德国的战略需要向海洋转变——从俄罗斯抽身，最后将目标锁定在英国和他们新的美国盟友上。尽管在俄罗斯的战役中德军损失惨重——在 8 个月的战斗中，超过 100

万德军死亡、受伤或被俘，占了德军在苏联全部军力的 1/3，但雷德尔和隆美尔的提议仍然可以为德国挽回战争的胜利。

如果按照他们的提议，若能最终占领北非和中东，德国将获益巨大；德军的有生力量可以很大程度地保留；并可全力以赴阻止大西洋上的物资运输。由于日本的动作，美国至少需要一年的时间才能够越过太平洋发挥实质性作用，而且他们还需要更长的时间建造足够的船只、登陆艇，打造航空队和进攻西欧的部队。到那时，德国可能会更加强大、更具抵抗实力。

但就在雷德尔和隆美尔提出建议时，希特勒却拒绝考虑。这一最终决定也否定了任何达成妥协方案的希望。他清楚地表明，他最想要的是摧毁苏联红军并铲除其力量源泉。这一目标完成后，可能会继续其他议程，但是现在，东线德军应该予以优先考虑，德国的经济力量要用在重新武装这支军队上，而不是建造更大的 U 型潜艇舰队和空军，也不是增援隆美尔。

结果，在 1942 年开年之际，希特勒继续将自己的战略关注点避开西方，而继续锁定在摧毁苏联上。英国和美国尚且不知道这一点，但他们已然被赋予了一个长期的回旋期限和一个绝好的机会来增强自身的实力。

在珍珠港的失败让美国人极为震惊和愤怒，然而，至于是否应该在粉碎"旭日之国"（日本）之前将矛头对准德国，仍然有争议。丘吉尔首相担心美国会选择将日本而非德国作为主要敌人，于是在日本袭击珍珠港几天后就造访了华盛顿。

随丘吉尔一起乘坐约克公爵号（Duke of York）的是一个庞大的访问团，他们的任务是与美国一起制定联合战略。这些代号为"阿卡迪亚"（Arcadia）① 的会谈再次确认在 1940 年冬天 ABC－1 美英会谈中确定的"德国优先"的政策；并成立了美英联合参谋长委员会，该机构由两国军队的首脑组成，是指挥战争的联合权威机构。

但是，在美国全力对付日本之前先打败德国这一大体计划上取得一致，并不意味着英美两国领导人毫无分歧。事实上分歧很快就出现了，以美国陆军参谋长和总统重要的军事顾问乔治·马歇尔（George C. Marshall）将军为首，美国人想渡过英吉利海峡直接进攻德国，在海滩上与德军来一场硬打硬拼的战斗，然后把他们赶回德国并歼灭其军队。而英国由于兵力较少、资源有限，更倾向于取道地中海的间接方式，丘吉尔形容那里是"轴心国的软肋"。

双方各有各的理由。跨过英吉利海峡直接出击是打击德国要害的较短路线，但是英国人相信更远的迂回路径也许是最保险的路径。明显不过的是，且不说直接进攻的战事将最为激烈，因此将造成人力和物力的巨大损失，它还将把德国人推回到他们的物资供应地，而不是切断其赖以抵抗的供给来源。

地中海战略的优势在于能打击德国人的薄弱之处。美国人太担心意大利人，他们的武器太陈旧，战争欲望并不确定，只要有机会就很可能投降。另一方面，考虑到多山的地形，在意大利"靴子"上作战将是极其困难的，而如果进军巴尔干的话又很难触及德国的要害，那里群山连绵、道路崎岖且缺乏铁路线。

英美两国之间围绕到底集中打击哪里的争议耗费了大量时间，并产生了不愉快。

在"阿卡迪亚"会谈中，英国人取得了美国人对入侵法属北非（代号为"超级体育家"）的勉强同意。而这种迂回方式正是马歇尔将军所

---

① 又被称为"第一次美英首脑华盛顿会议"。

反对的。他和陆军部长亨利·史汀生（Henry L. Stimson）成功地将"超级体育家"行动推迟到 1942 年 3 月进行，但这一胜利却只是暂时的。

当时美国人和英国人最关心的是大西洋之战（Battle of the Atlantic）的新阶段。德国 U 型潜艇在美国海岸外游弋，1942 年 3 月，它们在加拿大的圣劳伦斯河口击沉了 79 艘船只，总重 42.9 万吨，2 个月后又击沉 123 艘船只，总重 56.9 万吨。

1942 年前半年，德军潜艇的威胁让美国和英国领导人感到恐惧，但这种恐惧转瞬即逝。盟军自己有两项主要资产，以及一项拜希特勒所赐的"资产"。它们是：第一，同盟国（主要是美国）巨大的生产能力，造船厂中有 700 万吨的船只正在建造中；第二，虽较缓慢但稳定投入的驱逐舰、护航驱逐舰、轻巡洋舰以及用来为盟军船队领航和使用如声呐和雷达等武器来在黑暗中或恶劣天气中定位德国 U 型潜艇的护航航空母舰。

希特勒所赐的"礼物"是他压制 U 型潜艇的生产。为了对付同盟国下水的船只，德军每个月都不得不损失 60 万吨的船只。这就需要每个月补充 19—20 艘新的 U 型潜艇以弥补所损失的，但是希特勒意志决绝地聚焦在陆军上，U 型潜艇建造到必要数量的希望幻灭了。结果，盟军的海员逐渐取得先手，到 1943 年年中，他们赢得了大西洋之战。

对希特勒而言，1942 年初的几个月是他改变战略方向的最后机会。即便是在这期间的最后关头，他还是有可能改变战争的进程的：如果他在苏联转入防御，就像德国人在第一次世界大战中运用的战略那样；如果他把德国大部分的资源用在大西洋之战和帮助隆美尔夺取苏伊士运河和中东上。

陆军总参谋长哈尔德想在俄罗斯转入防御，他甚至反对雷德尔元帅提出的在 1942 年的有限目标——夺取高加索油田和摩尔曼斯克。但无论是哈尔德还是元首的其他亲近的军事顾问，他们都没有看到地中海南海岸的机会仍然在向他们招手。

正如隆美尔恼怒地写道：

很显然，最高统帅部的观点和他们在 1941 年时表达的并无二致，也就是说，非洲是"注定要失败的事业"，在那里进行任何大规模的物资和兵力投入都不会有任何回报。这真是令人悲哀的愚陋之见。而事实上，他们无比焦虑地形容为"无法逾越的"补给困难远非如此。德军真正需要的就是在罗马有个真正有权威的人物，能够有权威并付诸行动，去应对和清除任何困难。

但是没人能改变希特勒摧毁苏联的坚定决心。雷德尔元帅得不到想要的潜艇。而隆美尔将军——被忽视的德国军事天才——如果想要改变历史进程，就必须增加 3 个德国和 3 个意大利装甲或摩托化师。然而，在即将展开的战役中，隆美尔却几乎做到了。

第 13 章　进军阿拉曼

在将近两年的时间里，轴心国浪费了在地中海的巨大战略优势。当英军船只不得不绕道好望角航行 1.2 万英里路程的时候，意大利和德国船只只需要穿过西西里和的黎波里之间的西西里海峡之间仅 300 英里的海上通道。

而随着时间推移，英军已经在利比亚东部建立了一支有 7 个师的军队，全部为机械化部队，其坦克数量相当于轴心国的两倍，他们准备发起一次大规模进攻，把轴心国势力赶出非洲。

意军和德军甚至没有清除英军在马耳他的基地，这个岛正好位于意大利和的黎波里之间的航道中间，从那里出发的英军飞机、军舰和潜艇经常击沉轴心国的补给运输船。

难怪隆美尔为没能夺取马耳他而怒不可遏，他曾提议"由自己的部队执行这一愉快的任务"，但遭到回绝。

隆美尔同样愤怒的是希特勒拒绝给他增派 3 个师。墨索里尼只派了 1 个摩托化师和 2 个装甲师，意大利的坦克不堪一击，根本无法胜任坦克战。在利比亚的其他意大利部队都是全靠步行的步兵，在沙漠战中，他们如同鸡肋，反添麻烦。

因此，因为缺乏决断而不是缺乏实力，轴心国在地中海的阵地正处在被清除的边缘。

然而，看起来势在必得的英军的胜利并没有在 1942 年的春夏之际到来，仅仅是因为隆美尔凭一己之力的干预。这位指挥官手上兵力有限，然而他却出神入化地几乎赢得全胜。

世界应该庆幸，希特勒被自己的执念和仇恨占据了头脑，而无视隆美尔取得的成就，从而没有给隆美尔增派其需要的有限的兵力。如果他同意了，他可能就会以议和的结局而剥夺隆美尔发挥军事天才的机会。即使在 1942 年夏秋，当德军在苏联的攻势正在瓦解时，这种可能仍是存在的。

希特勒对地中海形势的主要考量是稳住墨索里尼，让其继续参战。他察觉到意大利人在寻找各种借口打退堂鼓，1941 年年末，他把第 2 航空队从俄罗斯派往地中海，把 23 艘 U 型潜艇也从大西洋派了过去。尽管他的主要目的是帮助墨索里尼，但这还是戏剧性地缓解了隆美尔的补给状况。

U–81 潜艇击沉了英国皇家方舟号（Ark Royal）航空母舰，U–311 击沉了英国巴勒姆号（Barham）战列舰。意大利的西勒号（Scirè）潜艇也重创了英军地中海舰队的最后两艘战列舰伊丽莎白女王号（Queen Elizabeth）和勇士号（Valiant）。

第 2 航空队和一些意大利飞机对马耳他狂轰滥炸。岛上的食品、水源和军需品供给下降。德军轰炸机摧毁从航母上起飞的飞机。英军第 10 潜艇舰队被迫离开该岛。隆美尔开始得到足够的供给。

意军最高统帅乌戈·卡瓦莱罗（Ugo Cavallero）将军开始策划对马耳他的空海联合进攻（代号"大力神行动"，Operation Hercules），但意大利人要依靠德国人的帮助，尽管希特勒一开始同意了这个想法，但他很快又反悔了，他担心意大利海军和空军在德国伞兵部队降落在该岛后弃之于不顾，他还把第 2 航空队调回了俄罗斯。

到 1942 年春天，英军已在加查拉集结了 7 个摩托化师，其中 2 个为装甲师，拥有 900 辆作战坦克，留作预备队的则更多，形成了两倍于隆美尔装甲部队的兵力。隆美尔有 560 辆坦克，但有 50 辆是 Mark II 型，还有 240 辆根本不是英军坦克对手的意制坦克。

此外，英军还投入了 170 辆具有决定性优势的美制格兰特·李坦克，在车体的一侧设有一个 75 毫米的高速火炮和一个安装在炮塔内部的 37 毫米火炮，装甲厚度达 57 毫米。英军另外还储备了 230 辆格兰特·李。格兰特坦克的缺点是其车身巨大，75 毫米火炮的转动幅度有限。德军能与之大致匹敌的是 19 辆新式 Mark III 特型坦克，它们装有长筒高速 50 毫米火炮，装甲厚度为 50 毫米。配有炮筒较短的 50 毫米火炮的旧的 Mark III 型坦克，与装配短筒 75 毫米火炮的 Mark IV 型坦克一起，构成了隆美尔坦克的主力。它们会被格兰特坦克的火炮在远距离摧毁，而德军的这两种坦克在这么远的距离却根本无法打穿格兰特的装甲。

英军还为摩托化步兵配备了新的 6 磅（57 毫米）反坦克炮，其穿透力比德军的 50 毫米反坦克炮强 30%。德军的 88 毫米高射炮仍然是双方武器中最强大的坦克杀手，但是隆美尔手上只有 48 辆。

德军集结了 542 架飞机，而皇家空军为 604 架，但是，经过改进的 Me－109 战机强于英军的飓风战机和美国制造的 P－40E 小鹰（Kitty-hawk）战机，因此纳粹空军在战役的开始阶段还是掌握了制空权。

英军的阵地长 30 英里，由第 13 集团军驻守，地雷密布，现由被称为"轰炸机"的陆军中将戈特（W. H. E. Gott）指挥。该阵地从地中海边的加查拉延伸到比尔哈凯姆（Bir Hacheim），第 1 自由法国旅的 4000 人和一支小型犹太旅在那里形成了稳固防守的"箱子"（或叫环形防御前沿）。

往北 10 英里处，第 1 南非师构筑了一个坚固的阵地。然而在其下方，英军第 50 师的 3 个旅分散驻守哨所，而仅以地雷阵为侧翼。其中有两个防御哨所是暴露在最外面的：位于戈特埃瓦勒布（Got el Ualeb）的该师第150旅，这里位于东西向的阿拉伯商道卡普佐小道以南数英里处，以及再往南60英里处位于比尔哈凯姆的自由法国旅的防御哨所。

位于加查拉东南约30英里和第150旅的防御哨所以东12英里的是骑士桥（Knightsbridge）哨所，由第201警卫旅把守，此处正好位于卡普佐小道和南北向的阿拉伯小道的交汇处。骑士桥哨所以东约20英里、图卜鲁克以南70英里，是由第5印度师的部分兵力防守的阿德姆（El Adem）哨所。

加查拉防线让人回想起第一次世界大战中西线强有力的防御阵地。那是英国将军们与步兵而非机械化部队一起作战的紧密结合的产物，但是一条静态的防线在沙漠战中是注定要引致灾难的。正如隆美尔所指出的，在北非的任何阵地都有一个向南敞开的沙漠侧翼，因此也就总可以有所图。要想在沙漠中取得胜利，就必须以攻代守。

防御哨所也可能被绕过去或者被包围，进而被迫投降。另外一个问题是，英军新近向前推进的铁路末端和供应基地贝勒哈迈德位于加查拉防线以东仅45英里。考虑到这里巨量的供给物资，英军指挥官们担心以任何方式调动装甲部队都可能暴露贝勒哈迈德。

英军在加查拉防线后方储备了一支机动化预备队：第30集团军的第1和第7装甲师，仍由诺里中将指挥，有3个巡航坦克旅（其中包括格兰特·李坦克），但是，英军还是继续将其装甲分散部署，让2个步兵坦克（大部分为玛蒂尔达）旅支援第1南非师和第50师。

德军情报清楚地显示，英军正在为进攻做准备。由于德军南翼空旷开阔，英军装甲若大胆从那里进攻，包抄轴心国供给线的后方，则将迫使隆美尔的军队放弃阵地。而由于多数意大利军队是非机动化的，撤退起来将会非常困难。

"但是英国人不会有机会抓住他们的机遇，"隆美尔写道，"因为我决定抢先进攻。"

　　奥金莱克和尼尔·里奇勋爵指挥的第 8 军并未准备好发动进攻，他们把装甲做防御性部署以防隆美尔的袭击。奇怪的是，奥金莱克认为隆美尔不太可能从并未设防的南翼进攻，而是会沿卡普佐小道直插中心地带。他建议里奇把 2 个装甲师集中部署在这条小道上，这样就可以针对这一线的来敌而运动，或者当敌军从侧翼进攻时也可以掉转方向应对。

　　然而里奇却没有这样做，他把第 1 装甲师（包括第 2 和第 22 装甲旅）部署在卡普佐小道附近，而派第 7 装甲师，连同其唯一的第 4 装甲旅，向南去支援在比尔哈凯姆的法国人和守卫在其东边数英里阵地的第 3 印度摩托化旅。就这样，到战役开始时，英军装甲已被分成 3 部分：北边的 2 个步兵坦克旅（第 1 和第 32 旅），中间的第 1 装甲师以及南边的第 7 装甲师。

　　隆美尔一直在策划从南翼发动进攻，但是为了掩盖这一行动，他让卡车和坦克形成弧线绕到加查拉防线后方以迷惑英军，让他们以为隆美尔在那里集结装甲。在进攻开始之前，隆美尔在白天派出所有摩托化部队朝意大利步兵师方向移动，沿英军加查拉防线充分亮相，而到了晚上又把他们调往集结地点。

　　隆美尔的进攻部队包括德国非洲军团（第 15 和第 21 装甲师）、第 20 意大利摩托化集团军（阿里亚特装甲师和的里亚斯特摩托化师）以及第 90 轻型师。全体部队拟在比尔哈凯姆附近形成包围。意大利人要猛打猛冲，通过突然袭击夺下比尔哈凯姆，从而打开一个不宽的供应走廊，而德国非洲军团则直接进攻阿克罗马和海岸，截断并摧毁加查拉防线上的敌军装甲和部队。与此同时，第 90 轻型师用装上飞机发动机的卡车来模拟制造坦克行进时卷起的尘土飞扬效果，冲向图卜鲁克东南约 15 英里的阿德姆—贝勒哈迈德一带，切断英军的补给和增援。

　　1942 年 5 月 26 日晚上，为转移敌军注意力，意大利步兵在德国将军克吕维尔的指挥下对加查拉防线发动正面进攻。之后，隆美尔的机动部队乘着1万辆车在月夜中伴着尘与沙倾泻而出。纳粹空军的飞机在比尔哈凯姆投下照明弹为司机们指明英军防线的边缘。到破晓时分，他们未遭遇任何抵抗，机动部队到达比尔哈凯姆东面，之后德军全速向英军后方包抄。意大利人掉过头来猛打比尔哈凯姆，但被地雷阵和法军的反坦克炮火阻截住了。

到了5月27日上午10点，第90轻型师已夺取阿达姆和一堆一堆的供给物资，但是也在这一带与英军展开了激烈战斗。

与此同时，现在已由瓦尔特·内林（Walter Nehring）将军指挥的非洲军团在比尔哈凯姆东北15英里靠近比尔艾哈马特（Bir el Harmat）的地方与英军第4装甲旅遭遇。与隆美尔的命令相悖，内林的装甲在没有炮火支援的情况下就发起了进攻。他们被75毫米格兰特坦克火炮的远距离穿透力震蒙了。一辆接一辆坦克陷入火海或是被打残。直到派上反坦克炮和88毫米高射炮之后，德军才得以继续前进。现在德军坦克终于包围了敌军侧翼，最终击溃了英军旅，其残部向阿德姆溃逃。

就在英军第4装甲旅溃退时，德军第21装甲师向北开进，在一场持续40分钟的战斗中击败第3印度摩托化旅，还把几英里外守卫阵地的第7摩托化旅打得七零八落。

接近中午时分，英军第22装甲旅从北边赶来。率领先头部队的一名军官写道："登上一片小高地，我们能看到在东边的地平线上，一大片的车辆正向南伸展，直到目光所及的雾霭之中。"那是德国非洲军团正向卡普佐小道进军。

孤立无援的第22装甲旅被德军装甲师咬住，遭一顿暴打之后也溃退而去。非洲军团进军卡普佐小道并遭遇了第三个英军装甲旅（第2装甲旅），他们从西边打过来，但与不顾一切地从东边打过来的第1坦克旅并没有协同。

当 60 辆玛蒂尔达和格兰特冲进德军阵营中时，造成一阵混乱，并消灭了德军的一个摩托化步兵营。内林将其总部近卫部队、一组 88 毫米高射炮、数量坦克和一组轻型防空炮投入了战斗。加上另外 16 门 88 毫米高射炮，德军形成了密集的火炮防线，他们摧毁了 12 辆敌军坦克，并击退了剩余敌军。这一系列进攻也切断了德军与其运输油料和弹药的补给车队的联系，非洲军团当晚被迫在卡普佐小道以北约 3 英里处形成封闭的环形防御阵地。

由于英军阻挡了向北行进的道路，轴心国军队被迫在一个极其危险的地方停了下来。另外，德军和意军能获得补给的唯一方式就是远远地绕道比尔哈凯姆。

如果英军没有把他们的力量浪费在不同的旅之间缺乏协调的独立作战上，他们很可能已经围剿了隆美尔的装甲，当时就可能结束北非战场的战役。隆美尔对第 7 装甲旅在比尔艾哈马特以南的惨败极为震惊。"对英军来说，无论我的装甲是在那里作战还是在卡普佐小道都是一样的，"他写道，"他们的部队完全机动化，使其可以迅速穿过战场到达任何面临威胁的地方。"

尽管有 5 月 27 日的失利，里奇将军在 5 月 28 日还是有另外一个绝佳的机会摧毁非洲军团，可以利用他已经部署到位的装甲，再加上尚未投入过战斗的第 32 坦克旅，通过一次集中进攻来完成，但是里奇并没有采取这样的行动，隆美尔得以重整部队。

5 月 28 日，隆美尔企图让第 90 轻型师从阿德姆一带回撤，与非洲军团一起向北发起集中进攻，但是该师被英军第 4 装甲旅纠缠而无法抽身。结果，阿里亚特师和非洲军团与英军装甲稀里糊涂地打了数回合，这些英军装甲还是继续被分成几块。到这一天结束时，非洲军团剩下 150 辆坦克可以继续战斗，意军剩 90 辆，而英军仍有 420 辆。

第 90 轻型师还是成功地趁夜撤回比尔艾哈马特，5 月 29 日早上，隆美尔亲率一支补给运输队为轴心国部队送来油料和弹药。英军在这一天又一次次地发起了缺乏协同的进攻。德军没受到什么影响，仍然保持强有力的状态。

但是隆美尔意识到，在确保补给线的安全之前，不能贸然继续向北进军，因为他们开到比尔哈凯姆以南一带的卡车正遭到英军摩托化部队的袭击。

接着，隆美尔做出了一个大胆的决定，可以说它挽救了整个战役。当其他部队转入防御时，隆美尔命令第90轻型师向西进军，而意大利部队同时沿卡普佐小道向东进军。这样一来，他就破坏了英军直接穿过加查拉防线地雷阵的补给线。

这样在戈特埃瓦勒布的第150旅防御哨所和在比尔哈凯姆的自由法国部队防御哨所就被孤立了，隆美尔决定将其一举全歼。拿下这两处即可解除南边的所有危险，给予他采取行动的自由。

然而，这个计划也有很大的风险。轴心国的装甲已经深入英军的后方，除非打开一条前进通道，否则难有作为。然而里奇通往胜利的道路却很明晰，他可以用步兵和炮兵在意大利师守卫的海岸边加查拉防线的薄弱处打开一个口子，然后向西进军割断轴心国的补给线。隆美尔几乎没有办法招架。这样一次行动将使隆美尔的装甲断绝油料，并危及在非洲的整个局势。

隆美尔对危险洞若观火，但他对自己的对手判断很准。他知道英军的将领们对机会不会像对危险那样考虑甚多。如果他们以部分装甲沿西北面的海岸公路向西进军，他们担心隆美尔会迅速向北切断其补给线。然而英军有400辆坦克外加反坦克炮，再算上其他坦克，完全能限制住隆美尔剩下的130辆德制和130辆意制坦克，直到其燃料耗尽。隆美尔很确信，英军会将目光锁定在轴心国的装甲上，并"继续把头撞向我们组织良好的防线上，从而耗尽他们的力量"。

果不其然。5 月 30 日，英军装甲发起了零星的、缺乏协同的系列进攻，但都被德军 88 毫米高射炮和反坦克炮瓦解。到当天结束时，轴心国部队已经摧毁其 57 辆坦克，并在卡普佐小道以北 1 英里的东西向的锡德拉山脊（Sidra Ridge）和南面约 5 英里的艾斯拉山脊（Aslagh Ridge）建立了稳固的防线，形成了一个被英军称为"大锅"（Caldron）的包围圈。

隆美尔因此就有了时间进攻盟军的哨所。5 月 31 日，他亲自率领第 90 轻型师、阿里亚特师和非洲军团的几个分队进攻英军第 150 旅哨所。在一个玛蒂尔达坦克团的支援下，英军顽强抵抗，但他们的处境已然无望，第二天，遭到斯图卡俯冲轰炸机的一阵猛轰，英军弹药和水源已耗尽，3000 人投降。

6 月 2 日，第 90 轻型师和的里亚斯特师进攻比尔哈凯姆哨所。这场战斗也演变为二战中最惨烈的战斗之一，整整持续了 10 天时间。法军和犹太军在野战阵地、机枪和反坦克炮掩体里以及狭长掩壕里巧妙地战斗。他们顶住了俯冲轰炸机的狂轰滥炸：9 天时间里 1300 架次的斯图卡。纳粹空军遭受重创，英国皇家空军战机仅在一天时间里就击落40 架斯图卡。

6 月 5 日，英军再一次尝试摧毁在"大锅"里的轴心国装甲，但他们仍然发动的是直接的、平淡无奇的、零散的进攻。

在北边，笨重而缓慢的玛蒂尔达坦克和瓦伦丁（Valentine）步兵坦克在大白天没有炮火支持的情况下前进，成了锡德拉山脊上第 21 装甲师的反坦克炮的最好的靶子。英军装甲被德军打成了碎片，参战的70 辆坦克中损失了 50 辆。

在东南边，第 10 印度师将阿里亚特师赶出了艾斯拉山脊。英军第22 装甲旅随即进入"大锅"，第 9 步兵旅也紧随其后到达。英军坦克遭到德军反坦克炮和大炮的密集炮火打击，撤退到艾斯拉和锡德拉山脊之间的比尔艾塔玛（Bir el Tamar）。正午时分，隆美尔发起了他最漂亮的反攻之一。在第 21 装甲师向东南冲向比尔艾塔玛之时，第 15 装甲师从艾斯拉山脊南面的布雷区的一个缝隙中出击，攻击驻守该山脊的印度部队的侧翼和后部。至黄昏时，轴心国部队歼灭了英军第 9 步兵旅，并形成了对艾斯拉山脊上第 10 印度旅、装甲师的支援部队以及北边的 4 个野战炮兵团的包围圈。

隆美尔预计，英军将领们不会从加查拉防线或图卜鲁克守军中抽出兵力对在"大锅"里包围英军的德军施加压力。他们果然没有这样做，尽管这是解救被围部队的唯一方法。

"在这么关键的时候，他们应该把所有能召集的部队都派过来，"隆美尔写道，"如果将自己的部队分成一块一块地独立行动，让敌人在每次行动中都集中自己的优势在决定性的时刻对其各个击破，那么拥有总体优势又有何用？"

到 6 月 6 日结束时，非洲军团已经摧毁敌军 100 辆坦克，歼灭了第 10 旅，俘获 3100 人，缴获 96 门加农炮以及 37 门反坦克炮。英军只剩下 170 辆坦克。

这次防御战突破了英军在"大锅"中的阻挡，打开了一条快速进军的道路，但是隆美尔决定在向前冲之前，首先扫清比尔哈凯姆。

6 月 8 日，第 15 装甲师的分队与轴心国的其他部队协同，对由极富激情的皮埃尔·科恩格（Pierre Koenig）领导的自由法国旅发动全方位的猛烈进攻。这支德军战斗群（Kampfgruppe）终于在 6 月 10 日粉碎了该旅的主阵地，但是大部守军还是趁夜突围并被英军第 7 摩托化旅接应。这也证明了要想制伏一支意志坚定之师有多难。该旅只有 500 名士兵落入德军手中，其中大部分都是伤员。

现在，隆美尔通往英军要害之处的道路已经打开，尽管里奇调来了增援部队，坦克数量也达到了 330 辆，相当于非洲军团剩余坦克数量的两倍，但是德军已经嗅到了胜利的气味，而英军已经元气大伤。

1942 年 6 月 11 日，第 15 装甲师向东北进军阿德姆，人数降至 1000 人的第 9 轻型师在右，的里亚斯特师在左。傍晚时分，部队已达阿德姆的南面和西面，与英军第 2 和第 4 装甲旅迎面相对。

隆美尔命第 21 装甲师于次日迂回到东北方向并袭击敌军装甲的后部。英军坦克部队并未意识到，当整个轴心国部队都在移动的时候自己绝不能静止不动，他们陷入了包围。德军反坦克炮压上前来开始系统地执行计划。当地 22 装甲旅从北边赶来增援时，已经为时已晚，他们被德军第 21 装甲师和的里亚斯特师缠住，遭遇重创。

两个被包围的英军旅试图逃脱，第 2 旅与第 22 旅一起向数英里以北的"骑士桥"哨所撤退，尚且有一定秩序，但第 4 旅的撤退变成了溃败，其间损失了主体的兵力——120 辆坦克。

第二天，隆美尔转而北进，目标直指"骑士桥"哨所，但是英军终于意识到，在开阔的沙漠之中，这些防御哨所与其说是堡垒不如说是监狱，他们撤退了，德军坦克一路紧咬英军逃窜的装甲。到傍晚时分，里奇只剩下 100 辆坦克，隆美尔首次在坦克数量方面占据了优势。他还掌控了战场主动权，收缴了许多坦克。

由于德军大肆侵入后方，所以加查拉防线上的英军面临被切断的危险，在里奇的命令下，他们在 6 月 14 日早上开始撤退。同一天上午，隆美尔急派非洲军团经过阿克罗马在当天晚上封锁巴尔比亚大道，截击退却之敌。

但是德军的坦克手们已经精疲力竭，当天结束时，才在高速路上行进了很短的距离。当夜，南非部队的大部都逃走了，他们迅速撤往埃及边境。英军第 50 师的残部向西突破了意大利人的防线，绕了一个大圈向南移动，然后转向东奔向边境。

被击溃的英军装甲旅现在根本不是德军装甲的对手，他们撤回了埃及。非洲军团包抄到由第 2 南非师和其他部队守卫的图卜鲁克防御外沿，夺取了图卜鲁克以东 25 英里坎布特（Gambut）的几个机场。此举迫使英军飞机继续向东回撤，离开图卜鲁克远远的。德军装甲随即掉头杀回图卜鲁克。

图卜鲁克要塞已成为英军抵抗的标志，隆美尔志在必夺。英军眼睁睁看着德军装甲从这里经过，却不曾料到会遭遇攻击，但是隆美尔却以迅雷不及掩耳之势于 6 月 20 日在火炮和俯冲轰炸机的配合下敲开了其南部防御边沿的一个窟窿，步兵则跟进扩大了这个窟窿。德军装甲倾泻而入，直奔城中心并击溃了惊慌失措的守军。第二天图卜鲁克陷落，德军俘获 3.5 万人。这次损失也是英军在二战中遭遇的第二大损失，仅次于日军占领新加坡对其造成的损失。希特勒对此颇为满意，他将隆美尔擢升为元帅，但是隆美尔却写信给他妻子说："与其如此，我更愿意他多给我一个师。"

图卜鲁克的意外失守让里奇极为震惊，以至于它放弃了在边境线上具有潜在稳固优势的苏鲁姆和哈法雅隘口。这也说明了一名指挥官的行为方式对其对手的影响不容小觑。在储备的坦克方面，里奇拥有的数量是隆美尔的 3 倍，他在那里还有 3 个几乎没有投入使用的步兵师，而第4 个师也在路上。

但里奇还是决定要稳住再往东 130 英里处的马特鲁港。奥金莱克已经看出里奇已经不再有领导第 8 军的信心了，于是在 6 月 25 日亲自接手部队，他决定将部队撤到 110 英里以东的阿拉曼，那里距皇家海军重要的地中海基地亚历山大港只有 60 英里。

可以毫不夸张地说，阿拉曼是埃及和中东的最后防线。如果隆美尔威胁到亚历山大港，那么英军舰队就不得不放弃地中海，从而切断其到马耳他的主要供给线，英军必然放弃马耳他，这样地中海就变成了轴心国的内湖。这样隆美尔就可以获得充足的供给，为其夺取埃及尼罗河三角洲、巴勒斯坦和叙利亚提供保障。

奥金莱克的决定在伦敦引起一阵恐慌，但是他的决定可以说是精明的，从战略上讲也是英明的。奥金莱克知道隆美尔已是强弩之末。他只有少得可怜的坦克，而他的步兵力量也只是最初规模的一小部分了。阿拉曼可以抵消隆美尔仅存的优势，也就是他的用兵能力。这是因为仅仅 35 英里以南就是巨大的盖塔拉洼地（Qattara Depression），那里的盐沼和松软的沙土形成了坦克无法逾越的障碍。把英军装甲、步兵和火炮沿着并不长的阿拉曼正面前沿的防御工事部署，奥金莱克就可以阻挡隆美尔所剩无几的坦克，迫使其陷入英军所擅长的阵地消耗战中。

如果能阻止住隆美尔，那么轴心国的阵地就将很快陷入无望境地。英军离他们的补给来源地更近，并有更多的坦克、飞机、大炮和部队以备不时之需，而隆美尔却处于其超长的补给线的末端，所需的大炮、坦克和部队赶不过来。意大利人害怕挑战皇家海军，因此不敢向马特鲁港派遣船队。意大利人愿意用的港口只有班加西和的黎波里，但这就需要陆路跋涉 750 英里或 1400 英里才能到阿拉曼。

换句话说，隆美尔必须速战速决拿下阿拉曼，否则就将输掉战役。

隆美尔和奥金莱克一样，都认识到了这一无情的"方程式"的意义，他催促部队快速进军，希望在英军组织好防御之前就通过阿拉曼。但他现在却只有 40 辆坦克和 2500 名德军摩托化步兵，而其余 6000 名意大利步兵机动性更差，速度也更慢。

尽管有奥金莱克撤退的命令，但英军还是试图守住马特鲁港。隆美尔明白，现在一切皆取决于大胆、速度和他对胜利的信念对士气的鼓舞作用。6 月 26 日，他把这种心理的优势连本带利地压在了他的 3 个已经极其虚弱的德军师上，发起了一次大胆的进攻。

6 月 27 日早上，第 90 轻型师到达马特鲁港以东的海岸公路，堵截英军撤退的路线，同时，第 21 装甲师深插马特鲁以南，威胁驻守在马特鲁一带的英军第 13 集团军机动化部队的撤退路线。集团军指挥官戈特将军命令部队撤退，但是直到第二天早上才通知到驻守马特鲁港外围的 2 个师。将近 2/3 的守军在第二天晚上分散逃出，但仍有 6000 人沦为俘虏，比隆美尔的整个进攻部队人数还多。

隆美尔接着把装甲都派向阿拉曼，他们于 6 月 30 日抵达。奥金莱克已经在从海边到盖塔拉洼地之间 35 英里的沿线建立了 4 个哨所，但它们之间的地方却仅有小股机动部队把守。然而，隆美尔确信奥金莱克将坦克集中放在了洼地的北面，而并未意识到它们仍在西南面的沙漠之中，还继续全力以赴地奔向阿拉曼。

由于害怕英军坦克，隆美尔暂停了步伐以谋划进攻之策。这是一次致命的延误。他给了英军装甲充分的时间包抄到阿拉曼后面并拉开防御阵势。隆美尔仅有的一次在阿拉曼突破的机会失去了。如果他毫不迟疑地进攻的话，他可能已经奔向了亚历山大和尼罗河三角洲，可他并没有。就在这一刻，隆美尔输掉了整个非洲的战争。

隆美尔在第二天发起了进攻，这是 1942 年 7 月 1 日，星期三。隆美尔早已威震四方，这个消息把英军吓坏了。英军舰队经苏伊士运河撤进了红海。在开罗，总部匆忙销毁文件。指挥官们也歇斯底里地想要从开罗和尼罗河三角洲撤离。

非洲军团的进攻深入到了位于海岸线以南约 12 英里的代尔谢因（Deir el Shein）进攻了那里的一个哨所，而隆美尔此前并不知道这里有哨所。该哨所由第 18 印度旅把守，一直坚持到晚上，德军最终打垮了该旅并俘获大部分守军。英军装甲到达时已经为时已晚，但是还是及时发现了隆美尔准备趁夜插入到后方的企图。

从这一刻开始，轴心国在非洲已经注定了失败。隆美尔在第二天再次发起进攻，但他现在的坦克已不到 40 辆，当发现英军坦克挡住去路时，不得不停下来，另外还有其他坦克从他们的侧翼包抄过来。7 月 3

日，隆美尔又一次尝试进攻。现在他仅剩 26 辆坦克了，但还是努力向前推进了 9 英里，然后被英军火力阻截。就在当天，一个新西兰营在一次侧翼进攻中几乎缴获阿里亚特师的所有火炮，而其他的意军则逃之夭夭。这也是轴心国部队精疲力竭、紧张过度的明显证据。

终于认清了现实的隆美尔停止了进攻。奥金莱克最终掌握了主动权，7 月 4 日，他发起了反击。轴心国部队奋起抵抗，不久之后双方皆因筋疲力尽而暂停交锋，双方都渐渐重整力量。在接下来的几周里，他们来回交手，向对方的防线发起狂攻。战术形势变化不大，但是战略形势却改变了。英军一方的实力在迅速增强，而轴心国根本无法望其项背。

8 月 4 日，丘吉尔飞赴开罗，当他发现奥金莱克强烈抵制自己坚持重新发动进攻的意见后，果断换人。奥金莱克想等到 9 月份，当新来的部队了解了沙漠战之后再发动进攻。丘吉尔派哈罗德·亚历山大（Harold Alexander）将军接任中东战区总司令一职，并从英国调来伯纳德·蒙哥马利（Bernard Montgomery）将军接手第 8 军。而事实上，在坚持部队在有所作为之前必须一丝不苟地整顿军力这一点上，他比任何军官都固执。他要花的时间比奥金莱克还长，但丘吉尔不能承认自己用人不淑，也就随他去了。

8 月 30 日，隆美尔又一次发起绝地反击。攻击的地点是英军一处向南伸展的较为薄弱的工事，但是第 8 军已在该区域布了地雷阵，而且由于油料短缺，德军的机动性大受影响。隆美尔最终不得不败退。从这一刻起，轴心国部队只是死而不僵，等着英军的一记拳头将其击倒。

第14章　斯大林格勒

1942 年的斯大林格勒战役是历史上统治者自取灭亡的最具讽刺意味的例子之一。

当德国陆军总参谋长哈尔德反对这一自取其辱的行动计划时，希特勒革了他的职。只有在最后的阶段，当德国第 6 集团军被孤立，25 万人即将灰飞烟灭之时，曼施坦因才诱导希特勒给予足够的灵活性，使德军的整个南翼部队避免重蹈覆辙。

斯大林格勒战役之后，德国失去了在俄罗斯的主动权。自那以后，希特勒再也没能重整起足够的力量改变针对他的力量平衡。尽管他的士兵们浴血奋战，但是他的军队和他的帝国已经注定了日积月累、在劫难逃的毁灭。

1942 年的战役有两个突出的因素。第一，希特勒犯了在战争中最古老而又最明显的错误：他忽略了集中兵力的重要性，而在夺取伏尔加河畔的斯大林格勒和占领高加索油田两者之间分散用兵。任何一个任务对他已经疲弱不堪的军队来说都难以消受了。两处用兵不可谓不疯狂，这是因为两处兵力在相隔数百英里的不同方向分散作战，结果造成两处兵力都不足。苏联红军抓住了机会，他们阻止了德军在两处的进攻，并集中兵力应对离他们最近的威胁——斯大林格勒。

这也引出了这次战役的第二个突出因素：希特勒并不满足于自己原

来声称的并已经实现的进军伏尔加河并切断河运的目标，他反而还要求第 6 军夺取斯大林格勒。这就迫使德军集中在该城市极深的一条拐角区域末端的建筑物密集区域，俄罗斯人趁此机会诱敌深入，通过城市巷战对第 6 军进行关门打狗式的打击。随着这场大规模短兵相接的冲突继续，苏军在德军漫长而虚弱的两翼防线附近集结了大量军队，发起了强有力的反攻，将第 6 集团军围死。

苏军为反攻所做的准备明白无误，但是希特勒却不让第 6 集团军撤退，而且由于他已将其他部队派往高加索，也没有足够兵力加强位于凸角区域的侧翼。

其实在 1942 年 11 月 19 日苏军正式发起反击之前，德军的攻城之战已告失败。在第 6 集团军被包围之后，希特勒拒绝从受到较小威胁的战区调集兵力突破苏军的包围圈以解救被围的部队。曼施坦因手上有兵可用，他肩负起了救援任务，但他手上的兵力还是太少，到得也太晚了。

最终，曼施坦因没能拯救第 6 集团军，他还必须想尽一切办法施展才能、巧妙用兵，才能避免被苏联红军在罗斯托夫造成比斯大林格勒更大的悲剧，若不能，则曼施坦因的集团军群和高加索的集团军群的联系就可能被切断。

希特勒可以说在每一步都做出了灾难性的决定：最初之时将兵力分散，坚持要夺取斯大林格勒，拒绝让第 6 集团军撤退，在该军陷入包围时没能全力以赴地营救之，以及无视苏军准备孤立远在南边的德军两个集团军群的证据。

到 1943 年，希特勒作为一名指挥官的无能暴露无遗。这让苏联红军的将军们认识到希特勒可以被打败，也知道了怎样击败他。这也向德军军官证明了，既然希特勒听不进他们的话，形成僵持局面的机会微乎其微，同盟国几乎肯定要坚持全面打败德国。

东线德军在经过 1941－1942 年的越冬季节后，算上补充的军队，在前线共有 240 万人，比 1941 年 6 月战役开始时少了 60 万还多。步兵的情况最糟糕，南方的步兵人数下降了 50％，而中央和北方的步兵则下降了 65％。由于希特勒禁止清除防线上的回路和突出部，这就意味着这支虚弱的部队不得不防守一条从波罗的海到黑海的蜿蜒 2800 英里的防线。

德军的武器数量也在下降。坦克的月均生产量低于 600 辆。当哈尔德告诉希特勒苏联的坦克产量是德国的 3 倍多时，希特勒拍着桌子说不可能。"他不愿意相信那些他不想相信的事情。"哈尔德在其日记中如是描述。

对德军来说，至少 Mark IV 型坦克重新配备了长筒高速 75 毫米火炮，可以更有力地对抗苏军 T－34 坦克，但他们有将近 1/3 的大炮是陈旧的法国加农炮，做好战斗准备的飞机数量下降到 1941 年 6 月时的一半，与此同时油料和弹药的短缺日甚一日。

德军在早春时节的几次特别行动解除了苏军进行突破的危险，并解救了不少被包围的德军。

5 月 8—18 日，曼施坦因在克里米亚的刻赤（Kerch）半岛发起突然冲锋，击溃苏军的 3 个军，俘获 16.9 万人。这也诱使铁木辛哥指挥苏军由哈尔科夫向北发动了一次并不成熟的试图分散德军注意力的袭击，德军抓住机会插入苏军在顿涅茨区域的侧翼。从 5 月 17 日至 22 日的战役也耗尽了从伏尔加河到顿河之间的苏军大部分军力。德军共俘虏苏军 23.9 万人，摧毁超过 1000 辆坦克和超过 2000 门加农炮。

6 月 7 日，曼施坦因对克里米亚的塞瓦斯托波尔要塞发起了第三次进攻，双方惨烈的对抗持续了 3 周时间。在对苏军阵地狂风暴雨般地打击之后，德军俘获 9.7 万名敌军，但仍有 10 万人乘苏联黑海舰队的舰船逃离。

斯大林格勒，1942年

German-Soviet front on May 28, 1942

Extent of German advance November 1942

N

Rzhev

★ Moscow

Smolensk　Vyasma　Kaluga

Tula

Kuybysshev

Bryansk　Orel

German Soviet front
May 28, 1942

2ND ARMY

4TH PANZER
ARMY

2ND
HUNGARIAN
ARMY

ARMY GROUP
SOUTH

Kursk

Voronezh

Saratov

Volga R.

6TH ARMY

Belgorod

Kharkov

June 26–July 7

Serafimovich

Kletskaya

elevated bank

low-lying bank

Poltava

1ST PANZER
ARMY

Cherkassy

Kremenchug

Dnieper R.

Izyum

July 5–July 15

Artemowsk

Donetz R.

Chir R.

Nizhna Chirskaya

Kalach

Stalingrad

Nov 19–Jan. 29, 1943

Dnepropetrovsk

Krivoy Rog

Zaporozhye

Voroshilovgrad

17TH ARMY

Kamensk-
Shakhtinsky

Stalino

Forchstadt

Aksai R.

Volga R.

Kalmuk
Steppe

Nikolayev

Kherson

Melitopol

Taganrog

Rostov

Manych R.

Sal R.

Ergeni Hills

Astrakhan

Sea of Azov

Perekop Isthmus

CRIMEA

Kerch　Temrjuk

Anapa　Novorossysk

Manych Canal

Aug. 1–Aug. 9

Caspian
Sea

Sevastopol　Yalta

May 8, 1942
11TH ARMY advance

Tuapse

Maykop

Pyatigorsk

Mt. Elbrus
5,642 meters

Nalchik

Mt. Kazbec
5,033 meters

Terek R.

Grozny

Black Sea

Suchum

Alagir

Ordzhonikidze

C a u c a s u s

Batum

Tiflis

Baku

Kura R.

TURKEY

0　Miles　　　　　　　　　500

0　Kilometers　　　500

Jeffrey L. Ward

经过这些失败之后，苏军士气低迷，斯大林又开始催促西方盟友开辟第二战线以分散德军兵力。苏联外交部长维拉切斯拉夫·莫洛托夫（Vyacheslav Molotov）于5月26日与英国签署了一个盟约，但此约并无任何保证，也并未带来多少供给物资。

尽管陆军总参谋长哈尔德试图劝说希特勒在1942年保持防御态势，但希特勒仍坚持在苏联南部发动夏季攻势（代号"蓝色行动"）。希特勒要求博克指挥的南方集团军群从两个方向进军——1个军向东渡过顿河到伏尔加河边的斯大林格勒，4个军向南进军高加索油田。

1942年6月28日，战役正式开始。霍特的第4装甲集团军携2个装甲集团军（共计800辆坦克和自行火炮）出其不意、突破了苏军防线并在数日之内夺取沃罗涅日（Voronezh）。然后他们向东南横扫顿河西岸，沿途尽是坦克行进的理想之地——开阔而略有起伏的平原，经历夏季干旱之后土地又干又硬，间有深山故地、村庄隐于其中。德军步兵师同时向苏军发起进攻，保护装甲部队侧翼和后方的安全。霍特希望在顿河拐弯处将大量苏军包围。

当霍特的快速部队席卷到顿河时，理查德·鲁奥夫（Richard Ruoff）的第17军和克莱斯特的第1装甲集团军也于7月23日夺取了罗斯托夫。

然而，苏军指挥官还是经罗斯托夫以南的顿河以及在斯大林格勒以西45英里的卡拉赫（Kalach）撤退了多个师的兵力。希特勒迁怒于博克并解除了其职务。

希特勒此时又犯了一个无可挽回的错误。鉴于进攻战役取得的初步胜利，希特勒以为苏军已经被打垮了，于是将霍特的第4装甲集团军调往南边帮助克莱斯特的第1装甲集团军渡过顿河下游，开辟到高加索的通道。

"本来在7月底就可以不战而拿下斯大林格勒的，"克莱斯特在战后回忆时说道，"我并不需要第 4 装甲集团军的帮助，它反倒挡了我的路。两星期后，当它再次转向北进时，苏联人已经在斯大林格勒集结充足的兵力以逸待劳了。"

坦克指挥官弗里德里希·威廉·冯·梅伦廷（Friedrich－Wilhelm von Mellenthin）道出了在这次战役中几乎所有高级军官都赞同的观点。在首战未能拿下斯大林格勒之际，就应该用防御部队加强防守，而不应直接进攻。

"通过集中兵力进攻大城市并诉诸直接的攻城战，"梅伦廷写道，"希特勒陷入了苏军统帅部的圈套。德军在巷战中丧失了其在机动战术方面的所有优势，而训练不足却又极为顽强的苏军步兵却能大显身手，给德军以沉重打击。"

就在拿下罗斯托夫当天，希特勒又派出了两个新的集团军群执行新的任务。A 集团军群（包括第 17 和第 1 装甲军）由威廉·李斯特指挥，目标是夺取高加索地区的山中通道和油田；而 B 集团军群的目标则是沿顿河布防，开赴斯大林格勒，截断顿涅茨河与伏尔加河之间的路上通道，并封锁伏尔加河上的交通。

在最初的计划中，希特勒准备让 4 个集团军压入高加索，另外 1 个集团军进军斯大林格勒。而现在 3 个集团军都开赴了斯大林格勒——一个绝对比高加索油田的重要性逊很多的目标，而 2 个集团军开赴高加索。

这对任何职业军官来说都是疯狂的行为，哈尔德也向希特勒表示反对，但是元首丝毫不理会，并且无视在伏尔加河以东和高加索地区苏军集结强有力的部队的证据。希特勒将其指挥部转移到了乌克兰的维尼察（Vinnitsa），并且直接指挥南方战场的作战。

A 集团军群越过顿河下游进入了高加索地区。第 17 集团军夺取了克拉斯诺尔达（Krasnodar），渡过了库班河（Kuban River），穿过丛林密布的西高加索山区，到达黑海边的新罗西斯克（Novorossiysk）。而在其他地方，德军山地部队没能将苏军从高山道路上赶走。因为油料短缺而行动缓慢的克莱斯特的第 1 装甲军夺取了罗斯托夫以南 200 英里的迈科普（Maykop）油田，但苏军已经提前将油田破坏了。克莱斯特已经无力再进军巴统（Batum）、提弗里斯（Tiflis）和巴库（Baku），而这三座城市正好拱卫着高加索。

在 B 集团军群方面，第 2 军在沃罗涅日附近战斗，而由弗里德里希·保卢斯（Friedrich Paulus）指挥的拥有 20 个师庞大兵力的第 6 集团军则向斯大林格勒逼近。在第 6 集团军沿顿河延长的北部侧翼的部队是匈牙利第 2 集团军、意大利第 8 集团军和罗马尼亚第 3 集团军，而罗马尼亚第 4 集团军则在斯大林格勒以南的卡尔梅克（Kalmuk）干草原驻守一条脆弱的防线。因此防守侧翼的都是极其虚弱的部队，他们中没有任何一支装备良好或者受训充分。

霍特的第 4 装甲集团军已经转向东北方向，并从埃利斯塔（Elista）穿越卡尔梅克干草原奔向斯大林格勒。在该城以南约 50 英里处，霍特的进攻遭到苏军第 57 集团军和第 64 集团军的强力抵抗而未果。

苏军最高统帅部起初并没有计划守住斯大林格勒。他们原本打算将红军撤到河以东，这样德军就不得不在没有保护的干草原上过冬，但是德军出人意料的分散进攻要求苏军重新决定。斯大林撤销了铁木辛哥南方方面军司令的职务，改由安德烈·叶廖缅科（Andrei I. Eremenko）接任并保卫斯大林格勒。

斯大林格勒并非固若金汤。这座被称为察里津（Tsaritsyn，1925 年斯大林以自己的名字将其命名为斯大林格勒）的古老城市被一大堆古旧的木结构建筑、营房式的居民楼和工业设施环绕，铁路调车场沿伏尔加河西岸延伸 15 英里，并折回延展 2—4 英里。在居民楼和工厂的后面，高耸着的是水塔和谷仓。大量的平谷（干涸的峡谷或两岸陡峭的冲沟）和铁路堤防与伏尔加河西岸高耸的河岸一起构成了防御屏障，城市西面是弧长达 29 英里的森林，最宽处达 1 英里，它保护了城市，使其免受沙尘和暴风雪的侵袭。1942 年 8 月时，包括难民在内，斯大林格勒共有人口约 60 万人。

叶廖缅科有 5 个军，其中一些遭受过重创，但是斯大林却在 7 月 28 日下达了"决不后退"（Ni shagu nazad）的命令，并陆续派来增援部队。叶廖缅科得到了 11 个师和 9 个警卫旅，并从伏尔加河以东的仓库得到物资补给。他动员了 5 万市民志愿者组成了一支"人民卫队"，调派了 7.5 万居民补充到第 62 集团军，组织工人加入步枪连和坦克部队（就从制造 T—34 坦克的德谢尔辛斯基拖拉机厂将坦克开出来加入备战），调派 3000 名妇女担当护士和无线电报务员，还派遣了 7000 名 13—16 岁之间的男童加入军队编制。但叶廖缅科也下令让年龄太大或太小而不能参加战斗的人撤退——在 3 周时间里，共有 20 万人渡河到伏尔加河东岸。

保卢斯的机动先头部队于 7 月 28 日到达卡拉赫附近的顿河边，但由于苏军的强有力抵抗，直到 8 月 23 日，第 6 集团军才得以渡河。8 月 24 日，大量的斯图卡对城市日夜不停地轰炸，造成大量平民伤亡，将办公街区变成瓦砾，还点着了相邻的古老的木结构建筑。

与此同时，由独臂将军汉斯·胡比（Hans Hube）指挥的第 16 装甲师横扫到城市以西的苏军步兵以及位于巴里加德（Barricade）兵工厂正在生产防空火炮的女工旁边。1942 年 8 月 24 日晚 6 点 30 分，他们抵达斯大林格勒以北 10 英里的雷诺科（Rynok）附近的伏尔加河边。这样德军最初设想的目标就已经实现了：德军的火炮可以在雷诺科阻断伏尔加河上的交通。

8 月 27 日，斯大林委任朱可夫将军为苏联红军副总司令，命其指挥斯大林格勒保卫战。

在闷热的天气里（已经有 2 个月没下雨了），德军在坦克的支持下冲向几乎每条街上的路障。苏军从机枪掩体、大楼和瓦砾堆里予以回击。隐藏在窟窿和缝隙里的迫击炮向行进中的德军射击。苏军守卫着重要的（类似要塞的）建筑物——红色十月炼钢厂、巴里加德火炮厂、尤里夫迈格（Univermag）百货公司以及德谢尔辛斯基拖拉机厂。德军很快就精疲力竭了。物资补给缓慢且不足，弹药也面临短缺。德军进展缓慢，还频遭反击，损失惨重。斯大林格勒这个名字无论对苏军还是德军都开始具有"催眠"的作用，特别是对坚持要夺取整座城市的希特勒来说。

第 14 摩托化集团军在雷诺科遭遇苏军不屈不饶的进攻，苏军试图扫过这个北边的锚点，拔掉德军的阵地。日复一日地，苏军的 100 辆坦克和步兵部队在如织的炮火掩护下扑向德军。苏军指挥官不惜以惨重伤亡为之。唯一能保护德军的就是他们的火炮了，在苏军发起进攻前，大炮可以不时地向苏军集结区域射击一番。德军认识到不能盘踞在面向敌人的斜坡（向前的斜坡），因为这里容易遭到苏军装甲的打击。相反，他们选择在反向斜坡驻守，在主防线后面的凹陷处集结大量坦克，待敌军装甲到达山上就出击。

指挥第 14 摩托化集团军的维特斯海姆将军看到自己的力量在下降，遂命第 6 集团军撤到 45 英里以外的顿河西岸。结果，希特勒将他撤了职，因为他"太悲观了"。

德军的进攻因为受挫而中止，领导层的变动接踵而来。9 月 10 日，希特勒撤了李斯特的职，因为他的集团军群未能夺取整个高加索。希特勒并未提名接任者，而是利用自己的空余时间从最高统帅部亲自指挥该集团军群。

希特勒与哈尔德长期以来的不和终于达到了极点。希特勒斥责哈尔德和陆军总参谋部，称他们是懦夫，缺乏斗志。当哈尔德拿出证据说明苏军在斯大林格勒以北已集结了总计 150 万人以及在南高加索集结了 50 万人时，希特勒凑到他面前唾沫横飞，大声咆哮说绝不允许在他面前这样"白痴地喋喋不休"。

外表和行动看起来都像是严肃的学究的哈尔德还坚持向希特勒解释，一旦苏军的预备部队进攻从斯大林格勒突出部延伸出来的过长的德军侧翼，将会发生怎样的情况。9 月 24 日，希特勒将哈尔德撤职。

希特勒说与哈尔德的争论消耗了他一半的精力。他说，陆军需要的不再是技术上的精巧。真正需要的是"国家社会主义信念的光芒"。而他无法指望从旧的德国军队的军官们身上发现这一点。

新的总参谋长是库尔特·蔡茨勒（Kurt Zeitzler）陆军中将，他是一名坦克专家，也是一名实干家。蔡茨勒很快就洞察了希特勒总部里的派系分立和权谋纷争，变得格外谨慎，而对于希特勒将第 6 集团军继续保持在斯大林格勒的决定，他也不做任何挑战。

然而，正如曼施坦因元帅所写："一位具有远见的领导人应该在一开始就认识到，在没有充分的侧翼保护的情况下，将整个德军的进攻部队都放在斯大林格勒及其周边，一旦敌军突破邻近的防线，德军就会陷入被包围的致命危险中。"

希特勒顽固地坚持自己头脑中根深蒂固的想法：敌人已经被打垮，将不复东山再起。他不接受与此相反的证据，而且他会让任何无法实现其目标——尽管目标不切实际——的军官以及那些想要退缩更多采取防守的军官都靠边站。

斯大林格勒已经基本被摧毁了。德军占领了八成的废墟和瓦砾，但是却无法将苏军从其他地方赶走。

最主要的问题当然在侧翼。霍特将军在南边部署了罗马尼亚第 4 军团的 2 个拉得很开的军。而在罗马尼亚部队的外围则是卡尔梅克干草原上一个 120 英里宽的大口子，那里只有一个德军摩托化师勉强维持。在西边，罗马尼亚第 3 集团军、意大利第 8 集团军以及匈牙利第 2 集团军沿顿河分布于 400 英里长的防线。其中没有任何一支部队拥有可以抵挡苏军 T—34 坦克的反坦克炮。

苏军在斯大林格勒周边的 3 个方面军种集结了 100 万人，拥有 13500 门加农炮、900 辆坦克和 110 架飞机。

1942 年 11 月 19 日，大雾浓浓，苏军西南方面军总司令瓦图京（N. F. Vatutin）在斯大林格勒以西约 80 英里顿河边上的克里科斯塔亚（Kletskaya）和克里门斯克（Kremensk）伸出了一个巨大的"钳子"的一边（代号为"天王星行动"）。目标直指罗马尼亚第 3 集团军。苏军的火炮已提前瞄准目标，炮弹如雨点般落在并未准备好的罗马尼亚部队中。苏军坦克以指南针引导。罗马尼亚军只做了短暂抵抗就撤退了。德军前线出现一个 20 英里宽的巨大口子。苏军坦克如潮水般向南涌向卡拉赫。

第二天，斯大林格勒方面军司令叶廖缅科打开了斯大林格勒以南罗马尼亚第 4 集团军一个巨大的空隙。这支军队也溃散了。几乎未经抵抗，苏军的进攻部队就横扫到西北面与从顿河方向过来的苏军先头部队会合了。

如果第 6 集团军能立刻采取自主行动，则可能突出重围，能保住人员和装备不失，但是希特勒无意让该集团军撤退，当保卢斯请求其许可时，希特勒断然拒绝。

11 月 22 日，苏军第 26 和第 4 坦克军在卡拉赫附近封死了"钳子"的后部。这样一来，20 个德军师和 2 个罗马尼亚师的共 25 万人就被装在了斯大林格勒的大口袋里，这个口袋东西长 30 英里，南北宽 25 英里。

保卢斯将军请求能自由行动，但希特勒断然拒绝。希特勒指挥的这支军队就像刺猬一样蜷缩成一个大球。空军总司令戈林夸下海口说，空军会提供支援，直到新的战斗部队集结好来打破包围圈。

　　空军的高级军官们纷纷表示这不可行，但是希特勒却听信了戈林的话，对空军将领们的话不予理会。

　　就在纳粹空军试图组织空运时，苏军在第 6 集团军周围构筑了双重包围，以阻止德军从内部或外部两个方向进行突破。他们还沿纳粹空军的飞行路线部署了 395 门防空火炮，并派出了 490 架战机去击落德军的运输机。

　　第 6 集团军每日的军需物资达 700 吨。负责空运的弗里茨·莫齐克（Fritz Morzik）说，在最理想的环境下，他一天最多能空运 350 吨。他指出，整个纳粹空军才只有 750 架 Ju－52 运输机，更何况其他地方也有巨大的运输需求。尽管空军军官们调集了其他的空中运力，包括从航空学校征用的飞机，也只能勉强凑齐约 500 架，而且在任何一天中平均只能有 1/3 的飞机可以飞行。加之天气条件恶劣，运输能力进一步下降。戈林命令每天必须至少运送 300 吨物资，但是从 11 月 25 日至 29 日，第 6 集团军总共只收到 269 吨物资，从 11 月 30 日至 12 月 11 日，总共只有 1267 吨物资运达。

　　第 6 集团军的弹药供应不上，油料开始匮乏，士兵也开始饿肚子了。

　　与此同时，在北边与意大利第 8 集团军迎面相对的，由戈利科夫（F. I. Golikov）指挥的苏军沃罗涅日方面军准备着另一个——也是更加危险的——包围行动。希特勒无视这一威胁，他派出了曼施坦因担负起解救第 6 集团军的任务。

第 15 章　曼施坦因挽救部队

鉴于斯大林格勒被苏军包围，2 个罗马尼亚军团基本上已被消灭，对苏德双方的高级军官们来说，胜利的天平明显地倾向了苏联一边。

在斯大林格勒以西 100 英里处，曼施坦因沿奇尔河（Chir River）构筑了一条较为薄弱的新防线，这里距罗斯托夫仅 150 英里。而 A 集团军群的左翼已经深入离罗斯托夫 375 英里的高加索，同时位于斯大林格勒以南的第 4 装甲集团军离罗斯托夫有 250 英里。

如果苏军能突进罗斯托夫，那么它们就将切断 B 集团军群剩余的部队、曼施坦因正在组建的新的顿河集团军群，以及位于高加索的 A 集团军群的 2 个集团军之间的联系——换句话说，德军在南线的全部部队。

如果南线德军被清除，那么剩余的位于东线的德军就无法抵挡苏联红军，德国就将在不是数周就是数月的时间内输掉战争。

苏联红军也正在计划发动这样的战略性的雷霆式打击，他们选择了一个较为薄弱的进攻点：位于奇尔河西北顿河边上的意大利第 8 集团军。

曼施坦因在斯大林格勒西南 80 英里的科特尔尼科沃（Kotelnikovo）附近构筑了一条紧急防线，以霍特的第 4 装甲军的部队作为连接区域的部队，从而弥补了罗马尼亚第 4 集团军放弃的空缺位置。

尽管有苏军打击罗斯托夫的大患，但曼施坦因首要的任务还是解救第 6 集团军。只有解救了这支部队，才有希望恢复南线的战情。如果第 6 集团军继续留在斯大林格勒，那就是等死。任何解救行动的任务都是为第 6 集团军打开一条出来的通道，而不是给它重新建立补给线。当然，曼施坦因也自我说服，时机一到，希特勒会看清楚形势并允许第 6 集团军撤退的。

有两条可能的营救路线。最近的一条当属直接向西到卡拉赫。然而，苏军在这里集结了重兵，将会寸土不让。相对而言更好的机会是在科特尔尼科沃附近突围然后向东北进军斯大林格勒。

一旦解救行动在科特尔尼科沃打响，第 6 集团军的压力就会减轻，因为苏军将不得不分兵迎战德军救援部队。曼施坦因推断，一旦发生这种情况，在奇尔河的德军部队就可以打向卡拉赫，在那里突入苏军包围圈的后方，帮助第 6 集团军突围。

但时间是关键。陆军总参谋长蔡茨勒同意派由弗里德里希·基希讷（Friedrich Kirchner）指挥的第 57 装甲集团军（含第 23 和第 6 装甲师以及第 15 空军野战师）到第 4 装甲集团军，充当从科特尔尼科沃开始的解救行动的先锋；而由卡尔·阿道夫·霍利特（Karl Adolf Hollidt）指挥的新的霍利特集群（Army Detachment Hollidt）[①] 的 8 个师从奇尔河下游进军。这些部队预计 12 月初到达指定位置。

如果他们及时到达，可能就足以打开第 6 集团军的通道，为其补充油料、弹药和食物，恢复其行动自由并使其成功突围。因此曼施坦因于 11 月 28 日将情况通报了元首。

"我告诉希特勒，"曼施坦因后来写道，"从战略上讲，在敌军可以

---

① 霍利特集群为德军的集团军级集群，为德军临时编制。

在几百英里长的前线上自由行动的情况下，将我们的部队套牢在一个极其狭小的区域是不可行的。"

希特勒直到 12 月 3 日才作出答复，他拒绝让第 6 集团军从北翼调集部队到西南边为解救部队的到来做准备。曼施坦因并未意识到，希特勒根本没有将第 6 集团军从斯大林格勒撤出的打算。

大部分增援部队都没有按时到达。霍利特集群的 8 个师中，有 3 个根本没有出现，1 个装甲师草创而成不堪大用，还有 1 个空军野战师到得太晚。霍利特的部队里准时到达的只有奥托·冯·科诺贝斯道夫（Otto von Knobelsdorff）指挥的第 48 装甲集团军，下辖第 11 装甲师和第 336 步兵师以及 1 个空军野战师。而霍特的部队里只有第 57 装甲集团军到达。

部队明显不足，曼施坦因于是放弃了从两个方向解救第 6 集团军的想法。现在一切都取决于由第 4 装甲集团军从科特尔尼科沃发动的一次正面进攻（代号为"冬季风暴"计划）。

由于第 57 装甲集团军姗姗来迟，曼施坦因不得不将进攻推迟到 12 月 12 日。与此同时，一个巨大的威胁出现在奇尔河前线。12 月 7 日，苏军第 1 装甲集团军在苏罗维基诺（Surovikino）附近强渡奇尔河，这里位于尼兹纳·奇尔斯卡亚（Nizhna Chirskaya）奇尔河与顿河交汇处上游（西北）20 英里处。苏军继续向德军后方的第 79 国营农场前进。克诺贝尔斯多夫（Knobelsdorff）将军把第 336 步兵师沿河右岸（或叫东岸）排开，而空军野战师则排在左岸（或叫西岸）。

德军面临的形势大为不妙。苏军在奇尔河的突破打乱了德军向斯大林格勒的进军，清除了通向分别只有 25 英里和 50 英里远的莫罗索夫斯基（Morosovsky）机场和塔钦斯卡亚（Tatsinskaya）机场的道路，德军需要从那里向斯大林格勒运送补给物资；苏军还打开了一条通向顿涅茨河与罗斯托夫之间连接通道的道路。

赫尔曼·巴尔克（Hermann Balck）的第 11 装甲师在国营农场阻击苏军的先头部队。当他的防空火炮和工兵在农场下方摆好阵势以防苏军向南运动时，1 个装甲掷弹兵（摩托化步兵）团于 12 月 8 日拂晓从西南方向对农场发起了一次进攻。一旦苏军陷入与德军的缠斗中，巴尔克的装甲团和第二支装甲掷弹兵团就从农场西北的一座小山丘冲出，直捣苏军后方。

这次后方进攻拖住了正准备向北包抄德军第 336 师后方的苏军。德军装甲冲入苏军队伍中射击，苏军满载着步兵的卡车一辆接一辆着火。德军坦克摧毁了这支部队，然后转入国营农场苏军装甲的后方，打垮苏军 53 辆坦克，其余的坦克也四散奔逃。

在接下来的 4 天里，巴尔克的装甲师，以第 336 师为主导，挫败了苏军第 5 坦克集团军同时发起的两次进攻，其中一次在尼兹纳·奇尔斯卡亚西北 6 英里处，另一次在（奇尔河）上游 15 英里处。

12 月 17 日和 18 日两天，苏军又在奇尔河边发动了两次新的猛烈进攻。第 11 装甲师把其中一支苏军打退到一个狭窄的立足点，然后转向另一边。该师仅剩 25 辆坦克，但还是抄到行进中的苏军装甲后方，在苏军反应过来之前，摧毁其 65 辆坦克。苏军的残部也逃散了。在接下来的几天里，苏军新的进攻猛烈撼动奇尔河前线，但是第 11 装甲师就像灭火队一样，一次又一次地化解了苏军的冲锋，到 12 月 22 日，苏军放弃了进攻。

德军获胜的部分原因在于装甲部队作战的专业性和纪律性，还有部分原因在于苏军坦克兵几乎没有受过任何训练。还有，苏军指挥官没有协调好派出的坦克集团军（由多个旅组成，相当于几个师的兵力）进攻的时间，巴尔克的装甲因此得以各个击破。

当这些战斗还在进行时，曼施坦因只动用第 57 装甲集团军就发起了"冬季风暴"行动。他的进攻让苏军吃了一惊并取得不错的进展，尽管苏军从斯大林格勒附近调集部队一次又一次地发起反击。

德军现在面临的真正威胁出现在新的方向，且那里有大规模的苏军兵力。1942年12月6日，苏军第1近卫军在奇尔河上游打败意大利第8集团军，并敲开了霍利特集群左翼（或叫西北翼）防线上一个60英里宽的口子。很明显，苏军的目标是罗斯托夫和稍远一点的"斯大林格勒"。曼施坦因命令霍利特集群收缩为较短的防线，保卫罗斯托夫东北仅85英里的顿涅茨河上的弗尔赫斯塔德（Forchstadt）卡门斯克—夏赫亭斯基（Kamensk－Shakhtinsky）渡口。

但是曼施坦因坚持要向斯大林格勒进军，他要求国防军陆军总司令部命令第6集团军向第4装甲集团军方向突围。

这时德军还是有希望的。苏军为了应付意大利军已经抽调了大部分机动部队，为德军在斯大林格勒留下了一线机会。如果第6集团军和第4装甲集团军从各自那边向中间进攻，他们就可以打穿苏军的防线并会师。然而，他们必须全力以赴才能实现。

但是希特勒却拒绝批准部队突围。不可思议的是，他下令让第4装甲集团军继续向城市方向进攻，但第6集团军却原地不动。希特勒希望第6集团军坚守斯大林格勒，并通过路上通道进行补给。

绝望之下，曼施坦因派出他的情报官于12月18日飞进包围圈内，敦促保卢斯将军违抗希特勒的命令以拯救部队。曼施坦因保证责任由自己一力承担，不需保卢斯负责。保卢斯答复说自己什么也不能做，因为"元首的命令"禁止放弃斯大林格勒。

曼施坦因希望保卢斯能改变主意。12月19日，关键的时刻到了。第57装甲集团军顶住了苏军的顽强阻击，渡过了阿克塞河（Aksai River），然后到达距离包围圈前沿仅30英里处的并不宽的米斯科瓦河（Miskova River）边。曼施坦因在包围圈前沿不远处已经集结了装有3000吨补给物资的运输队，另有准备运输第6集团军部分火炮的拖拉机。一旦坦克打开通道，所有这些都将迅速涌进去。曼施坦因向保卢斯和希特勒发出了紧急请求：第 6 集团军必须撤离并向西南进军与第 4 装甲集团军会合。

希特勒花了几个小时才做出答复：第 6 集团军"可以"突围，他说，但是必须继续保持现有的在城市北面、东面和西面的阵地。这显然是不可能的。保卢斯表现出了他在道义上的怯懦。他通知曼施坦因，自己的 100 辆坦克现有的油料仅够维持前行 20 英里。在行动之前，需要再向其空运 4000 吨油料。这显然是不可能的，而保卢斯清楚这一点。

一方面是希特勒要求他待着，另一方面是曼施坦因要求他突围，保卢斯在踌躇犹豫之间揪住了油料短缺这跟稻草按兵不动。保卢斯不能通过违逆他的元首的命令来拯救自己的部队。然而他和曼施坦因都清楚，现有的油料可以分配给一半的坦克，它们就能行进 40 英里，而这就足以突围了。

在接下来的一周里，第 6 集团军的命运就被决定了。在 6 天的时间里，顿河集团军群不顾一切危险保持突围的大门敞开，但是曼施坦因再也不能让第 4 装甲集团军待在暴露的阵地上了。

装甲集团军需要戮力应对苏军越来越强的攻击，而且其西面出现了更大的危险，那里的大部分意大利军已经消失不见，而霍利特集群的左翼也逐渐受到威胁。苏军的先头部队正向顿涅茨河挺进，距罗斯托夫也不到 120 英里了。

12 月 22 日，曼施坦因被迫让第 48 集团军从奇尔河撤出来前去稳固霍利特集群的左翼，还不得不从霍特的部队中调出第 6 装甲师前去增援。12 月 27 日，苏军的 2 个集团军和 4 个机械化集团军对脆弱的德军第 57 装甲集团军发起大规模进攻，他们只剩下二十几辆坦克了，苏军形成两翼包抄之势，迫使其撤往科特尔尼科沃。德军解救斯大林格勒被围部队的努力失败了。

很明显，第6集团军就要完了。这是希特勒一手造成的，但是当德军高级将领为这支部队的命运感到悲哀时，大部分人却近乎疯狂地想要搞清楚怎样才能阻击涌向罗斯托夫的苏军。

值此德军命运的最低谷之际，当其他高级军官看到的是灾难时，曼施坦因却看到了机遇。

曼施坦因想出了一个反败为胜的绝好计划。他提议德军放弃在夏天已经占领的土地——想守也守不住了，而南线的所有部队——当然不包括第6集团军——分阶段撤往罗斯托夫以西约220英里的第聂伯河下游地区。

曼施坦因断定，当德军开始撤退时，苏军会发起一次进攻，目的是切断德军在第聂伯罗彼得罗夫斯克和扎波罗热的第聂伯河上的渡口，德军的所有补给物资都要通过这里运输。这就会造成苏军的战线沿第聂伯河下游的乌克兰地区广泛延伸。

曼施坦因提议在罗斯托夫西北250英里，第聂伯罗彼得罗夫斯克东北125英里的哈尔科夫集结一支德军精锐部队。当苏军向西伸向第聂伯河渡口时，哈尔科夫附近的德军就扑向其北翼。正如曼施坦因报告希特勒和国防军陆军总司令部的，这将"把一场大规模的撤退变成一场大规模的包围行动"，把苏军逼向亚速海并将其埋葬。

曼施坦因的计划将迫使敌军转入防御并根本扭转南线战局。但遗憾的是希特勒拒绝了。他不甘于放弃他夏天收获的成果，哪怕它转瞬即逝。他不仅想把部队继续留在斯大林格勒，也要继续留在高加索。

曼施坦因对希特勒关于战争的想法颇有心得，他总结道："他（希特勒）实际上被军事领域的风险搞得畏缩不前了。"希特勒拒绝临时性地放弃占领的土地。他并没看到，在苏联广袤的地域，敌军可以在任何一点集结重兵并实现突破。德军指挥官和战斗部队的优势只有在机动作战中才能发挥出来。第48装甲集团军保卫奇尔河的出色行动证明了德军指挥能力和灵活反应的优势，如果这种优势能在整个德军中发挥出来，那么几乎可以肯定，德军必能阻止苏军的前进并打破僵持局面。但这样的运筹在希特勒的能力范围之外。

曼施坦因还发现，在必须做出决断时，希特勒害怕放弃次要的战线以便形成集中一点的优势。譬如，没能集结起大部队来解救斯大林格勒被围部队被证明是灾难性的。希特勒缺乏决断力。在大多数情况下，他最终决定派出的只是杯水车薪的部队，且总是姗姗来迟。

"固守每一寸土地逐渐成了希特勒军事领导的终极要义，"曼施坦因写道，"希特勒认为成功的秘诀在于不惜一切代价守住已经得到的东西。"没有人能劝服他改变这一观念。

当让德军撤到第聂伯河和进行一场反败为胜的战役的方案遭到希特勒拒绝时，曼施坦因转而实施迫在眉睫的保护南线部队免遭被截断和被摧毁的任务。

当曼施坦因为数不多的部队竭尽全力在顿涅茨河边构筑防线时，第6集团军的拼死挣扎也开始了。由于恶劣的天气、长距离的飞行和苏军强有力的空中防御，对第6集团军的空中补给大为减少。12月26日，只有70吨补给物资运进去。面包开始耗尽，食用油也逐渐绝迹，士兵们只能按每日一餐严格地定量供应。迎着新年迈开的脚步，刺骨的寒冷与饥饿交加，再加上苏军持续的进攻，第6集团军一天天地被吞噬。

1943年1月9日，苏军的一个代表团劝说第6集团军放弃抵抗。按照希特勒的指令，保卢斯回绝了这一要求。曼施坦因也支持元首的决定。尽管部队已处于垂死境地，但它仍扮演着战略性的角色——拖住尽可能多的苏军，好让德军其他部队逃脱。

苏军也完全明白第6集团军会继续发挥的作用，于是在1月11日发起了一次猛烈的进攻，在多点实现突破。他们把德军从大部分残存的避难所中赶了出来，特别是在包围圈最西边的德军。现在，德军在靠近伏尔加河的废墟上缩成了一团。

恶劣的天气和苏军的战斗机使德军的空运变成了涓涓细流。苏军在进攻中夺取了德军最好的一座机场——皮托尼克（Pitomnik）机场。从1943年1月17日至23日，德军总计空运的物资只有90吨。苏军的多次突袭将大包围圈变成了分割包围。1月28日以后，德军不再向伤员和病员分发面包。德军失去了在古姆拉克（Gumrak）的最后一座机场。纳粹空军飞行员空投包裹的努力也于事无补。苏军以团为单位冲出掩体，横扫一个又一个阵地。2月2日，德军最后的抵抗停止了。

纳粹空军帮助撤离了2.5万伤员和专业人员，但是约16万人都阵亡了，另有9.1万人被俘。大部分俘虏很快就得了伤寒死去。只有6000人后来又见到了他们的故乡，其中一些被囚禁了12年，而保卢斯，希特勒将他晋升为元帅，以此希望他能自杀，但他没有这样做，他向苏军投降了。

在拯救南线剩余的德军方面，曼施坦因没有得到希特勒什么帮助。在一系列的大规模撤退中，德军放弃了库尔斯克并一路撤到斯大林格勒以西430英里的哈尔科夫以外。

但是曼施坦因没有让撤退变成溃败，他克服了希特勒看不清部队面临的危险的无能，并让罗斯托夫保持足够长时间的畅通以保证从高加索撤出的德军通过。即便如此，希特勒仍然坚持让第17集团军继续留在与克里米亚隔海相望的北高加索的库班河一带，然而留在此地毫无益处。曼施坦因在罗斯托夫以西约40英里处沿米乌斯河建立了一条新的防线，并阻挡了苏军的推进。

曼施坦因甚至还得到了希特勒的批准，授权他在哈尔科夫包围战线拉得太长的苏军。1943年3月14日，曼施坦因重新夺回哈尔科夫。这也是德军在东线战场取得的最后一次大胜利。

第 16 章　西方盟国的打击

　　1942 年 7 月，当隆美尔陈兵于距亚历山大只有 60 英里的地方，以及德军正朝斯大林格勒和高加索进军之时，有两大主要问题造成了同盟国之间的分歧：美国人和英国人会做些什么来帮助打败希特勒，斯大林是否会与德国单独媾和。

　　美英两国领导人很清楚，如果没有苏联，他们是不可能战胜德国的。然而，斯大林却强烈抱怨他们几乎把所有的战斗都留给了苏联红军，他在斯德哥尔摩进行着和平试探。

　　西方领导人认为，如果他们如斯大林几个月来一直要求的，直接进攻德国，转移苏联身上的压力，那么这些和平试探就不会演变成大问题。然而英美两国之间却围绕他们应该做"什么"产生了尖锐的争议，而事实上按兵不动。以陆军总参谋长马歇尔为首的美国一方希望直接进攻德国，由 5 个师的兵力于 1942 年在法国瑟堡（Cherbourg）附近的诺曼底两栖登陆（代号为"大锤行动"），但是英国人却持间接或边缘战略的观点，以对德国城市的大规模轰炸和在地中海区域的较小规模、较小危险的攻击相结合。

　　美国总统罗斯福比任何人都清楚，西方盟友们必须向斯大林证明，在德国人面前，苏联不是孤军奋战。他决意，美军必须于 1942 年间在"某地"与德军作战。由于英国的反对，从法国登陆的计划被排出在外，罗斯福快刀斩乱麻[①]，决定让美军在北非作战。

罗斯福让马歇尔来决定美军在非洲的作战方向——作为增援部队加强英军第8集团军的力量来挑战阿拉曼的隆美尔，或者在由维希法国控制的北非（摩洛哥、阿尔及利亚和突尼斯）登陆。马歇尔知道英军第8军将仍由蒙哥马利将军指挥，因此选择了法属北非方案（代号为"体育家"），他还提名自己的得意门生德怀特·艾森豪威尔（Dwight D. Eisenhower）中将担任司令。

"体育家"是英军的一个旧的作战计划，如果英军第8集团军在利比亚取得决定性胜利，就要接着直下阿尔及利亚并迫近突尼斯边境。现在，鉴于蒙哥马利已经在阿拉曼附近严阵以待，"体育家"行动（已被更名为"火炬"行动，因为这听起来更有气势）的目标就是抢在德军之前夺下突尼斯，迫使德国非洲装甲集团军和意大利军投降。

"火炬"行动很快就实现了罗斯福所希望得到的好处：当斯大林听说该行动后，马上停止了有关第二战场的抱怨，但是，转向地中海区域作战的决定在美国政策制定者中也引起了很大的质疑，他们担心丘吉尔正在操纵着美国进入"柔软腹部"战略。他们担心接踵而至的将是入侵意大利抑或是希腊，严重削弱在法国海滩上与德军正面厮杀的计划。

罗斯福总统却没有那么多忧虑，因为他希望"空中战争加上苏联人"就可以打败希特勒，而跨越海峡[②]的进攻可能并无必要。

与苏联和德国不同，西方盟国的军事力量并不是集中在地面部队上。美英两国把重点都放在了空军和海军上，罗斯福还给欧洲和太平洋战区总共设定了90个陆军师的上线，英国动员了27个陆军师。美军的很多师都没有组建完成，只有70个师到了欧洲，而德国实际投入战场

---

① 原文为 Gordian knot，"戈尔迪之结"，原指希腊神话中的一个难题。弗利基亚国王戈尔迪所打的结，按神谕只有将统治亚细亚者才能解开，后被亚历山大大帝用利剑斩开。

② 指英吉利海峡。

的有 260 个师，苏联则更多。

盟军业已决定入侵法属北非，但尚未确定时间和地点。因为物资补给和部队运输的问题，美国参谋长联席会议将日期确定为 11 月 8 日，并宣布将登陆地点圈定为摩洛哥的西海岸（大西洋海岸），主要在卡萨布兰卡附近。英国人大为震惊。他们称，入侵地点应该选择地中海内部的阿尔及利亚海岸，这样部队就可以迅速进军突尼斯。

卡萨布兰卡距突尼斯及其主要港口城市比塞大（Bizerte）足有 1100 英里，美国人之所以选择这里，是因为他们担心法国人会在阿尔及利亚强烈抵抗，而与此同时德军可能迅速穿过西班牙，占领直布罗陀，封锁直布罗陀海峡，切断部队的供给。

英国人对这种过分的小心深感失望，他们辩称美国人的计划将使德军得以夺取突尼斯，破坏行动的整个目标的实现。艾森豪威尔也同意英国人的意见，他建议取消卡萨布兰卡登陆计划。

但是马歇尔却不愿意冒可能在直布罗陀被阻断供给的危险，而且罗斯福也命令美军必须在卡萨布兰卡登陆，并保障在大西洋的补给基地；但是，他们也可以在阿尔及尔以西 250 英里的奥兰（Oran）登陆。他建议英军晚几天在阿尔及尔登陆然后挥师东进。罗斯福也希望英军能保持低姿态，因为法国人憎恨他们，彼时，在 1940 年法国投降时英军攻击了他们的舰队，而且在 1942 年 5 月入侵了法属殖民地马达加斯加。法军的 13.5 万人也许会对付英军，但也许不会对付美军。

丘吉尔也愿意淡化英军的参与，但他称法属北非最大的城市和神经中枢阿尔及尔必须与奥兰和卡萨布兰卡同时拿下。罗斯福和丘吉尔最终达成一致，美英的联合登陆在阿尔及尔和其他几处地点同时进行。

但是，作为交换条件，在更往东的地方登陆的计划被抛弃了——这也就断绝了盟军在北非速胜的机会，并且拖长了盟军在地中海区域进行佯攻行动的时间。

在最终的计划中，西线作战部队方面，由小乔治·帕顿（George S. Patton Jr.）少将指挥的 2.45 万美军在美国海军军舰护卫下，准备在卡萨布兰卡登陆。102 艘军舰（含 29 艘运输舰）从弗吉尼亚州汉普顿港直奔而来。中央作战部队方面，由罗伊德·弗里德诺（Lloyd R. Fredenall）少将指挥的 1.85 万美军在英国海军的保护下，准备夺取奥兰。这支部队从苏格兰的克莱德河湾（Firth of Clyde）出发而来。东线作战部队方面，同样从克莱德河湾出发并由英国皇家海军护卫，9000 名英军、9000 名美军加上 2000 名英国突击队员在美军查尔斯·赖德（Charles W. Ryder）少将指挥下，准备在阿尔及尔登陆。一旦登陆成功，在阿尔及尔的所有盟军部队都要编入新成立的由肯尼斯·安德森（Kenneth A. Anderson）陆军中将指挥的英国第 1 集团军，然后向东直奔突尼斯。

就在蒙哥马利将军的第 8 集团军在阿拉曼给隆美尔的虚弱而补给不足的部队以最后一击的几周后，11 月 8 日，美英联军在北非登陆。法军的抵抗在多数情况下（尽管并非全部）只是象征性的，而法国空军更是不见踪影，但是法国海军却奋力自保。

完全由美军组成的乔治·帕顿的西线作战部队在摩洛哥的大西洋海岸的 3 处地点登陆：主登陆场在卡萨布兰卡以北 15 英里的费达拉（Fedala）；相对次要的 2 个分别为再往北 55 英里的梅赫迪亚（Mehdia）以及卡萨布兰卡以南 140 英里的萨菲（Safi）。费达拉是离卡萨布兰卡最近的登陆海滩，也是非洲这一地区唯一一个最大的且设备优良的港口。梅赫迪亚是离利奥特港最近的海滩，利奥特港的机场也是摩洛哥唯一的一座混凝土跑道机场。萨菲是抵挡内陆的马拉喀什（Marrakech）的大规模法国守军的好地方，那里还有一个港口可供中型坦克的装卸之需。新型坦克登陆舰（Landing Ships Tanks）也正在生产中，"火炬"行动尚未启用。

登陆北非，1942 年 11 月 8—15 日

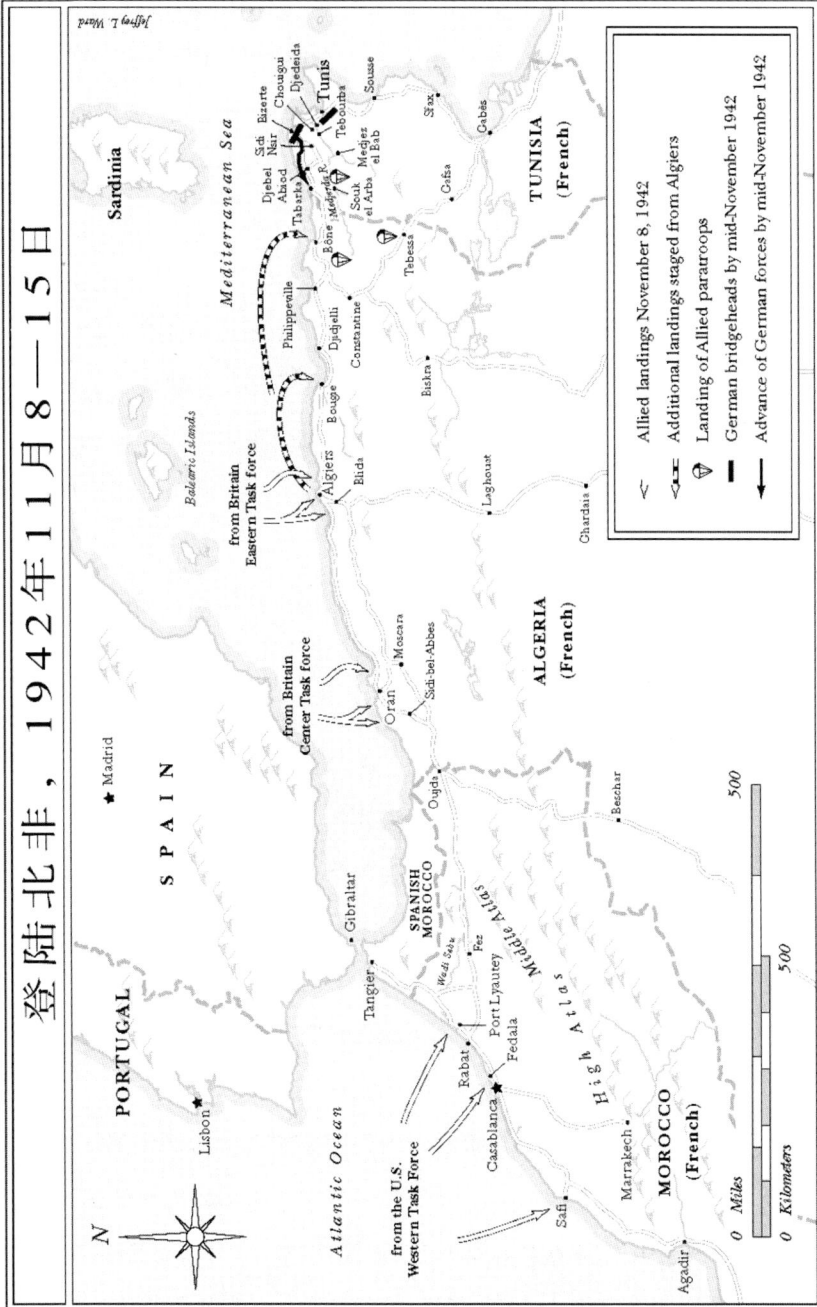

Jeffrey L. Ward

Sardinia

Mediterranean Sea

Atlantic Ocean

N

PORTUGAL

Lisbon

★ Madrid

S P A I N

Balearic Islands

Tangier

Gibraltar

SPANISH MOROCCO

MOROCCO
(French)

Agadir

Safi

Casablanca

Fedala

Rabat

Port Lyautey

Wadi Sebu

Fez

Middle Atlas

High Atlas

Marrakech

Oujda

Bechar

ALGERIA
(French)

Chardaia

Laghouat

Sidi-bel-Abbes

Oran

Mascara

Bidha

Algiers

from Britain
Center Task force

from Britain
Eastern Task force

Bougie

Djidjelli

Philippeville

Constantine

Biskra

Bône

Tebessa

Souk el Arba

Medjez el Bab

Medjerda R.

Djebel Abiod

Tabarka

Chougui

Djedeida

Sidi Nsir

Bizerte

Tunis

Tebourba

TUNISIA
(French)

Gafsa

Sfax

Gabes

Sousse

from the U.S.
Western Task Force

0 Miles 500

0 Kilometers 500

⟵ Allied landings November 8, 1942

⟿ Additional landings staged from Algiers

🛩 Landing of Allied paratroops

▰ German bridgeheads by mid-November 1942

⟶ Advance of German forces by mid-November 1942

法军在费达拉和萨菲的抵抗都不痛不痒，到 11 月 8 日下午，美军就顺利实现目标。只是在梅赫迪亚遭到法军的顽强抵抗。11 月 11 日，法军在北非的高级将领、海军元帅弗朗索瓦·达尔朗（Francois Darlan）签署停战协议，战斗停止。

然而，一场激烈的海战于 11 月 8 日早上 7 点 4 分在卡萨布兰卡以北海面展开，交战的一方是美国战列舰"马萨诸塞"（Massachusetts）号，另一方是法军的 2 艘重型巡洋舰、海岸火炮以及停靠在卡萨布兰卡港的"让·巴尔"（Jean Bart）号战列舰。美军的火力摧毁了法国战列舰的主要火炮。美军的其他战舰阻击了由 1 艘法国轻型巡洋舰和 8 艘驱逐舰发起的对运兵船的攻击。最终，只有 1 艘法国战舰完好无损地返航，但是法军还是重创了美军战舰。

中部作战部队在奥兰的登陆和东线作战部队在阿尔及尔的登陆并没有遇到多少抵抗。

艾森豪威尔的主要目标是集结部队，建立起补给线，然后进军突尼斯，抢在德国人之前到达那里，但位于阿尔及利亚东部的阿特拉斯山脉却是难以逾越的障碍，后勤补给成了大问题。过分小心谨慎的美国人拒绝在靠近突尼斯的地方登陆，现在终尝苦果。

德国海军从 1940 年起开始守卫突尼斯，这里可以说是地中海的关键位置——因为它扼守在轴心国到非洲的交通要道上，而且是盟军入侵西西里和意大利本土的理想基地。德国海军断定，一旦有机会，盟军就会试图夺取突尼斯。

轴心国得到的警报信号有很多。德国外交部源源不断地收到消息，其中很多都一目了然。比如，来自梵蒂冈（罗马教廷）的一份报告就精确地指出盟军登陆的地点，并指明登陆时间将在 10 月中旬至 11 月中旬之间。8 月 19 日发生在法国迪耶普（Dieppe）的一次英国和加拿大军队的联合突袭失败，则昭示了更加明确的信号。它显示了在 1942 年间不会再有在欧洲大陆的登陆，登陆战将剑指法属北非。

希特勒对已经可以预期的盟军的入侵未做任何准备，但是当登陆战打响时，他反应很快，尽管并未出动大量兵力，但还是守住了突尼斯的一个桥头堡。11 月 9 日早上，他赋予德军在地中海地区的总司令①阿尔贝特·凯塞林（Albert Kesselring）自主决定权，就在同一天，凯塞林派出了 1 个战斗机和 2 个斯图卡机群以及第 5 空降兵团的部分兵力前去占领突尼斯机场，并于 11 月 12 日晚占领整个突尼斯市。

希特勒还派兵进入了未占领的法国领土，并夺取了法国的科西嘉岛。这一行动（被称为"安东行动"）开始于 11 月 11 日并于 3 天之后收官。这一行动对法国人震动很大，促使北非的法国军官倒向盟军一边。德军并没有立即进军土伦（Toulon）港，法军仅存的军舰中大部分都抛锚在那里。达尔朗元帅想让它们开到北非为轴心国所用，但没有成功。11 月 27 日，在探清楚港口的虚实之后，德军涌入了这个基地欲图夺取军舰。法国船员在德国人眼皮底下凿沉了整个舰队，其中就包括"斯特拉斯堡"（Strasbourg）号战列舰。

11 月 15 日，原德国非洲军团司令瓦尔特·内林作为第 90 集团军司令接管突尼斯，尽管他的部队只有 3000 人。未等部队集结完毕，他就挥师西进。由乔治·巴尔（George Barré）指挥的突尼斯境内的法国师尽管实力较强，但还是向阿尔及利亚收缩，他们希望在与德军正面冲突之前先与盟军会师。

11 月 11 日，安德森将军派出一支英军部队前去占领阿尔及尔以东 110 英里的布日伊（Bougie）港。第二天，他们占领了该港口和距突尼斯边界 60 英里的博涅（Bone）机场。位于近海的船队开始向这两个地方输送补给物资和部队。

---

① 即二战期间德国南方战区（包括地中海和北非战场）总司令。

安德森还派英军第 78 和第 6 装甲师去攻取突尼斯。11 月 17 日，其中一部分到达比塞大以西 50 英里的阿比奥山（Djebel Abiod），与一小股德军空降兵工兵营遭遇，德军指挥官是维茨格少校，他曾在 1940 年指挥部队夺取比利时的埃本·埃马尔要塞，另一支英军夺取了以西数英里的塔巴尔卡（Tabarka）。之前一天，一个英军伞兵营夺取了塔巴尔卡以南、距突尼斯市 8 英里的艾阿巴（Souk el Arba）。与此同时，美军第 509 伞兵营在靠近突尼斯边界的特贝萨（Tébessa）着陆，加强南翼的力量并保护那里的一座机场。2 天后，这支部队向东南跃进 80 英里并占领了距加贝斯湾（Gulf of Gabès）仅 70 英里的加夫萨（Gafsa）。

安德森将军为了整合部队而延缓了速度，这给了德军扩大桥头堡的机会。11 月 17 日，一支由 300 人组成的德军伞兵营在科赫上尉指挥下向西推进，与撤退到公路腹地的梅杰兹艾巴布（Medjez el Bab）的由巴尔将军指挥的法军遭遇，那里位于突尼斯市以西 35 英里，有一座横跨梅杰兹河的重要桥梁。法军在这里得到了一个英军伞兵营和一个美军火炮营的支援。

巴尔将军收到了一个最后通牒，让他撤退到阿尔及利亚边界。这其实是科赫上尉在虚张声势，因为他的兵力只有盟军的 1/10。巴尔试图拖延时间，德军开火。接着，斯图卡对盟军阵地进行轰炸，试图动摇盟军的军心，让这个骗局看起来像是真的。德军伞兵部队进行了 2 次小规模但动静却不小的地面进攻，让敌人以为他们的兵力很强，接着几小股部队游过河如法炮制发起了更大的进攻。盟军果然中计了，他们留下了完好无损的大桥并退避 8 英里。

与此同时，其他快速移动的德军部队占领了苏塞（Sousse）和斯法克斯（Sfax），11 月 20 日，从利比亚过来的 2 个意大利营到达加贝斯海岸，在该地及时阻挡了美军第 509 伞兵营的前进。11 月 22 日，一小股德军装甲部队把位于斯贝特拉道路交叉点的法军赶跑，这里深入突尼斯内陆有 100 英里，随即将阵地交给一支意大利小分队，但他们随后又被美军第 509 伞兵营的一支小分队逐出。

11 月 25 日，安德森终于分派 3 支部队对突尼斯市发起了进攻，他们得到了从奥兰疾驰 700 英里而来的美军第 1 装甲师的坦克和摩托化步兵的增援。此时的德军虽然仍比盟军弱很多，但力量已经增加了 2 倍。维茨格少校的空降兵工兵阻击北路的部队，并在 11 月 30 日以一次伏击阻止了盟军的前进。中路的部队携 100 辆坦克涌向泰布勒拜（Tebourba）以北数英里的舒伊古（Chouigui）隘口。然而就在第二天早上，10 辆德军坦克在 2 个步兵连的支持下向南冲击盟军的侧翼，迫使盟军指挥官停止了进攻。

与此同时，盟军第 3 支部队对梅杰兹艾巴布发起了进攻，对那里的科赫的战斗部队形成了局部包围，并继续向距突尼斯市仅 20 英里的朱代伊德（Djedeida）进军。当天下午，美军的坦克开进朱代伊德机场并摧毁了 20 架飞机。

德军的防空火炮打废了 3 辆美军坦克，并将其余坦克打退，但是这场有些意外的打击让内林深感不安，他命令部队撤退到突尼斯市附近的一座较小的桥头堡，放弃比塞大、朱代伊德以西的所有地方以及突尼斯市以南的所有海岸地区。此举将切断与利比亚和隆美尔的联系。气得冒烟的凯塞林于 11 月 28 日到达这里并下令改变原来的决定。

现在，内林派出所有装甲和侦察车辆向西边的泰布勒拜方向进攻。由于第 10 装甲师部分力量的加入，内林已有 64 辆坦克，包括 5 辆重达56 吨、配有 88 毫米高速火炮、装甲厚度达 100 毫米的虎式坦克——希特勒的新 "秘密武器"，可称得上是二战中出现的最难对付的坦克，如今希特勒在突尼斯检验它的战斗力。

德军的进攻呈从北面向舒伊古隘口进行侧翼运动的阵势展开，意在运动到泰布勒拜附近的英军后部。德军分成两支混合部队击溃了防守侧翼的英军并继续向泰布勒拜挺进，但是在到达他们的目的地泰布勒拜—梅杰兹艾巴布道路之前因遭遇炮火和轰炸而受阻，但是德军的威胁促使安德森将其先头部队拉回了泰布勒拜。第二天，内林继续施加压力，阻断了道路，并迫使盟军沿迈杰达尔河（Medjerda River）边的一条泥泞小道撤出泰布勒拜，1000多盟军沦为俘虏。

德军在梅杰兹艾巴布以东8英里建立了一条新的防线，北及大海、南至利比亚。内林已经构筑了一条坚固的防线，但希特勒还是派汉斯·于尔根·冯·阿尼姆（Hans−Jürgen von Arnim）取代了内林，并将在突尼斯的部队命名为第5装甲集团军，尽管阿尼姆拥有的战斗部队只有2.5万人。盟军在自己的防线上部署了4万人，在后方部署得更多。

到这时，多雨的冬季到来了，艾森豪威尔将军决定暂时放弃进攻，待天气好转再从长计议。这也给了希特勒和墨索里尼犯下一个惊人的军事错误的时间。他们逐渐运来越来越多的部队，共计约15万人，但是盟军业已集结起具有压倒性优势的海空力量——比曾经对隆美尔构成威胁的力量还多得多，他们可以通过切断德军的补给而掐死德意联军。迟早有一天，他们的油料、弹药和食品会耗尽，之后就不得不投降，从而只剩下少量的轴心国部队防守西西里岛和意大利本土。

隆美尔后来冷冷地写到，如果希特勒把他潮水般倾入突尼斯的部队的哪怕一小部分在1942年春天派给他，他就可以征服埃及、苏伊士和中东，并从根本上断绝盟军从北非登陆的可能性。

就在1942年9月初隆美尔在阿拉曼的最后一次进攻失败后，英国情报机构的"超越"破译机截获的德军情报就清楚地显示，隆美尔不会再获得任何补给物资和兵力。因此，英军第8集团军就占据了压倒性的优势，他们可以随时将轴心国力量赶出埃及。

但是第8集团军的新任指挥官蒙哥马利不仅是一个重视个人荣誉的固执的怪人，行事还极其有条不紊。在接下来的7周里，蒙哥马利对预先安排好的反击做了细节安排，集结了更多的坦克、火炮和人员。

攻击行动本应在"火炬"登陆行动之前开始，但蒙哥马利却不紧不慢，最后把日期定在 10 月 23 日。

到此时，第 8 集团军的战斗人员已达 23 万人，而隆美尔的兵力却不足 8 万，其中只有 2.7 万德军。英军拥有 1440 辆坦克，而隆美尔只有 210 辆德制坦克和 280 辆过时的意制坦克。英国皇家空军可派出的战斗机有 1200 辆，而纳粹空军和意军可以派出的只有 350 辆。

由于食品短缺，许多轴心国部队面临疾病困扰。隆美尔也是受害者之一，9 月份时他回到了欧洲进行治疗和休息。顶替他的是格奥尔格·施图姆（Georg Stumme）将军，同时由托马将军接管非洲军团。这两位将军都是从苏联前线过来的，对沙漠作战情况不熟。就在进攻的第一天，施图姆奔赴前线，撞进了密集的炮火中，接着死于心脏病发作。身处澳大利亚身体渐愈的隆美尔于 10 月 25 日返回北非，重新担任在英军攻击下形势已然告急的前线指挥官。

蒙哥马利没有利用其兵力上的压倒性优势横扫轴心国阵地。相反，他在海岸附近发起了正面进攻，结果则是一场充满血腥且久战不下的战斗。英军装甲往轴心国的战线推进了一个 6 英里的狭窄的楔子。德军第 15 装甲师为抵挡英军前进损失了 3/4 的坦克，但也对英军造成重创。到 10 月 26 日，英军装甲形成的楔子在深入德军反坦克阵地时被卡住了。进退维谷之时，蒙哥马利又派出第 7 装甲师于 10 月 28 日在北面从楔子内部朝海岸方向发起第二拨进攻，但是这次进攻也被布雷区挡住了。隆美尔调集第 21 装甲师和阿里亚特师对付新的进攻，尽管他的坦克打掉的英军坦克是对方打掉自己的坦克的 4 倍，但英军最终剩下的坦克数量仍是德军的近 9 倍——800 辆对德军的 90 辆。

蒙哥马利又转回了原来的战线，但是英军装甲直到 11 月 2 日才转回去。布雷区再次拖延了装甲的行进。由于英军坦克动弹不得，隆美尔趁机出动他剩余的装甲发起了反击。他打掉了英军的 200 辆坦克，但自己也折损了 3/4。隆美尔现在已是强弩之末了。非洲军团开始时还有 9000 人，现在只剩下 2000 人和 30 辆坦克。而英军仍有 600 辆坦克。

隆美尔决定撤往 55 英里以西的弗卡（Fuka），但是希特勒又发出了他惯常的命令——不惜一切代价坚守阵地。于是隆美尔紧急召回已经上路的部队——这是一个让他极其后悔的决定，他写道，如果他不执行希特勒的"胜利抑或死亡"的命令，他应该可以挽救部队。

英军的 2 个步兵师在西南面打开了一个口子，11 月 4 日早上，3 个装甲师奉命从这里通过，然后挥师北进、阻击沿海岸公路撤退的德军。

对英军来说，现在已有把握分割隆美尔的整支军队，特别是托马将军于当天早上被俘，而隆美尔下达的撤退命令——违背了希特勒的旨意——直到下午才送去，英军更是机会难得。

但是当隆美尔的部队接到撤退指令后，他们快速行动，趁着英军进展缓慢且有所犹豫的时机，挤上任何尚存的车辆向西逃去。然而，因为希特勒的命令造成的延误仍使隆美尔损失了剩下的大部分装甲和大量非机动化的意大利步兵（约 2 万人）——他们未能逃脱英军机动化部队的围剿。

在接下来的几天里，英军试图切割撤退中的轴心国部队的努力以失败告终，原因在于部队掉头运动的空间太狭窄因而也行动缓慢。对英国人希望的最后一击在 11 月 6 日发生了，大雨阻止了他们的追击。从这时起，第 8 集团军再也追不上隆美尔了，隆美尔得以从容地撤往的黎波里塔尼亚。

英军损失了 13500 人，但是俘获了 7900 名德军和 2 万意军，还击毙了 2000 人。大部分残余部队都溃散逃亡了，尽管只有 5000 名德军和更少的意军能够保住武器。

隆美尔向他的上级提出了正确的战略选项——立即全面向瓦迪阿卡利特（Wadi Akarit）撤退，那里位于的黎波里以西 225 英里，靠近突尼斯的加贝斯，距法国人在 1939—1940 年间修建的坚固防御工事马里斯防线（the Mareth line）45 英里。瓦迪阿卡利特比起马里斯防线更好防守，这里只有从大海到内陆的一个盐沼之间 14 英里的前线，但是墨索里尼和希特勒拒绝了这个建议，他们坚持一个又一个的防线都要守住——梅尔莎隘口、布埃拉特（Buerat）以及塔胡纳—霍姆斯（Tarhuna—Homs）。加固这些防线的工作毫无益处，因为英军对它们都可以实行侧翼包抄。

"如果意大利步兵直接退回了加贝斯防线并立即开始构筑工事，如果所有这些我们埋设在利比亚的地雷阵都放在了加贝斯，那么所有这些努力和成果都将发挥无尽的巨大价值。"隆美尔写道。

寄希望于元首能够面对现实，隆美尔于 1942 年 11 月 28 日飞赴拉斯腾堡的总部。迎接他的却是冷遇，当他建议最明智的办法应该是从北非撤军，从而保存兵力以备再战时，"哪怕只是略微提及这一战略性问题都无异于火上浇油"。希特勒大发雷霆，他斥责说装甲部队丢掉了他们的武器。

"我极力辩解，并且直截了当地说身在欧洲判断这场战役的轻重缓急是不可能的，"隆美尔后来写道，"我们的武器已经被英军的轰炸机、坦克和火炮打得七零八落，我们带着所有德军装甲部队逃出来已经是个奇迹了，特别是在油料极其匮乏的情况下。"

但是希特勒不想再听任何辩解。

"我开始意识到，希特勒简直就是不愿意看到事情的真实情况。"隆美尔在他的日记中写道。

希特勒最后说，他会尽一切可能向隆美尔提供补给，而且戈林元帅会陪隆美尔一起去意大利把事情办妥。于是隆美尔就乘坐戈林的私人火车与他一起到了罗马。

"他似乎根本不关心现实的问题，"隆美尔写道，"他沾沾自喜，他被来自同道中人中的庸碌之辈的各种奉承之词捧得眉开眼笑，谈论的无非是些珠宝与名画之类。"戈林从被占领的欧洲各地的艺术博物馆搜刮了数以百计的艺术珍品。

正如隆美尔所怀疑的，戈林并没有做任何事情来动员意大利人为在非洲的部队提供补给做更大的贡献，但是隆美尔在 12 月 2 日返回埃及后，他获得了墨索里尼的许可，准许其将部队撤到梅尔莎以西 240 英里、的黎波里以东 180 英里的布埃拉特。这无疑改善了补给状况并在当时拯救了部队，但是墨索里尼和希特勒却下令布埃拉特"必须在任何情况下以任何手段守住"。

这显然是不现实的，因为布埃拉特可以从南面的侧翼被攻破。在经受住巨大压力之后，1943 年 1 月 15 日，英军终于发起了进攻，隆美尔得到了轴心国非洲地区最高司令埃托雷·巴斯蒂科（Ettore Bastico）元帅的批准，授权他撤退到的黎波里以东 60 英里的塔胡纳—霍姆斯。

隆美尔告诉每一个有指挥权的人，既然希特勒和墨索里尼不愿意考虑更好的瓦迪阿卡利特阵地，轴心国就应该放弃利比亚并撤退到马里斯防线。隆美尔可以在这里与突尼斯境内的轴心国部队会合，而且由于多山的地形，将不会有被包围之虞。在新的防线上，部队可以进行休整，一旦时机出现就可以发起反攻——"可东可西"，但是他又一次没有得到任何回应。

英军在 2 天内就打掉了布埃拉特阵地，但是在 1 月 19 日被轴心国的炮火阻止在塔胡纳—霍姆斯。当英军摆动到南侧欲图包围阵地时，隆美尔派出了摩托化部队去保护侧翼并命令所有步兵撤出塔胡纳—霍姆斯。几个小时之内，步兵就全部撤离了。

英军继续向西推进，目标是从西面包围的黎波里并且把整个德意非洲装甲军一起关进一个包围圈里。

隆美尔看清了这一点，1 月 23 日，他命令所有部队向西撤到的黎波里，尽可能地带走所有战争物资，带不走的就毁掉。隆美尔现在的注意力主要集中在让非机动化的意大利步兵师的 3 万人和补给物资顺利到达马里斯防线。他没有坐等墨索里尼和希特勒的同意。

隆美尔的奋力一搏成功了，主要是因为蒙哥马利在的黎波里暂停下来等待新的补给物资。德军和意军因此有了时间将他们剩下的装甲和摩托化部队撤到马里斯防线。

1 月 26 日，隆美尔收到来自意大利最高统帅部的一个信号，可能会因为他的自作主张而解除他的职务。明面上引述的原因是隆美尔的身体状况——他正受到严重的头痛和"神经衰弱"的折磨——但真实的原因却是对他违逆希特勒和墨索里尼的命令，以及向他们二人讲述有关非洲的实情的惩罚。他的职务将由意大利将军乔瓦尼·梅塞（Giovanni Messe）接替。

但是隆美尔还留有后手，在离开非洲前，他使了出来。

由于突尼斯的战役被冬季的泥泞搁浅了，罗斯福和丘吉尔决定再次会面以策划未来的行动。

当斯大林通知说自己不能前来赴会时，丘吉尔极力鼓动在马拉喀什召开会议，这是位于摩洛哥南部阿特拉斯山脉中的他颇为中意的地方。但罗斯福却坚持在卡萨布兰卡召开会议，那里离美军更近。1943 年 1 月 14 日，会议正式开始。

在会上，英美双方同意对德国的工业设施和城市地区发起战略轰炸作战，这也正好符合英国人关于消耗战的理念。英国皇家空军和美国空军的高级指挥官们认为，战略轰炸很可能具有决定性意义，可能导致德国人投降并且减少己方在战场上的损失。而且毫无疑问，对民用目标的打击必将削弱德国人民的意志。

英军持续进行夜间密集轰炸，他们投下大量炸弹，特别是燃烧弹，德国城市的大片地方都被点着。美军则更多地倾注于用他们的四引擎重型轰炸机——B—17"空中堡垒"对特殊目标进行精确轰炸,航空爱好者认为 B—17 可以用它的 57 毫米口径机枪对抗德军战机,并可以在白天深入德国腹地进行轰炸。

但是当袭击深入德国境内并超出战斗机的保护范围时,迷信轰炸机的人就被证明错了:B—17 轰炸机在德军战斗机面前显得非常脆弱,损失相当惨重。美国人及时拿出了撒手锏:P—51"野马"战斗机(P—51 Mustang fighter),它的机翼上挂载有副油箱,可以在飞行过程中随时抛掉。"野马"是在二战中出现的最好的战斗机,它的出现使远距离昼间轰炸变得可行。战役从 1943 年开始,但直到 1944 年秋天才达至顶点,随着飞机产量的增加,战略轰炸理论有了完全可以实践的机会。

事实上,战略轰炸对战争进程并不具有决定性的影响。德国的生产能力并没有瘫痪。尽管德国人的士气有所下降,但轰炸并没有带来投降的要求。总的来说,轰炸对德国造成了破坏,但是战争本身是由盟军地面部队来决定的,而不是空中力量。

盟军也对德军 U 型潜艇对大西洋运输船队的袭击表示关切,他们加强了这方面的努力,以图挫败德军潜艇的威胁。

此外,发生在卡萨布兰卡的其他三件事可以说对未来具有深远影响。1942 年 12 月 2 日,美国芝加哥大学的科学家诱发了核链式反应,这证明了制造原子弹是可能的,于是同盟国在卡萨布兰卡决定全力以赴研制原子弹。

1943 年 1 月 24 日,会议的最后一天,罗斯福宣布,同盟国将要求轴心国势力无条件投降。尽管这在后来引发了许多争议,认为这刺激了敌人的抵抗意志从而延长了战争时间,但没有证据证明这是事实。要求无条件投降是向斯大林保证,他不会被丢下独自与德国人战斗。

最终,盟军就入侵西西里达成一致。这也意味着会进攻意大利。最终,一个地中海大战略轮廓渐成。

第 17 章　卡塞林和非洲战事的结束

卡塞林隘口之战在关于美国战争的神话中占有特殊位置。除了南北战争中北方的美利坚合众国（简称联邦，下同）在钱塞勒斯维尔（Chancellorsville）之役中溃败之外，它当属美国历史上最令人难以置信而又糊里糊涂的失败，但是在钱塞勒斯维尔美国人是在打内战。那场战役的分析家们关注的是将联邦将军乔·胡克尔（Joe Hooker）的无能与南方的美利坚联盟国（简称邦联，下同）将军罗伯特·李（Robert E. Lee）和"石壁将军"杰克逊的精明进行比较。他们并没有提出关于美国战斗人员能力的问题。然而卡塞林战役之后，盟军开始面临信心危机。美国人的士气低迷，而且关于美军士兵能力的质疑也出现了，特别是在英国人当中更是如此。

事实上，正如在钱塞勒斯维尔的情形一样，卡塞林一役的失败可以归因于指挥官的能力。指挥官的因素可以解释几乎任何时间下任何军队的不同表现。在卡塞林一役中与胡克尔一样无能的人名叫劳埃德·弗雷登道尔（Lloyd R. Fredendall），他不幸遇上了隆美尔这位二战中涌现的真正的军事天才。

钱塞勒斯维尔和卡塞林的战役都证明了，战役的结果取决于指挥官，但是人们通常很难接受把全部的责任都归咎于指挥官。大多数人都认为，群体的决定是由成员之间的互动形成的。这就造成很多人把失败

（或者胜利）归因于士兵或者国家固有的内在因素，而不是领导人。

卡塞林战役之后，英军的军官和士兵们都责备美军是"我们（这边的）意大利兵"，暗讽美军是劣等士兵，正如他们对意大利士兵的感觉一样。诚然，意军的表现不敢令人恭维，但是英国人却忘了一点，失败并非由意军士兵而是因为他们的领导人造成，正是领导人将意大利军队在装备极其糟糕且指挥官极其无能的情况下派往战场的。在少数情形中，有时尽管武器很糟糕，但意军在领导有方的情况下也能表现良好。

卡塞林战役昭示了所有战争带来的普遍教训：一个军事组织必须做出生死选择。然而这些选择的做出并非由共识形成。寻求共识的过程首先是争论，然后是分裂，因为有些人会接受艰难的选择，而有些人不会。只有在指挥官做出决定的情况下军队才能运转。如果指挥官错了，那么军队就很可能失败。如果指挥官对了，那么军队就可能成功。

卡塞林战役还带来另一个教训：来自己方的猜忌或者盲目无知的军官会遮住一位伟大的将军的视线，使其无法取得决定性的胜利。

当隆美尔在 1943 年 1 月把他的受挫的装甲集团军拉到突尼斯时，他抓住了一个通过一次伟大的袭击扭转北非战场形势的机会。如果袭击成功了，就将陷盟军于防守境地并可能使双方形成相持。

蒙哥马利以其一向让人着急的缓慢速度向马里斯防线靠近。至少在几周的时间里他的部队不足为虑。突尼斯境内的盟军被地中海区域冬天的雨水阻滞住了，他们排成了南北向的防线，英军在北边，新组建的法国第 19 集团军在中间，弗雷登道尔指挥的美军第 2 集团军在南边。

在马里斯防线，隆美尔意识到他已经置身于拿破仑所说的两支敌军之间的"中心位置"，他可以向外出击，先击败其中的一支，再转过头来对付另外一支。

隆美尔还有其他发现：美军和法军向东推进得太远，他们到了突尼斯中部，防守着丰杜克（Fondouk）、费德（Faid）和加夫萨的东多萨

突尼斯，1943年

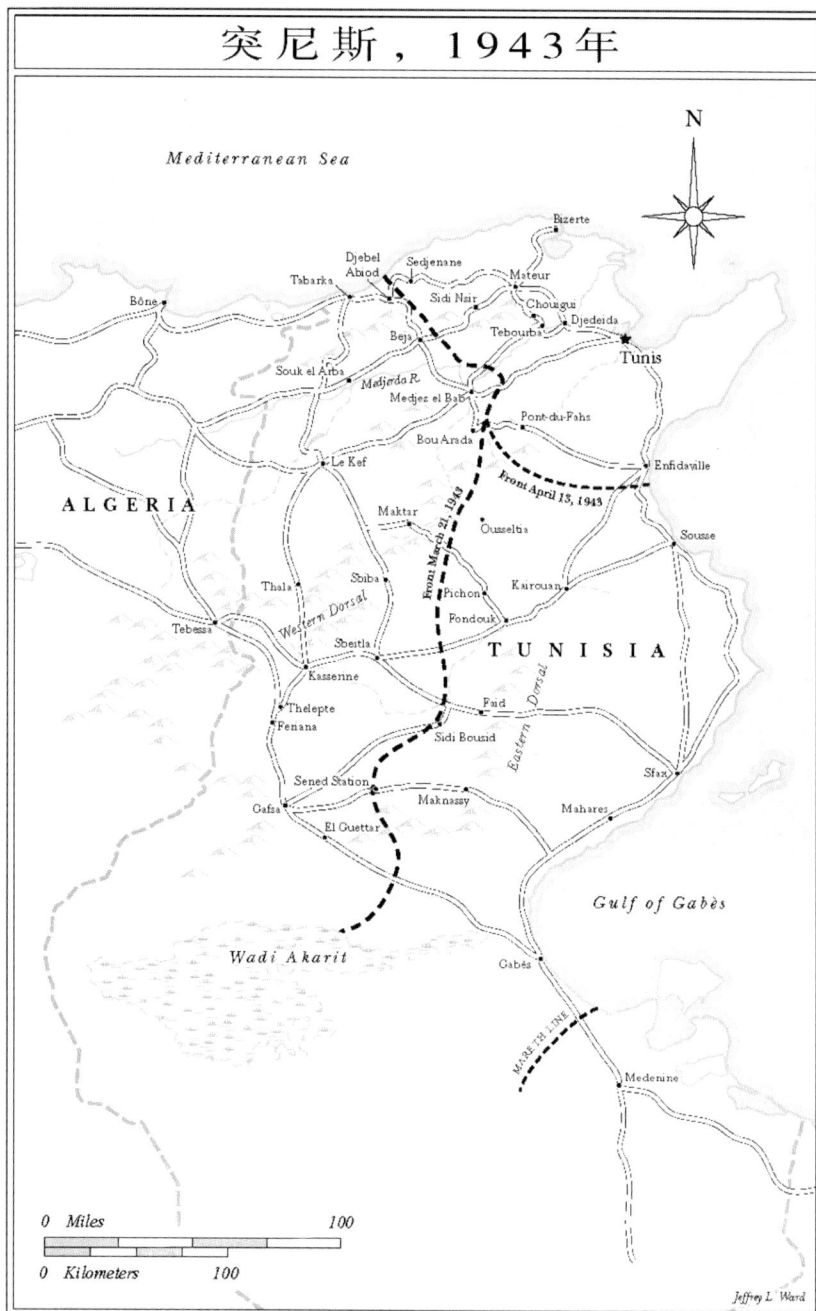

尔山脉的隘口，并守卫着 60—70 英里以西的西多萨尔山脉的隘口。

如果轴心国部队能够夺取费德和加夫萨，并直取菲里阿纳（Feriana）和卡塞林外的西多萨尔隘口，他们就可以直抵位于特贝萨的巨大的美军补给基地和总指挥部。在特贝萨，轴心国部队将处在位于突尼斯境内的盟军防线以西的有利位置，并深入盟军的通信区域。如果轴心国的装甲紧接着向北往 100 英里以外的大海方向出击，就可以切断整个突尼斯境内的盟军，或者迫使其撤退到阿尔及利亚。

接着，隆美尔就可以调集他自己的部队和阿尼姆的第 5 装甲集团军转回头来对付蒙哥马利，将第 8 集团军歼灭或是逼其狼狈溃退。

弗雷登道尔将军果然中了隆美尔的圈套。尽管艾森豪威尔叮嘱他要在侦察部队和略有迟滞的部队后方部署一支机动预备部队，但弗雷登道尔还是将他的步兵沿着防线上的各个互不相连的山丘分别部署，还把预备队拆分得零零散散。

1943 年 2 月 1 日，第 21 装甲师，现隶属于第 5 装甲集团军，坦克数量达 91 辆（正常编制的一半），在费德隘口击败了一股装备落后的法国守军。这令盟军指挥官认为轴心国部队在准备进攻，但他们却判断进攻的地点应该在 30 英里以北的费德。前线指挥官安德森将军在丰杜克后面部署了美军第 1 装甲师的 B 战斗司令部作为预备部队，配备了 180 辆坦克和 18 辆反坦克装甲车，占到了该师力量的一半。

隆美尔夺取费德的意图是希望获得一个起跳点，从这里可以直取分别位于 15 英里和 35 英里之外的西迪布济德（Sidi Bouzid）和斯贝特拉（Sbeitla）。从斯贝特拉出发有两条路通过西多萨尔山脉的隘口，一条向北延伸 20 英里到斯比巴（Sbiba），另一条取道 20 英里以西的卡塞林到特贝萨。为协助第 21 装甲师，隆美尔让阿尼姆派出了第 10 装甲师，配备 110 辆坦克外加 12 辆虎式坦克，但是阿尼姆嫉妒隆美尔的声名，不愿意帮他锦上添花。他只派出了 1 个坦克营和 4 辆虎式坦克，而且之后很快就将它们调回，加入他计划中的在更往北的地方要发动的袭击。

与此同时，隆美尔在加贝斯附近集结了一个由 16 辆坦克和 2 个小型步兵营组成的战斗群，它们来自利本施泰因（F. K. von Liebenstein）少将指挥的非洲军团。这些部队再加上意大利"半人马座"装甲师剩下的 23 辆过时的坦克准备夺取加夫萨。

2 月 14 日，从费德开始的进攻拉开战幕，指挥官是阿尼姆的副手、陆军中将海因茨·齐格勒。德军第 21 装甲师的一个战斗群从北面围绕西迪布济德附近的美军第 1 装甲师的 A 战斗司令部进行大范围包抄，并袭击美军侧翼。同时，另一个战斗群包抄到美军的另一侧翼从后部发起进攻。与此同时，第 10 装甲师的 2 个战斗群直接横穿费德隘口，对美军正面迎头痛击。美军丢弃阵地逃走，丢下 40 辆坦克、60 辆半履带装甲车和 5 个火炮营的火炮。第二天早上，C 战斗司令部穿过 13 英里的开阔平原向西迪布济德发起反攻，当到达德军火炮射程内时遭到如暴雨般的炮火打击。炮火阻止了进攻，而来自侧翼的钳式进攻则彻底摧垮了整个司令部。美军又损失了 54 辆坦克、57 辆半履带装甲车和 29 个火炮。

德军从费德附近的多个缺口蜂拥而入，他们迅速分割、包围了附近山上的美军并迫使其投降，清除了前进道路上的所有障碍。安德森命令部队撤往西多萨尔山。

2 月 17 日早上，德军装甲袭击了斯贝特拉前面的美军。美军顽强战斗至夜幕降临之时，终于溃退。在 3 天时间里，美军损失了 150 辆坦克，将近 3000 人被俘，而德军损失微乎其微。

与此同时，利本施泰因将军指挥的战斗群占领了被美军放弃的加夫萨，然后又急行军占领卡塞林西南 20 英里的菲里阿纳。2 月 17 日，他们摧毁美军多辆装甲运兵车和火炮，然后占领了位于泰勒普特（Thelepte）的机场，为防止德军占用，美军提前摧毁了 30 架地面上的飞机。

随着危机显露出来，弗雷登道尔将军惊慌失措，他把美军拉回了特贝萨并放火烧毁了那里的一些补给基地。2月19日，英国的哈罗德·亚历山大（Harold Alexander）接掌整个突尼斯前线的指挥权，他记录道："在撤退的迷惘之中，美军、法军和英军部队完全搅合在了一起；没有协调一致的防御计划，指挥也完全没了章法。"

隆美尔现在决心向特贝萨挺进然后再转向北进军。这就将迫使盟军要么将他们的部队撤出突尼斯，要么面临毁灭。

而且，隆美尔还告诉阿尼姆，"向北的进军必须保持在敌军前线后面（也就是西面）足够远的距离，以确保他们不会派出其预备队到（西多萨尔）隘口阻止我们的前进"。

但是阿尼姆将军没有看到这种袭击的可能性，而且正如隆美尔以为的那样，"想把第10装甲师握在自己手上，好自己小小地表现一下"。

隆美尔向意大利最高统帅部提出了请求。意大利最高统帅部同意发动进攻，却不赞成取道特贝萨。相反，他们要求取道塔拉（Thala）到卡夫（Le Kef），也就是说，要经由卡塞林和斯比巴隘口并向北到西多萨尔山后面。

在隆美尔看来，这是"一个骇人听闻且不可思议的目光短浅的想法"，因为它意味着"离前线太近了，必定会令我们遭遇敌军强大的预备队"。

但是已经没有时间争论了。隆美尔迅速将他的非洲军团派赴卡塞林隘口，同时第21装甲师奉命向北从斯贝特拉向塔拉以东25英里的斯比巴发动袭击。隆美尔命第10装甲师赶赴斯贝特拉，在那里可以根据需要对非洲军团或第21装甲师施以援手，但是阿尼姆迟迟不派出第10装甲师，因此当进攻开始时他们都还没到位。

对塔拉的出击正在亚历山大的预料之中，他命令安德森集中装甲力量保卫该地。安德森将英军第 6 装甲师派往塔拉，将第 1 警卫旅派往斯比巴。

在卡塞林，习惯于沙漠作战的德军摩托化步兵师试图突入隘口。他们忽略了两边高达 5000 英尺的山峰，那里有美军把守，侦察员发现美军的重型迫击炮和大炮的火力自上而下对准德军。德军的进攻停了下来。

与此同时，因为被水淹的道路、密集的地雷阵和警卫旅的阻挡，第 21 装甲师在斯比巴面前停了下来。该师也犯了一个错误，即从山谷里发动正面进攻而不是越过山丘发动袭击。

正如隆美尔所料，对斯比巴的袭击以及朝卡夫的进军离盟军的阵线太近了，他们的预备队可以迅速抵达阻击阵地。有些部队占据了山上易守难攻的阵地，为更多增援部队的到来争取了时间。

隆美尔判断在卡塞林的盟军稍弱，于是他将进攻地点选在这里，命令第 10 装甲师过来。当隆美尔于 2 月 20 日早上到达时，第 10 装甲师指挥官弗里德里希·冯·布劳契（Friedrich von Broich）告诉隆美尔他只带了一半的军力过来——阿尼姆将军留下了另一半，包括隆美尔翘首以盼的虎式坦克。

装甲掷弹兵和意大利山地部队从隘口的两边发起了侧翼进攻，另外，隆美尔还首次在非洲使用了六管火箭炮（Nebelwerfer）——仿造苏联的喀秋莎火箭炮设计的火箭炮。他们给美军以沉重打击，到当天下午 5 点，隘口已落入德军手中。隆美尔记录说美军打得非常好，德军损失不小。

当天晚上，隆美尔让他的装甲朝北面的塔拉和西北面的特贝萨运动。他的目的是迷惑盟军，让他们判断不准接下来的进攻方向，迫使其将预备队分散开。盟军果然上钩了。弗雷登道尔派出第 1 装甲师的 B 战斗司令部守卫从卡塞林到特贝萨的公路，同时英军第 26 装甲旅从塔拉向南开进，抢占卡塞林隘口以北 10 英里的一处阵地。

2 月 21 日，德军第 10 装甲师的一个战斗群（30 辆坦克、20 辆自行火炮和 2 个装甲掷弹兵营）向北迎击英军第 26 装甲旅，他们再次选择了侧翼进攻阵地，摧毁英军 40 辆坦克，自己损失了 12 辆。英军撤到了塔拉，但是一队德军坦克在一辆被俘的英军瓦伦丁步兵坦克带领下追上了第 26 装甲旅的尾巴，插进了阵地，消灭了一些步兵，摧毁了多辆汽车并俘虏 700 人。

第二天，隆美尔通过空中侦察的情报得知，盟军的增援部队正在靠近，德军穿越塔拉的机会在减小。与此同时，位于特贝萨公路上的德国非洲军团遭遇了美军炮火的重击。

2 月 22 日下午，已经意识到自身弱点的隆美尔和凯塞林认为不可能再有任何斩获，于是命令撤军。对发生的一切后知后觉的弗雷登道尔并没有组织有效的反攻，德军因此在几乎没有损失的情况下就从卡塞林隘口撤退了。

隆美尔的整个行动共击毙或打伤 3000 美军，并俘虏超过 4000 人，摧毁 200 辆盟军坦克，而相较之下，轴心国的伤亡人数只有不到 1000 人，坦克损失远比盟军少，但是，倘若阿尼姆能够合作、意大利最高统帅部能够有些远见，那么盟军的收获将大得多。

与此同时，阿尼姆以从隆美尔那里扣下的装甲于 2 月 26 日在北面发起了行动。主要是在 70 英里长的沿线上对 8 个阵地发起正面进攻。主要目标则是突尼斯市以西 60 英里的贝加（Beja）。

隆美尔形容这一计划"完全不切实际"。主要的进攻陷入离贝加不到 10 英里的狭窄而又多沼泽的峡谷中，英军的炮火打掉了除 6 辆坦克以外的全部坦克。尽管德军俘获了 2500 名英军，但德军损失了 71 辆坦克，而英军损失不到 20 辆。

这次进攻还拖延了隆美尔计划中的对位于马里斯防线上梅德宁

（Medenine）的蒙哥马利的第 8 集团军的进攻，这就给了蒙哥马利扩充军力的时间，3 月 6 日，当隆美尔发起进攻时，被成功阻击。在损失了 40 辆坦克之后，隆美尔下令停止进攻。这也葬送了在蒙哥马利的军队与突尼斯境内的盟军会师之前击败蒙哥马利的任何机会。

2 月 23 日，隆美尔被擢升指挥在非洲的所有部队，但是他却面临着 2 倍于自己的敌军和 9 倍于自己的敌军装甲，他得出的结论是，轴心国部队继续留下来就"完全是自寻死路"。3 月 9 日，他回欧洲开始一直没有休的病假，希望说服墨索里尼和希特勒趁时机未晚赶紧撤军。隆美尔写到，墨索里尼"似乎对现实完全没有认识"，而希特勒也对隆美尔的声辩无动于衷，认为他已经"变成悲观主义者"，禁止他再回非洲。

非洲大局已定。拥有了制海权和日益增强的制空权，加之大得多的战斗部队，盟军已经胜券在握。希特勒唯一的拯救在突尼斯的大约 18 万德军和意军的希望就是放弃火炮和坦克，通过空运和海运迅速撤离战斗人员，但是希特勒却不愿这样做。正如他对斯大林格勒的要求一样，在非洲的轴心国部队必须坚守抑或死亡。被压向他的命运搞得不知所措的墨索里尼已经失去了独立判断的能力，只是对希特勒的一切命令附和而已。

亚历山大将军有两种战略选择。他可以在位于北面的突尼斯市和比塞大附近的阿尼姆的部队与位于马里斯防线上的乔瓦尼·梅塞将军的第 1 意大利集团军（隆美尔的旧的非洲装甲集团军的新称谓）之间打入一个楔子，对两支部队实行分割包围并予以歼灭。或者他也可以将轴心国军队整体压缩到突尼斯市和比塞大附近越来越小的滩头阵地，直到他们失去机场和活动空间，最终迫使其投降。

亚历山大选择了第二种方法，这就要求蒙哥马利的第 8 集团军沿海岸向北行进，将轴心国部队逼进突尼斯—比塞大的包围"口袋"中，而其余的盟军部队则向突尼斯境内的轴心国阵线逼近，加速轴心国部队撤退。

第一种选择应该是更好的方案，亚历山大也知道这一点。蒙哥马利将会以让人发疯的慢速度前进，这会增加盟军和轴心国双方的伤亡，并把突尼斯战役拖到春天，但是亚历山大拒绝了将两支轴心国部队分开的想法，因为这需要美军第2集团军来实现，而且正如奥马尔·布莱德利（Omar Bradley）将军所言，亚历山大"对美军士兵完全缺乏信任"——卡塞林一役失败的副产品。相反，第2集团军只需要在东边的山外以有限的佯攻"亮亮相"并"制造点儿噪音"。

但是艾森豪威尔先前已让一个完全不同风格的将军乔治·巴顿二世（George S. Patton Jr）取代了弗雷登道尔。他是一名非常有闯劲的指挥官，他被亚历山大的指示激怒了，特别是在艾森豪威尔已经把第2集团军增加到4个师共8.8万人的情况下，这一数量已经是轴心国可以应战的部队的4倍了。

1943年3月7日，巴顿到达第2集团军总部，后面跟着一队长长的装甲侦察车，笛声尖叫，他的"指挥车"上有两面金属制的旗帜，红底上绘有两颗巨大的陆军少将将星，站在车上的巴顿就像一名战车御者。巴顿很快给第2集团军的问题开出了自己的"药方"：每名士兵都要系领带，即使在战斗前线也要保持，所有人（包括在后方医院照看病人的护士）都要戴上重金属作战头盔。

巴顿出身一个加利福尼亚的富裕人家，娶了一位富有的波士顿人家的后代，但他从未怀疑过自己注定要成为一名伟大的战士。他的祖父，一位弗吉尼亚人，在美国南北战争期间指挥过邦联军的一个团并负伤战死。巴顿于1909年从西点军校毕业，在1918年法国的战役中获得"优异服务十字勋章"，在1940年的行动中作为一名坦克指挥官展现出卓绝的能力。巴顿有阅读障碍，在读写方面的困难让他始终有一种不安全感。为了克服这种不安全感、与生俱来的羞涩以及高亢刺耳的声音，巴顿练就了在公共场合虚张声势和夸夸其谈的行为方式。这使他成了一个喜欢自我宣传的人，并且对下属极其严苛。艾森豪威尔总结巴顿是一个精明的战士，喜欢作秀、话太多，而且有时并非下属的好榜样，但是艾森豪威尔相信，巴顿会成为一名出色的战场指挥官。

蒙哥马利缓慢地，以令人又急又恼的节奏准备着对马里斯防线的进攻，计划在梅德宁战役之后两周的 3 月 20 日发动。由第 2 集团军发起的进攻应该提前 3 天，但是仅限于吸引轴心国预备队的注意，夺回位于前方泰勒普特的机场以协助蒙哥马利进军，并在前方的加夫萨建立基地以帮助第 8 集团军在其向北进军途中提供补给。

1943 年 3 月 17 日，美军第 1 步兵师在特里·艾伦（Terry Allen）的领导下不战而夺取加夫萨，意军沿公路撤往 20 英里以外的盖塔尔（El Guettar）以东的一处滩头阵地，堵住了通向加贝斯的道路。与此同时，美军第 1 装甲师在奥兰多·瓦德（Orlando Ward）的指挥下，携美军第 9 步兵师的部分军力从卡塞林向东开进，占领了位于色奈德（Sened）的火车站，然后向马科纳西（Maknassy）和那里的东多萨尔山的隘口进军。

但是瓦德的坦克和卡车被困在了大雨搅和过的泥泞地里，尽管他在 3 月 23 日连续发起进攻，但被占据着一个制高点（322 高地）的鲁道夫少校领导的一支 80 人的德军分遣队（隆美尔原来的贴身警卫队）阻击。瓦德又于次日派出 3 个步兵营在火炮和坦克的支持下重新发起进攻，又一次失败了。

巴顿怒气冲冲，命令瓦德亲自带队再次发起进攻。瓦德遵命照办，但还是失败了。亚历山大建议将瓦德解职。巴顿私下里是同意的，但他为亚历山大的提议是对美军的又一次批评而感到愤愤不平。最终，他派出了第 2 集团军副军长布雷德利前去执行任务，并以厄内斯特·哈蒙（Ernest N. Harmon）替换了瓦德的职务。

在盖塔尔，特里·艾伦的步兵于 3 月 21 日突入意军阵地，但是在 3 月 23 日被从马里斯防线赶过来的第 10 装甲师打了个反击。装甲部队打垮了美军的前沿阵地，但是被挡在了布雷区前，美军火炮和反坦克装甲车对其进行绞杀，摧毁 40 辆德军坦克。尽管美军收获不多，但他们在盖塔尔和马科纳西发起的进攻还是牵制了敌军本就有限的坦克力量。这就为蒙哥马利在马里斯防线发起进攻创造了有利条件。

蒙哥马利集结了 16 万人来对付梅塞的 8 万人，出动了 610 辆坦克和 1400 门火炮，而梅塞只有 150 辆坦克（包括第 10 装甲师已经调走的坦克），火炮数量只有英军的一半。然而，与在阿拉曼的情形类似，蒙哥马利把主要努力放在了对轴心国防线心脏位置的直接进攻上，他调集了 3 个步兵师发起正面进攻，希望打开一个口子能让自己的装甲通过。与此同时，一支新西兰集团军从加贝斯向内陆侧翼迂回 25 英里，以威胁敌军的后方。这次行动开始时很顺利，但却被第 21 装甲师和第 164 轻型步兵师阻止。

英军的正面进攻仅仅在轴心国防线上有一点点进展就被迫停止了。第 15 装甲师以仅仅 30 辆坦克和 2 个步兵营的兵力发起了一次反攻，打垮了突前的英军步兵，也粉碎了英军的整个进攻。

3 月 23 日，蒙哥马利把部队转移到内陆侧翼。由于蒙哥马利的正面进攻失败，轴心国部队指挥官们已经在两天前就把第 15 装甲师拉到了这个侧翼。

蒙哥马利很可能再次受挫，然而，在隆美尔离开后担任整个前线指挥官的阿尼姆却决定将梅塞的部队回撤到后方 43 英里的宽达 14 英里的阿卡利特干河谷（Wadi Akarit）。在阿卡利特干河谷，蒙哥马利又一次进行着费时费力的准备工作。

与此同时，巴顿又在盖塔尔和马科纳西开启攻势。到 3 月 27 日，蒙哥马利已经在通往阿卡利特干河谷的路上到达了加贝斯，亚历山大命令巴顿的坦克不要等步兵清道而直接朝海岸开进。然而，一连串的反坦克炮阻止了坦克的前进。巴顿命其步兵清除障碍，但这样的努力同样失败了。

然而，阿尼姆已经派第 21 装甲师前去增援第 10 装甲师，削弱了在阿卡利特的兵力，这样蒙哥马利就会很容易撕开防线，4 月 5 日，蒙哥马利的步兵突击成功。蒙哥马利又一次延缓了扩大战果的进程，到了早上，轴心国部队已经奔向海岸、朝突尼斯市以南仅 50 英里的恩菲达维尔（Enfidaville）行进。这里是一片狭窄的海岸平原，西面有一座山作为屏障。

亚历山大试图阻止敌军的撤退，他调集了由英国的约翰·克罗克（John Crocker）将军指挥的一支新的集团军（第 9 集团军）于 4 月 7 日夜至 8 日凌晨通过丰杜克隘口发起进攻，目的是穿过凯鲁万（Kairouan）到达恩菲达维尔以南 25 英里的苏塞（Sousse）。克罗克指挥的部队包括英军第 6 装甲师、英军第 46 装甲师的 1 个旅以及美军第 34 步兵师，拥有 350 辆坦克，但是第 34 步兵师延迟了 3 小时才出发，很快就停下并隐蔽起来。这就使敌军将火力转向北阻击第 46 装甲师。4 月 9 日，克罗克倾其第 6 装甲师的坦克欲图打开一条通道，但是他们直到下午才突破了 15 门反坦克炮的火力，自己损失了 34 辆坦克。当克罗克的坦克于 4 月 10 日到达凯鲁万时，梅塞的部队已经从那里顺利通过。这是由兵力处于劣势的轴心国防御部队创造的辉煌战绩，而盟军的表现则乏善可陈，特别是第 34 步兵师。

4 月 11 日，梅塞的部队抵达恩菲达维尔，与在突尼斯市和比塞大附近 100 英里的弧形地带的阿尼姆的第 5 装甲集团军会师。然而即便如此，轴心国的阵地仍然前途渺茫，因为德军和意军的兵力和补给都在下降，而盟军的力量却在增长。

正当盟军酝酿着发动定乾坤的一击时，一个巨大的分歧却使他们面临分裂的威胁。第 8 集团军正从南面向海岸推进，英军第 1 集团军也在北面筑好阵地对准突尼斯市和比塞大，亚历山大挑选了他们去突入桥头堡并迫使轴心国部队投降。而美军第 2 集团军，尽管他们现在已有 9.5 万人，却被完全排除在外，在朝胜利进军的过程中无法扮演什么角色。巴顿和布拉德利对此意见很大，他们向艾森豪威尔强烈抱怨，艾森豪威尔要求第 2 集团军向北移动，自己进攻比塞大。

由于巴顿正在制订入侵西西里的计划，第 2 集团军现由布拉德利指挥，他们向北进军，一天之内调动 2400 辆车辆，在英军防线的后方行进。

进攻于 4 月 19 日拉开帷幕，第 8 集团军向北出击、穿过恩菲达维尔向突尼斯市进军，同时英军第 1 集团军于 2 月 22 日在梅杰兹艾巴布附近发起主要的进攻，冲击由德军第 334 师的 2 个团把守的 15 英里长的防区。在北面，布拉德利的第 2 集团军于 4 月 23 日对哈索·冯·曼陀菲尔（Hasso von Manteuffel）率领的东拼西凑而成的 8000 人的 1 个师发起进攻。

盟军的战斗力量此时已接近 30 万人和 1400 辆坦克，而作为防守中坚的 9 个德军师加起来只有 6 万人，坦克不到 100 辆。

因此盟军的进攻应该是十拿九稳，但事实却并非如此。在恩菲达维尔的意军和德军生生地把蒙哥马利给挡住了。在 2 个德军团的顽强防守下，第 1 集团军的进展十分缓慢，然后又被由德意非洲集团军群剩余的所有坦克临时拼凑而成的一个旅击退。在北面，美军第 2 集团军在穿越丘陵地带时进展缓慢，接着他们发现曼陀菲尔已经溜回了后方数英里处的一个新防线上。

但是在轴心国方面，由于他们的补给线已经事实上陷入瘫痪，剩下的油料只够车辆跑 25 千米，弹药只够 3 天使用，而且食品变得极其短缺。

4月21日，由于兵力损失，蒙哥马利停下了在恩菲达维尔的进攻，阿尼姆趁机将坦克拉向北面阻止英军在梅杰兹艾巴布以东的突破。

与此同时，布拉德利的第2集团军于4月26日再次发起进攻，但是又被德军顽强的抵抗阻住了。然而，曼陀菲尔的部队几乎把弹药打光了，撤往距比塞大仅15英里的马特尔（Mateur）以东的一条新防线。现在轴心国的阵地已经没有什么回旋的余地了，任何突破都将是致命的。由于盟军已经控制了主要的空域，轴心国的飞机已经撤到西西里，德军业已失去空中保护。

5月6日，盟军的突破在梅杰兹艾巴布防区不到2英里宽的狭窄前线展开，出动的兵力包括4个英军师、2个步兵师、2个装甲师，配备470辆坦克。尽管打头阵的坦克拥入了突破口，但指挥官却在坦克前进6英里后叫停了——尽管在他的部队与突尼斯市之间并无异常，这是由于德军因缺乏油料动弹不了。他的目的是让自己所有的旅保持在一起。

5月7日一大早，进军步伐重启，但是英军又一次表现出了过分的小心谨慎，尽管没有任何抵抗，但他们直到下午才到达突尼斯市。

同时，第2集团军于5月7日发现前方的道路已经畅通无阻，于是当天下午就开进了比塞大。

大规模的投降开始了。希特勒要求抵抗至死，但是轴心国的士兵却纷纷投降。在地中海区域久经战役考验的德军和意军部队，总共16万人，被关进了战俘营。如果他们撤退到西西里和意大利本土，盟军无论进攻哪里都将付出惨重的代价，甚至很可能无法完成。隆美尔的话言犹在耳，部队如果继续留在非洲无异于等死。

第 18 章　入侵西西里

同盟国在占领突尼斯之后在地中海的行动是一个很好的案例，可以剖析如果希特勒转入防御作战，德国将与同盟国形成怎样的僵持局面。自从 1941 年 12 月占领莫斯科的企图失败，希特勒的高级军官们就一直苦口婆心地请求他采取这样的战略。

斯大林格勒的失败应该让希特勒明白，要想在东线一锤定音希望渺茫。与此同时，西线盟军的指挥官们又过于谨慎，他们给了希特勒一个机会，能够将在进攻中犯下的许多战略失误通过防御找补回来。

当然，胜利已经无望，但是如果希特勒将他的大部分陆军和空军用来对付西线盟军的登陆的话，德国还是有可能在西线与盟军形成僵持。通过在东线节约使用兵力，以及最重要的，通过避免发起可能消耗为数不多的战斗力量的进攻，他应该可以拖住苏联红军，直到每个人对战争厌倦不已。

但是这样的转变需要希特勒认识到自己的失误——显然，希特勒做不到。相反，他在 1943 年春天开始调集所有可能调用的人员、大炮和坦克，准备在哈尔科夫西北方向的库尔斯克突出部与苏联红军决一死战。这场被称为"城堡行动"的战役将成为重新夺回主动权的决定成败的战役。在这种持续的欲图消灭苏联和共产主义的追求中，他忽视了地中海和法国的北部海岸。这也是他作为战地指挥官最大的失败所在。

在地中海地区的德国将军们发现，盟军主要将领们犹豫不决、行动迟缓，坚持要在取得压倒性优势的情况下才采取行动。盟军对安全的执着正好成就了德军的优势。与盟军指挥官相比，德军将领们总的来说更为大胆、更为灵活、更具创造性、更善于捕捉机会，并且对自己制伏对手的能力更加自信。

一系列的决定都清楚表明了艾森豪威尔、亚历山大、蒙哥马利和其他高级指挥官们的态度。第一，尽管预期不会遭到反对，但他们还是派出了 10 个师参加入侵西西里的行动（"哈士奇行动"），这比他们之后在诺曼底海滩登陆的人数还多。第二，他们坚持从萨勒诺进攻意大利，因为它在从西西里东北部起飞的"喷火"战斗机的 200 英里飞行范围内。而德国人知道同盟国坚持空中掩护策略，于是也把萨勒诺锁定为目标，准备了一场可怕的欢迎仪式。

突尼斯战役后，美军只是将自己的目标锁定在入侵西西里上。1943年 5 月中旬，丘吉尔第三次到访华盛顿，希望就进攻意大利本土与美国达成一致。他声称，这将会促使意大利很快投降。丘吉尔对自己的真实目的避而不谈：把美国人的注意力从跨英吉利海峡入侵计划上引开。

但是马歇尔将军却坚持"波莱罗"行动（Operation Bolero）——在英国为跨海峡作战（"包围行动"）做准备——优先于其他任何事情。这并没有完全排除入侵意大利，但是马歇尔却不希望将注意力转向地中海。

他部分地成功了。这次会议确定了代号为"三叉戟"（Trident）的行动，将 1944 年 3 月初作为入侵法国的时间，这一行动不久之后就被赋予了新的代号"霸王（Overlord）行动"。而对意大利则只字未提。

丘吉尔不甘愿接受华盛顿的沉默结局，他呼吁在 1943 年 5 月 29 日在艾森豪威尔设在阿尔及尔的指挥部召开一次会议，以推动对意大利的入侵行动，理所当然，就要放弃"霸王行动"。马歇尔将军参加了会议，但是丘吉尔与英国皇家军队总参谋长阿兰·布鲁克以及地中海区域的所有英军指挥官们已经暗中布局。

艾森豪威尔感兴趣的是夺取意大利南部福贾附近的机场，进而袭击普洛耶什蒂油田和德国南部的目标，但他对需要翻越意大利之靴上崎岖山脉的战役并不感冒，特别是考虑到随着冬季到来将面临的雨天、泥泞和难以行军的情况。

丘吉尔很是精明，并没有提出超越夺取意大利南部的目标，但是布鲁克却私底下向艾森豪威尔承认，丘吉尔希望在陆地上的战线宽度不超过盟军在意大利可以承受的限度，并且倾向于动用盟军的空军和海军力量封锁德国并摧毁其工业设施。

艾森豪威尔知道马歇尔绝不会接受放弃"霸王行动"，但是他自己却对夺取那不勒斯和福贾的机场表示赞同。丘吉尔和布鲁克心满意足。盟军向那不勒斯和福贾的进攻将是板上钉钉的事。一旦牵住了骆驼的鼻子，那么这只骆驼必将影从。丘吉尔仍有机会实现其地中海战略。

通往西西里的关键是不到 3 英里宽的墨西拿海峡（在希腊神话中，该海峡由斯库拉和卡律布狄斯守卫），它将该岛东北部的尖角与意大利的"脚趾"（卡拉布里亚）分隔开。无论是运输补给物资还是从西西里撤出都需经过这个"瓶颈"。

在盟军已经掌握制海权的情况下，要想不战而使西西里岛上的敌军投降，就要入侵意大利之"趾"（卡拉布里亚）。而在卡拉布里亚事实上已无轴心国部队。占领此地就将切断西西里与大陆的联系并阻断敌军部队从岛上撤退的通道——除了那些少数已经逃走的之外。

这样的想法从未得到正视。部分原因在于美国人对入侵意大利大陆犹豫不决，但是主要原因在于艾森豪威尔不愿意采取任何不够保守的、不够确定的以及不够直接的行动。美国海军历史学家塞缪尔·莫里森（Samuel Eliot Morison）评价道："整个'哈士奇'计划就是个错误……我们应该首先进攻墨西拿瓶颈。"

指挥在意大利的德军第 10 集团军的海因里希—戈特菲尔德·维廷霍夫—谢尔（Heinrich—Gottfried Vietinghoff—Scheel）将军写道，盟军本可以在"没有任何特别的困难的情况下"夺取墨西拿海峡。正如德国南方战区总司令凯塞林所言，如果这一情况发生，"西西里登陆就将取得压倒性的胜利"。

但是，艾森豪威尔赞成的是完全的正面进攻。按计划，蒙哥马利将军的第 8 集团军将在西西里岛的东南角登陆，而同时巴顿的美军第 7 集团军也迅速在西面登陆。

这也正是意军和德军所期望的入侵地点，那里的轴心国部队指挥官——意大利将军阿尔弗雷多·古佐尼（Alfredo Guzzoni）已经布下 8 个海岸师的共 27.5 万人（大部分由西西里本地征召部队组成的静态部队），以及 4 个意军机动师，2 个德军师（第 15 装甲掷弹兵师和赫尔曼·戈林装甲师）分成 5 个机动化预备战斗群。

希特勒并未向西西里派出更多的部队，因为他担心墨索里尼可能被打倒，意大利人可能与盟军媾和。他也并不确信盟军会否在西西里登陆。他认为撒丁岛是一个更合乎逻辑的目标。占据这个岛将为盟军提供向北跳入科西嘉的跳板，而从科西嘉出发，盟军可以袭击法国南部或意大利北部。他还认为盟军可能在希腊登陆，进而穿过巴尔干半岛向北推进。

英军的情报官员加强了希特勒的错误知觉。他们在一名被冲上西班牙的海滩上的"英军军官"尸体上放置了一些文件。除了身份证明和私人信件，里边的文件还包括一封由皇家军队副总参谋长阿奇伯德·奈伊（Archibald Nye）勋爵写给亚历山大将军的密信，声称盟军准备在撒丁岛和希腊登陆，同时也让轴心国相信西西里也是目标之一。

在西班牙的纳粹特工认为这封信是可信的。尽管凯塞林和意大利将领们并不为之所动，但它对希特勒却造成了很大的影响。他把第 1 装甲

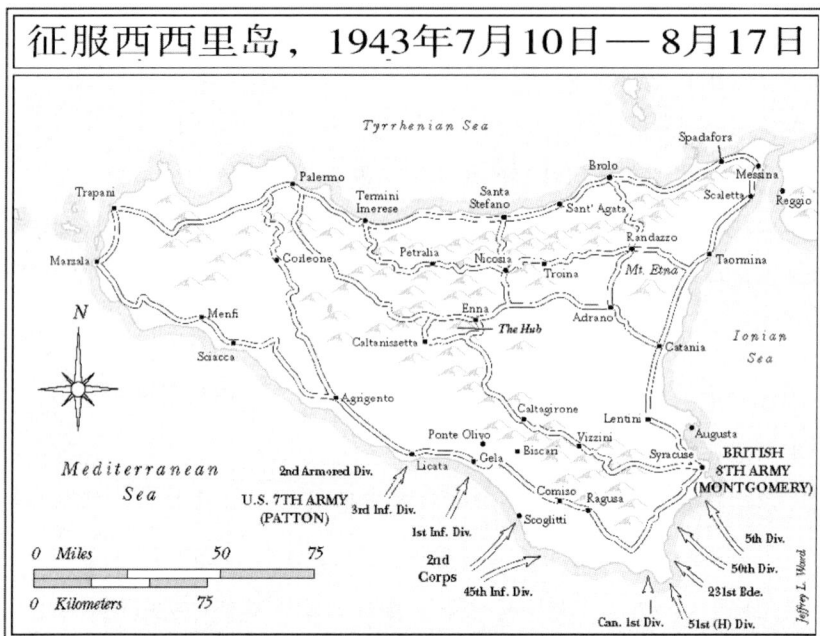

征服西西里岛，1943年7月10日— 8月17日

师从法国派到了希腊，把第 90 装甲掷弹兵师派往撒丁岛，斯图登特的第 11 航空军的 2 个伞兵师被派往法国南部，准备在盟军入侵撒丁岛时予以阻截。

艾森豪威尔和他的高级将领们直到 5 月 13 日才完成他们的计划制订。然而，由于为"哈士奇"行动准备的师中只有 1 个正参加突尼斯战役最后阶段的作战，因此入侵行动就可以直接紧跟着轴心国部队的投降而展开。如果发生这种情况，进攻方就会发现，该岛事实上已经没有部队防守了，可以兵不血刃地夺取该岛。

因为过于小心，盟军入侵西西里的行动推迟到了 1943 年 7 月 10 日。唯一意外的因素是一场暴风雨不期而至，本来就对作战不感兴趣的意军海岸师官兵们安枕而睡，以为盟军会等到天气转好时再来。

4 个英军师在西西里岛东南角锡拉库扎（Syracuse）和帕塞罗角 (Cape Passero) 附近 40 英里长的沿线上登陆，同时，4 个美军师在西面斯科利蒂（Scogliti）、杰拉（Gela）和利卡塔（Licata）附近 40 英里长的海滩沿线登陆。头 3 天里共有 15 万人登陆；最终登陆的人数为 47.8 万人；英军 25 万人，美军 22.8 万人。

美军的登陆得益于新式坦克登陆舰和水陆两用车的使用。

意大利海军的反击很弱。盟军只损失了 4 艘战舰和 2 艘坦克登陆舰——被潜艇击沉。而与此同时，由于盟军的空中优势明显（4000 架飞机对阵 1500 架德军和意军飞机），敌军轰炸机撤回了意大利中部。

盟军最惨重的损失是在空降兵部队。英军第 1 空降兵师和美军第 82 空降兵师的部分部队在内陆降落，准备夺取战略要地，但是高空的强风把美军吹出了 50 英里的半径范围，并造成英军 134 架滑翔机中的 47 架坠入海中。

几处登陆地点均未遇到意军的任何抵抗。登陆部队指挥官哈罗德·亚历山大将军写道："意大利海岸师——其价值本来就不高——几乎未发一枪就土崩瓦解了，而与野战师遭遇时，他们也像风中之絮一样飘散无踪。大规模的投降简直是家常便饭。"

从入侵的第一天开始，全部的防御重担都落在了德军身上。其间只有一次主要的反击。赫尔曼·戈林师在距杰拉平原 20 英里的内陆地区卡尔塔吉龙附近有一支 56 吨重虎式坦克部队。7 月 11 日早上，虎式坦克打垮了美军第 1 步兵师和第 45 步兵师的前哨部队，到达靠近海滩的沙丘。盟军依靠恐怖的但指挥有序的海上火炮才粉碎德军的进攻。

由于意军逢出现的任何盟军部队都投降，德军便回撤到西西里的东北角以封堵到墨西拿的路线。他们在埃特纳火山断层区附近形成了一条强有力的防线，由瓦伦丁·胡比统率的一个新的指挥部（第 14 装甲集团军）派出的 2 个师协助。

在蒙哥马利向北往东边海岸进攻时，巴顿的第 7 集团军包抄向西边和岛上的中心据点，在遭遇很少抵抗或没有抵抗的情况下一路直取巴勒莫,接着沿北边的海岸向墨西拿进军。

就在西西里摇摇欲坠之时,意大利人民于 7 月 25 日推翻了墨索里尼的统治,将政府权力移交给维克托·伊曼纽尔(Victor Emanuel)国王和佩特罗·巴多格里奥(Pietro Badoglio)元帅。新的领导层下令逮捕了墨索里尼,但为了隐瞒他们的德国盟友还是向其表示了继续战争的决心,同时与同盟国在里斯本签署了秘密协定。

彼时,罗斯福总统和丘吉尔正在召开魁北克会议(代号为"四分仪",1943 年 8 月 14—24 日),同时也操纵着谈判。丘吉尔希望墨索里尼的被黜可以将美国人的视线从"霸王"行动上转移开,进而采取穿过意大利北部向法国南部或维也纳进军的行动。他还寻求从德国人手中把希腊和巴尔干半岛夺过来。他还特别希望登陆部队进攻位于地中海东部多德卡尼斯群岛中的由意大利控制的罗德岛。在这一点上,丘吉尔遭到了来自马歇尔将军的强烈反对。

"很抱歉,"马歇尔告诉首相阁下,"美国士兵不会去那片充满诅咒的海滩上送死。"

在"四分仪"会议上,西方同盟国同意在地中海区域相机而行,但是"霸王行动"被置于完全优先的位置。

希特勒意识到意大利人将要放弃,他也同样秘密地启动了占领意大利的"轴心计划"。隆美尔将 8 个师开进了意大利北部——表面上是让那里的意大利部队可以向南迎战盟军,实则是确保穿过阿尔卑斯山的通道以及该区域所有战略要地的安全。希特勒让在西西里的胡比推迟一点撤离,但在通过墨西拿海峡时要尽可能地快。他还让纳粹党卫军少尉奥托·斯科尔兹内(Otto Skorzeny)摸清楚墨索里尼被关押的地点并将其救出。

胡比将军非常高效地指挥了西西里岛上滞留期间的行动,对盟军造成重创,与此同时,在 6 天 7 夜的时间里,古斯塔夫·冯·利本施泰因

(Gustav von Liebenstein) 中校在德军战斗机和猛烈的防空火炮的掩护下，转移了 4 万德军和 6 万意军。尽管意军丢弃了几乎所有的武器装备，德军弃掉了 1 万辆汽车、47 辆坦克、94 门大炮和 1.7 万吨补给物资。

8 月 17 日，美英军队到达墨西拿，此时此地已无敌军踪影。

由于被派到西西里岛的德军只有约 6 万人，有 13500 名伤员被空运撤离该岛，另有 5500 人被俘，相对而言德军死亡人数较少。英军总的伤亡人数将近 1.3 万人，美军为 1 万人——报告的死亡人数约为 5500 人。

巴多格里奥深恐德国人会抓住他和国王，于是要求盟军伞兵部队在罗马大规模着陆，作为意大利投降的交换条件。艾森豪威尔认为这太危险了，因为希特勒已经派库尔特·斯图登特的第 2 空降兵师和第 3 装甲掷弹兵师抵近罗马。斯图登特接到指令，一旦巴多格里奥宣布投降，即迅速解除首都（罗马）附近所有意大利军队的武装。

尽管巴多格里奥在罗马驻有 5 个意军师，但盟军和德军对此的态度却是：盟军对他们保护着陆地点的能力没有信心，而斯图登特也很确信自己较少的兵力可以解决他们。

艾森豪威尔要求立即停火。巴多格里奥屈服了。1943 年 9 月 3 日，在锡拉库扎附近，艾森豪威尔的总参谋长沃尔特·比德尔·史密斯（Walter Bedell Smith）与曾参加里斯本谈判的乔治白·卡斯特拉诺（Giuseppe Castellano）签署受降协议。同一时间，维克托·伊曼纽尔和巴多格里奥接见了德国大使，向其保证意大利仍将对轴心国伙伴忠诚。同一天，英军各师通过墨西拿海峡并在意大利大陆建立了一个桥头堡。1943 年 9 月 8 日，同盟国通过阿尔及尔广播电台宣布停火的消息。不久之后，对意大利的大规模入侵（"雪崩行动"）就开始了。

凯塞林宣布意大利全国皆战场。隆美尔解除了北方的意大利军队的武装。伞兵压向罗马。多数意大利士兵的反应是，要么脱掉制服隐入平民当中，要么甘愿沦为囚徒。只有在巴尔干半岛上有少量意大利部队发起了一些抵抗，但无一奏效。墨索里尼的新罗马帝国春秋大梦最终以悲剧收场。维克托·伊曼纽尔、王后、翁贝托王子、巴多格里奥和政府其他成员逃往亚德里亚海边的布林迪西。

意大利舰队的大部分都在马耳他投降，但是一颗新型设计的德国无线电制导炸弹在意大利旗舰"罗马"号行驶的过程中将其炸沉。

斯科尔兹内查出了墨索里尼被关押的地点——位于罗马东北70英里的阿布鲁齐山脉中海拔2900米的格兰萨索。1943年9月12日下午2点，8架滑翔机降落在坎普皇家饭店的地面上。70名伞兵和武装党卫军突击队瞬时倾泻而出，制伏意大利守军，将墨索里尼成功救出。不久之后，一架轻型"费塞勒鹳"（Fieseler Storch）侦察机降落，接上墨索里尼和斯科尔兹内并把他们送到附近的机场，一辆运输机将墨索里尼送去见正在东普鲁士拉斯腾堡的希特勒。整个营救行动持续不到20分钟。

墨索里尼，一介亡命之徒，成立了一个"共和社会主义政府"，以加达尔湖畔的萨洛小城作为"首都"。但他已经没有实权，不过是希特勒的傀儡。

8月份，发生在西西里的两件插曲招来了对乔治·巴顿作为高级指挥官的能力的怀疑。在8月3日慰问一所疏散医院时，巴顿来到一个身上没有伤口的士兵面前，他问这名士兵哪里受伤了。

"我想我心里无法承受了。"士兵答道。

巴顿勃然大怒，把这名士兵狠狠地骂了一顿，还用他的手套扇了士兵的耳光，气冲冲地走出帐篷。这名士兵被诊断为患有痢疾和疟疾。当晚，巴顿给指挥官们发了一个备忘录，严厉斥责那些"以精神紧张为借口声称不能参加战斗"而钻进医院的懦夫。

8月10日在另外一所医院，巴顿在一名医护人员陪同下沿着一列简易床巡视。他来到一名在床上颤抖的人面前，询问他有什么问题。

"我的神经很紧张。"士兵说着就哭了起来。

"你的神经，见鬼，"巴顿吼道，"你就是一个该死的懦夫，狗娘养的杂种。你简直是部队的耻辱，你应该回到前线战斗，虽然那对你来说高估了你。应该把你拉到墙边一枪给崩了。事实上，我现在就该亲自把你给毙了，该死的家伙。"

巴顿从皮套里逃出自己的手枪晃了晃，然后用另一只手里的手套朝那名士兵的脸上扫过。他命令医护人员马上把这人赶出去。"我不想让其他勇敢的孩子看到这样一个狗娘养的杂种。"他拔腿准备步出帐篷，随即又转身揍了那名哭泣中的士兵。

医生挡在了自己与病人之间，巴顿遂离去。医院向巴顿军队中第 2 集团军指挥官奥马尔·布拉德利递交了一份报告。布拉德利将文件锁在了自己的保险箱里，一言未发。然而，医生们还把报告抄送给了艾森豪威尔。他给巴顿写信，对他的辨别力和自律性提出质疑，要求巴顿对自己的行为作出解释，并要求他向目睹这些事情的人致歉。

当一些报纸的记者风闻这些事情时，艾森豪威尔要求他们不要做公开报道，因为倘若如此他就不得不将巴顿撤职。记者们同意了。同时巴顿向艾森豪威尔毕恭毕敬地写了封信；把两所医院的医生、护士和其他医护人员召集到巴勒莫并表达了自己的歉意；他还把那两名士兵叫到自己的办公室，向他们道歉并与之握手。

艾森豪威尔希望事件到此为止。不曾想，11 月份，美国报纸专栏作家德鲁·皮尔森在一次全国广播节目中透露了（巴顿）打人事件。在接下来掀起的公众批判狂潮中，许多民众要求将巴顿解职。后来风暴逐渐平息，但是当艾森豪威尔提名指挥诺曼底登陆战美军地面部队的集团军群指挥官时，他还是选择了布拉德利。巴顿在西西里无所事事地待了几个月，直到 1944 年 1 月 22 日，艾森豪威尔命他赶赴英国接掌美军第 3 集团军指挥官，以此也将他从耻辱中解救出来。

第 19 章 "堡垒"之灾

　　1941 年和 1942 年的战役已经证明，德军装甲在俄罗斯和乌克兰的开阔大平原上自由移动时，它们事实上是无敌的。因此，就 1943 年的形势而言，对德国来说合适的决定莫过于采取战略性回撤以便创造流动的局面，这样装甲就可以进行大范围的运动并实行突袭。这样就能使质量上仍占优的德军指挥官和战斗部队发挥最大的效益。

　　相反，正如东线最有经验的装甲指挥官之一梅伦廷（Friedrich－Wilhelm von Mellenthin）将军写到的，"德军最高统帅部除了将我们的恢宏壮丽的装甲师疯狂投入库尔斯克之外，想不到更好的方案了，而库尔斯克俨然已成世界上最坚固的堡垒"。

　　在德军力量与盟军逐渐增长的实力对比悬殊的情形下，正面交锋已经变得越来越不现实。到 1943 年年中，即便算上临时招募的非德国战斗人员，希特勒的野战部队加起来也只有 440 万人。而仅苏联红军就有 610 万人，同时英国和美国也正在动员另外几百万人。在战争生产方面，同盟国在每一种武器和每一种重要军需方面都远超德国的生产能力。

　　在冬季之末夺回哈尔科夫之后不久，曼施坦因就向希特勒提出了仍然可行的最好的战略选项。德军的阵线就像一个"包厢"一样，从哈尔科夫延伸到 200 多英里远的顿涅茨和米乌斯河，再到亚速海边的塔干罗格。而第 17 集团军仍在高加索地区的库班半岛。

"德军阵线上的突出部分，"曼施坦因写道，"正亟待切除。"

苏军可能从哈尔科夫以东突破并向西南方向进军黑海海岸，以图切断并摧毁整个德军的南翼。这种行动态势是丢失斯大林格勒以后曼施坦因一直担心的，如今它仍是一个持续存在的危险。

但是突出部分同样也是一个极好的诱饵。曼施坦因曾在斯大林格勒一役后提出这样的计划，如今他又向希特勒提起。他分析道，一旦苏军向南发起进攻，在顿涅茨和米乌斯一带的所有德军部队就应逐步撤退，将苏联红军向西引到第聂伯河下游的第聂伯罗彼得罗夫斯克和扎波罗热附近。与此同时，预备队应在哈尔科夫以西集结，在苏军向西行进的同时插到其北翼。

"这样，"曼施坦因断言，"敌人就必定会在亚速海边遭遇他们为我们在黑海岸边所设计的同样的命运。"

希特勒不懂机动作战，或者说不懂暂时放弃土地以换取自己军队的行动自由。他拒绝了曼施坦因的计划。希特勒转向了他所能理解的残酷的正面战役。他决意攻击库尔斯克突出部——一个 150 英里宽的突出部，一直深入到别尔哥罗德以北、哈尔科夫和奥廖尔以南的德军阵线近100 英里。

这种进攻思路（"堡垒行动"）最初源于陆军总参谋长蔡茨勒和中央集团军群司令克鲁格。他们提议从东边的基地处将突出部分割开来，并消灭其中的苏军。

曼施坦因的南方集团军群以 11 个"快速师"（装甲或装甲掷弹兵师）和 5 个步兵师向北进军，同时克鲁格的集团军群以 6 个"快速师"和 5 个步兵师向南推进。由于将新式虎式坦克和黑豹坦克投入战斗状态过程中遇到的技术问题，希特勒将"堡垒"行动的日期推迟到 7 月 5 日进行，这也给了苏军足够的时间做准备。

在苏联的撤退，1943年

OPERATION CITADEL

| 0 | Miles | 200 | 300 |
| 0 | Kilometers | 200 | 300 |

Lake Lagoda

LENINGRAD FRONT

Leningrad　Schlüsselburg

VOLKHOV FRONT

ESTONIA

Lake Peipus

Luga

Lake Ilmen

NORTHWEST FRONT

Pskov　Demyansk

ARMY GROUP NORTH

Opochka

KALININ FRONT

Velikiye Luki End 1942

Belyy　Rzhev　Klin

LATVIA

Dvina R.

abandoned by Germans March 1943

Moscow

Vitebsk　Vyasma

WEST FRONT

Orsha　Smolensk

Kaluga

Berezina R.

Minsk　Mogilev

Kirov

Tula

Roslavl

Rogachev

Bryansk　Orel

BRYANSK FRONT

Zhlobin

ARMY GROUP CENTER

Kursk

Mozyr

Chernigov

Voronezh

VORONEZH FRONT

Korosten

Sumy

Don R.

Kiev

Belgorod

Zhitomir　Fastov

ARMY GROUP SOUTH

Poltava　Kharkov

Berdichev

Kremenchug　Lozovaya

Izyum

Millerovo

SOUTHWEST FRONT

Stalingrad

Kirovograd

Dnepropetrovsk

Pavlograd

Donets R.

Don R.

Pervomaysk

Krasnoarmeisk

Kamensk

ARMY GROUP DON

Krivoi Rog

Nikopol

Zaporozhye　Stalino

Mius R.

Manych R.

SOUTH FRONT

Berislav

Melitopol

Taganrog　Rostov

Salsk

Elista

Kherson

Odessa

Sea of Azov

CRIMEA

Kerch

Novorossiysk

Kuban R.

Armavir

ARMY GROUP A

Budenovsk

Tuapse

Pyatigorsk

Mozdok

Nalchik

Caucasus

Black Sea

- - - Front lines end December 1942
- - - Front lines July 12, 1943
· · · Front lines end December 1943

OPERATION CITADEL

Bryansk

BRYANSK FRONT (Popev) July 12

Orel　Aug. 5

AUG.18

ARMY GROUP CENTER (Kluge)

JULY 5

July 5/10 German attacks

CENTRAL FRONT (Rokossovsky)

Kursk

VORONEZH FRONT (Vatutin)

ARMY GROUP SOUTH (Manstein)

Aug. 4

July 5/15 German attacks

STEPPE FRONT (Koniev) Aug. 14

Belgorod

Kharkov

AUG.23

SOUTHWEST FRONT (Malinovsky)

← Russian attacks
→ German Attacks

Jeffrey L. Ward

苏军通过无线电拦截和在瑞士的间谍圈搜集德军在库尔斯克集结的情况。他们开始在突出部范围内和周边集结具有压倒性优势的军力。

苏军面临的德军进攻中唯一强劲的对手现在变成了古德里安，希特勒于 1943 年 2 月将其作为装甲部队检阅官又派了回来。在 1943 年 5 月 3—4 日于慕尼黑同希特勒和其他将领们召开的一次会议上，古德里安通过航空摄影图发现，苏军正在拉开纵深防御态势——火炮、反坦克炮和地雷阵，特别是在德军进攻所指之处。

古德里安认为，德国应该将坦克生产能力用来应付即将到来的盟军在西线的登陆，而不是浪费在正面进攻蓄势待发、严阵以待的敌人上面。

几天之后在柏林，古德里安对希特勒说："库尔斯克的成败对世界的影响将是意义深远的。"希特勒回应道："所言极是。每当我想到这次进攻就觉得寝食难安。"

与此同时，古德里安正面临新式黑豹坦克的大问题，这种坦克与虎式坦克一样配有 88 毫米火炮。它的履带悬置和驱动力运转不灵，而且外部设备也不尽如人意。6 月 15 日，他告诉希特勒说黑豹坦克尚未做好战斗准备，但是希特勒此时心意已定，对此并不理会。

在库尔斯克突出部，苏军以地雷阵和坦克陷阱阻断了一切可能靠近这里的通道，建立了多条抵抗线，并将重要地点变成了防御工事。即使德军开辟出穿越地雷阵的道路并突破障碍，苏军也仍有时间撤退，德军将一无所获。

希特勒正在犯曾在斯大林格勒犯过的同样的错误：他准备进攻一个要塞，抛弃了所有来自机动战术的优势并且在苏军自己选择的地面上与之会战。除此之外，他还将自己的力量压缩到一个狭窄的前线而严重地弱化了战线其他部分的力量，正如他曾经在斯大林格勒的做法一样。

德军集结了 90 万人、1 万门加农炮、2000 架飞机和 2000 辆坦克。

苏军派出了 190 万人、20800 门加农炮、2000 架飞机和 5100 辆坦克。

除了在飞机数量上对等之外，希特勒进攻一支力量是自己的两倍多的敌军，无异于是在东线对自己整个阵线的冒险之举。更为不妙的是，苏军的其他方面军还并没有算进这支庞大的人员和武器阵列。他们在库尔斯克的两翼都集结了重兵，欲图突破并包抄德军，正如他们在斯大林格勒的两翼所做的那样。

希特勒的计划是，南面的赫尔曼·霍特的第 4 装甲集团军与背面的沃尔特·莫德尔的第 9 集团军相向进攻。第 4 装甲集团军的主要的突击将跟在第 48 装甲集团军和武装党卫军装甲集团军之后进行。他们将在库尔斯克以东与率领着 800 辆坦克向南进军的第 9 集团军会合。

在南边，第 48 集团军以"大德意志"装甲掷弹兵师和第 3、第 11 装甲师的 300 辆坦克和 60 门突击炮从西侧发起进攻；同时，在以东约 10 英里，党卫军装甲集团军的 3 个武装党卫军师以几乎同样的兵力从别尔哥罗德出发沿铁路线向北出击。卡图科夫（M. E. Katukov）的第 1 坦克集团军正准备封堵这两支德军部队。

战场大部分为开阔的平原，粮田遍野，沟壑将平原分割开来，小片树丛此起彼伏，村庄错落有致，小河与溪流从此穿过。地势向北渐渐升高，也让苏军获得了更好的观察视野。

战役于 7 月 5 日正式打响，大炮的猛烈火力与空中轰炸齐发，斯图卡俯冲轰炸机、新式福克沃尔夫 Fw190－A 战斗轰炸机和新型亨舍尔 Hs129 B2 反坦克飞机一起上场。德军在斯图卡和亨舍尔上设置了 30 毫米自动机关炮，可以刺穿 T－34 坦克顶部较薄的装甲。

但是第 48 集团军和党卫军装甲集团军都没能刺穿苏军防线。这不仅是因为整个区域地雷密布，还因为苏军的火炮给德军装甲以重击，飞机摧毁了大量坦克，加之苏军装甲占据较高的地势，德军装甲成了他们的靶子。

此时的苏军已经掌握由德国人发明的新型反坦克战术。他们把大量的"反坦克阵线"分散于所有防守区域。每条阵线上由一位指挥官指挥10门反坦克炮。目标就是将德军坦克引入这些火炮的彀中，从不同的位置对其进行火力打击。苏军以地雷阵和反坦克壕沟构筑了反坦克阵线。即便在深插苏军防线数英里之后，德军还是会发现自己陷在地雷阵中，并面对越来越多的反坦克阵线。

为了对付这些防御屏障，德军装甲排成楔形坦克阵型（Panzerkeil）前进，把重型坦克放在前面。虎式坦克尚能粉碎反坦克阵线，但是Mark IV 坦克却力所不逮，而且楔形坦克阵形通常只有在集中坦克火力对付反坦克炮时才能有所推进。即便如此，德军的损失仍很惨重。

在北边，霍特的第 9 集团军从一开始就戮力维艰。苏军的防守令人生畏，而德军主要的希望——由费迪南德·保时捷（Ferdinand Porsche，大众汽车的设计者）设计的 90 辆虎式坦克——却没有机枪。正如古德里安写到的，他们"不得不用加农炮像捕猎鹌鹑般作战"。虎式坦克无法清除敌军步枪和机枪的威胁，因此德军步兵无法跟在它们后面行动。苏军步兵没有被虎式坦克击中的危险，它们靠近其中一些坦克，用火焰喷射器向其舷窗喷射，或是直接用炸药包炸毁坦克。虎式坦克大量损毁，坦克手们也损失惨重，莫德尔的进攻在突入了仅仅 60 英里之后就停滞不前了。

第 48 集团军的经历代表了此时苏联战场的典型状态。该集团军直到 7 月 7 日才实现有限突破，彼时它们在一个小村庄（西锡尔兹乌村，Ssyrzew）的两边实现突破并推进了 4 英里。一个"大德意志"战斗群接着向北移动 6 英里并袭击了 243 号高地，那里的守军在左翼遏制住了第 3 装甲师的进攻，但是这个战斗群在高地面前被击溃了。

7 月 9 日，第 3 装甲师终于成功包抄到封堵他们的苏军西侧，但是又被更多敌军堵截在 243 高地西南 4 英里和贝列索夫卡村西北 3 英里的

第48装甲集团军在"堡垒"行动中，1943年7月7 — 12日

Kruglik　　　　Russian defensive position　　　Novosselovka

243

Russian resistance broken by
Stuka attacks and artillery July 9

Verchopenye

Russian forces
in wood

Beresowka　　　　　Sayrevo　　　　Gremutshy

Rakovo　　　　Luchanino　　　Ssyrzew

Savidovka　　　Alexeyevka

"Gross Deutschland"　　　11th Panzer
3rd Panzer　　　Panzergrenadier　　　Division
Division　　　Division

0　Miles　　　　5

0　Kilometers　　　5

Jeffrey L. Ward　　　　48th Panzer Corps

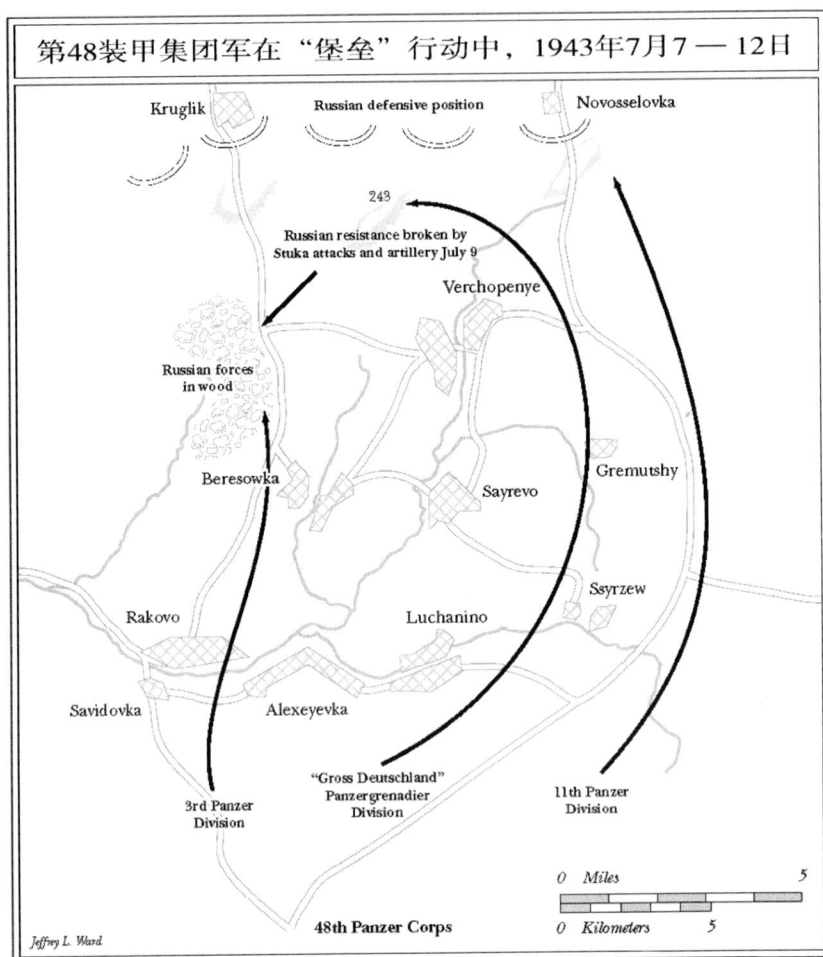

一片小森林里。在斯图卡的火力掩护下，经过一系列激烈的战斗，"大德意志"师终于将苏军赶出 243 高地，将剩下的苏军坦克赶进了树林。

看起来左翼的敌军已被清除，于是集团军指挥官奥托·冯·克诺伯斯多夫（Otto von Knobelsdorff）命令"大德意志"师向北行进，希望能取得突破，因为此前莫德尔的进攻以失败告终，但是苏军在树林外发起了反击并击败了第 3 装甲师，迫使"大德意志"师掉头回撤，接着他们又发动了一次轻率的进攻，反倒拯救了该师，而将自己从树林中拉了

出来，但苏军此举让德军第 48 集团军元气大伤，难以继续推进。

与此同时，位于该集团军东翼的第 11 装甲师只能疲于应付苏军坦克一轮又一轮的进攻。在第 11 装甲师东面的党卫军集团军起初也只能应付坦克的进攻，但渐渐地每一个党卫军师都在敌军前线上打开了口子，步步为营向前推进。

7 月 12 日，党卫军装甲集团军的"拳击赛"（slugging match）① 打到了铁路线上的普罗霍罗夫卡车站，这里距离起跳点有 20 英里远。这一突击很危险，朱可夫元帅授权由罗特米斯特罗夫（P. A. Rotmistrov）指挥第 5 近卫坦克集团军发起反攻。

接下来的碰撞演变成了历史上最大的坦克会战。党卫军装甲集团军有将近 400 辆坦克，苏军坦克数量是其 2 倍。德军尚存的虎式坦克和黑豹坦克配有 88 毫米加农炮和很厚的装甲，可以在 T－34 坦克的打击范围之外与苏军坦克交手。

为了将交战距离缩至 T－34 坦克可以有效发挥作用的范围，苏军发起了一次几乎是自杀性的穿越绵延起伏的开阔平原的进攻。在接下来的尘沙漫天的恐怖的混战中，德军失去了远程的优势，苏军和德军装甲车以近乎直截了当的炮战打得难解难分。罗特米斯特罗夫损失了 400 多辆坦克，而德军只损失了 320 辆。

到 7 月 12 日晚些时候，普罗霍罗夫卡成了损毁的坦克的墓地，但苏军成功地阻止了德军的进攻。坦克损失数量是惊人的。不仅保时捷设计的虎式坦克损失惨重，黑豹坦克也因为其驱动装置问题而被打得七零八落，而且因为石油和汽油供应系统没有充分密封，它们还很容易着火。起初尚有 80 辆黑豹坦克，最终却所剩无几。

7 月 13 日，希特勒传唤曼施坦因和克鲁格到他在东普鲁士的总部，

---

① 此处为直译，指的是针对敌人据点发起的有计划的军事进攻，指挥员密切协作，彼此提供支援，根据计划最大限度地发挥炮兵和空中支援的作用。

通知他们必须立即停止进攻。盟军既已在西西里登陆，部队就应被转移到地中海区域。

苏军最高统帅部做了一项了不起的工作，他们决定放弃土地，以地雷阵和反坦克防御工事对付德军的进攻，而把部队抽离出来。尽管苏军的坦克损失远甚于德军，但他们在装甲数量方面仍占据很大优势，7月23日，他们又把第4装甲集团军拉回了起初的战线上。

现在苏军掌握了战略上的主动权。在接下来的战争进程中，他们再没有放弃这种主动权。

7月12日，马基恩·波波夫（Markian M. Popov）的布良斯克方面军在库尔斯克以北对奥廖尔突出部发起进攻，到8月5日，他已将德军全部从突出部赶出。

8月4日，尼古拉·瓦图京（Nikolai F. Vatutin）的沃罗涅日方面军在库尔斯克突出部南缘袭击了第4装甲集团军的脆弱防线，并于次日占领别尔哥罗德。面对德军疲弱之师，瓦图京继续扩大战果，在接下来一周时间里推进了80英里，强压到哈尔科夫的后方及其与基辅之间的连接区域。

8月的下半月，苏军18支集团军以270英里宽的战线向西逼近。主要的突击针对德军南方集团军群，苏军的兵力是他们的3倍。

为对付德军中央集团军群，波波夫从布良斯克边上的奥廖尔出击，于9月中旬将德军赶走，同时苏军其他部队于9月25日把他们从斯摩棱斯克挤压出去。德军渐渐地沿第聂伯河上游，日洛宾、罗加切夫、莫吉廖夫和奥尔沙，以及德维纳河边的维捷布斯克收缩到一条由城市堡垒组成的防御工事链条。

在更南边，苏军的穷追猛打迫使德军放弃哈尔科夫，撤到从扎波罗热到黑海的一条新防线上。

9月底，苏军占领扎波罗热，并对驻守第聂伯河拐弯处的第1装甲集团军、驻守第聂伯河到亚速海之间区域的第 6 集团军以及第 17 集团军（希特勒最终命令他们从库班半岛撤了出来，但接着又被派往克里米亚）形成威胁。

10 月底，苏军攻击了撤到第聂伯河下游尼科波尔和贝里斯拉夫一带的第 6 集团军，从而截断了在克里米亚的第 17 集团军，并对第 1 装甲集团军构成威胁。

11 月初，第聂伯河沿线的苏军包抄到基辅以西，并从后方进入成功夺城。他们现在已经在库尔斯克以西 300 多英里了。

德军无力阻止苏军进军的步伐，但是希特勒又拒绝了一个可能遏制住苏军的计划。"堡垒"行动后不久，隆美尔就设想了一种可能奏效的方法：建立一条地雷密布的防线，其纵深可达 6 英里，由德军现存所有可以找到的反坦克炮加以保护。苏军坦克在这样一条防线面前只能望而却步，他们接下来只有艰难开辟前进道路。与此同时，德军可以在其后面构筑更多的地雷阵和反坦克屏障。

但是希特勒油盐不进。当古德里安提议建立这样一条防线时，希特勒却由此推断，如果他允许在后方构筑防御阵地，那么他的将军们满脑子能想到的无非就是撤退。"在这一点上他心意已决，"古德里安写道，"想让他回心转意绝无可能。"

1943 年尾声已启，在东线战场上，相比于 1941 年底时所获的地盘，德军已经被远远地赶到了西部，他们还在勉强维持这条战线。从陆军元帅以至平民小卒，大家都知道，苏军的重型卡车已经蓄势待发，在 1944 年里就将把德军赶出苏联，赶到更远的地方。

第 20 章　进攻意大利

如果盟军在罗马以空降兵部队着陆，并在附近从海上登陆，那么凯塞林就将被迫从意大利整个南部撤出。

甚至，在意大利南部的维廷霍夫（H. －G. Vietinghoff）的第 10集团军 6 个师中的多数都可能被迫投降。凯塞林的参谋长希格弗里德·韦斯特法尔（Siegfried Westphal）认为，在罗马附近的 2 个德军师实力较弱，不足以清除那里的意军师，也无法抵挡盟军的进攻。"很难指望第 10 集团军不被敌军切割开。"他说。盟军本不应该在萨勒诺登陆，而应在罗马以北 30 英里的奇维塔韦基亚。"如果采取海空联合登陆，就可以在 72 小时之内拿下意大利首都。"这样罗马以南的意大利领土都将落入盟军之手。

虽然联合指挥了海上行动，但艾森豪威尔却对进攻罗马的鲁莽行为忌惮颇深，因为这超出了战斗机所能及的范围。他对盟军在意大利的"脚后跟"塔兰托和布林迪西附近登陆的建议也并不赞成，那里也超出了战斗机的覆盖范围，但是那里已没有德军部队驻防。

相反，艾森豪威尔和亚历山大命令马克·克拉克（Mark Clark）将军的第 5 集团军于 1943 年 9 月 9 日在萨勒诺附近发起主要的进攻（代号"雪崩行动"）——首批登陆部队有 5.5 万人，另有 11.5 万人跟进。

盟军后知后觉，塔兰托周边已无任何德军部队，他们遂从突尼斯的休整营地中将英军第 1 空降兵师拉了出来，送他们上了战舰（现在仅有的运输船只），急速送往塔兰托港口——只有 6 辆吉普车，没有坦克、大炮或重型武器。伞兵们没有遇到什么抵抗，但也未能持续扩大战果。

凯塞林断定盟军不会采取冒险行动，将其有限的部队集中在了萨勒诺附近。维廷霍夫只派了 2 个步兵营前去阻击从墨西拿海峡步步为营地在意大利"之趾"推进的蒙哥马利的整个第 8 集团军。在"脚趾"处只有两条道路，分布于半岛上山脉主脉的两侧，都很容易被封堵住。

第 10 集团军的 6 个师中，有 4 个从西西里逃出，人员与装备损失巨大。维廷霍夫让第 15 装甲掷弹兵师和赫尔曼·戈林师去那不勒斯休整，派第 1 空降兵师去东海岸包围福贾，而第 29 装甲掷弹兵师则在意大利"之趾"附近迎战蒙哥马利。他另外还有第 16 和第 26 装甲师，但是第 26 装甲师没有坦克，维廷霍夫临时派其阻击第 8 集团军。现在只剩下他的王牌部队第 16 装甲师了，但是兵力也只相当于一个盟军装甲师的一半，共有 80 辆 Mark IV 型坦克和 40 门自行突击炮。维廷霍夫派其保护萨勒诺海湾。

登陆之时，厄内斯特·道雷（Ernest J. Dawley）指挥的美军第 6 集团军在右，理查德·麦克克里瑞（Richard L. McCreery）指挥的英军第 10 集团军在左。

麦克克里瑞的集团军在萨勒诺以南靠近通向那不勒斯的主干道（18 号公路）的 7 英里的海滩延长线上登陆。这条公路穿过地势较低的卡瓦山口（Cava Gap）。夺取这个山口对于打开到那不勒斯的通道以及阻击从北而来的德军增援部队至关重要。

第 10 集团军包括英军第 46 和第 56 步兵师、2 组英军敢死队以及 3 个营的美军突击队。敢死队和突击队的任务是夺取卡瓦山口和附近路线上的基翁齐隘口。

道雷的集团军袭击萨勒诺以南 20—25 英里的塞勒河和帕埃斯图姆

（Paestum）附近的海滩。尚未投入过战斗的美军第 36 步兵师准备登陆，美军第 45 步兵师作为其预备队。

盟军知道德军预期他们会在萨勒诺登陆，因为一名德国电台解说员在登陆发生前两周就有预言。即便如此，克拉克将军还是指望打德军个措手不及，他还禁止提前进行任何舰炮轰击，尽管海军指挥官、美国海军中将肯特·休伊特（H. Kent Hewitt）有言："假设我们能取得战术上的出其不意简直是异想天开。"

拜麦克克里瑞所赐，登陆船未遭多少损失就抵达了英军登陆海滩，尽管克拉克有令在先，但他还是授意发射舰炮和火箭炮（以德军"喷烟者"[①] 为模板设计）对滩头阵地进行一次短时间但密集的轰炸。然而在美军登陆海滩，师指挥官仍严守克拉克的不开火命令。在靠岸的最后阶段，登陆船遭到一阵火力打击，造成大量人员伤亡。

在第 10 集团军方面，美军突击队在 3 个小时内就夺下基翁齐隘口，但是德军守卫部队却阻滞了试图夺取卡瓦山口的英军敢死队。

在萨勒诺以南，英军的主要登陆从一开始就遭遇德军的猛烈抵抗，最终没能夺取首日既定的目标：萨勒诺港口、萨勒诺以东 10 英里的孟高维诺机场以及该市以东 13—16 英里处位于巴蒂帕利亚和埃博利的道路交叉点。

当第 36 步兵师进攻他们的目标海滩时，遭遇了德军更加密集的火力，德军还以大量空中袭击对付已经上岸和即将上岸的部队。美军得到了抵近的驱逐舰火力的良好支持，它们还抑制了德军坦克发起的进攻。到傍晚时，美军左翼已经向内陆推进约 5 英里，到达卡帕西奥（Capaccio），但是右翼部队仍被阻滞在海滩附近。

美军在 9 月 10 日并无动作，因为第 16 装甲师已被调去应付更大的

---

① Nebelwerfer，"喷烟者"，即德国六联装 150 毫米火箭炮。

战略威胁——第 10 集团军。之后，美军逐渐扩大了桥头堡并把第 45 师的大部兵力送上岸。

与此同时，英军第 56 师夺取了孟高维诺机场和巴蒂帕利亚，但接着又被 2 个德军营和一批坦克发起的反击打退。当晚，该师出动 3 个旅发起了夺取埃博利山制高点的进攻，但是一无所获。第 46 师占领了萨勒诺，但是没能继续向北逼近。

在美军方面，第 45 师沿塞勒河东岸向内陆推进了 10 英里，但是又被一个德军营和 8 辆坦克发起的反击打退。

到第 3 天结束之时，盟军在地面上仍是 4 个师的兵力，仍然只占据着两个并不深的桥头堡，而德军却占据着制高点和临近的公路。

现在第 29 装甲掷弹兵师已经抵达，另有来自赫尔曼·戈林师由 2 个营组成的 1 个战斗群以及 20 辆坦克。9 月 12 日，第 29 装甲掷弹兵师携第 16 装甲师的部分兵力在英军与美军之间突破，把英军赶出巴蒂帕利亚。次日，德军把美军赶出佩萨诺（Persano），迫使其整体回撤。在一些地方，德军装甲车辆抵达海滩附近 0.5 英里范围内的区域。同一天，赫尔曼·戈林的"战斗群"封锁了卡瓦山口，在拉莫利纳（La Molina）突破英军防线，几乎抵近维耶特里（Vietri），幸得英军敢死队及时阻止。

到 9 月 13 日晚上，形势已然十分严峻，克拉克停止了从补给船卸货，并准备将第 5 集团军的总部重新撤到船上，并要求所有可用的船只准备好将第 6 集团军转移。这一命令在盟军总部造成了恐慌，很快增援就来了。当晚，第 82 空降兵师指挥官马修·李奇微（Matthew Ridgway）投下了伞兵部队加入美军战队。9 月 14 日，艾森豪威尔派出了所有可用的飞机袭击德军阵地和通信设施，一天之内共出动了 1900 架次。同时，战舰也发起了密集的轰炸，袭击它们能锁定的每一处目标。9 月 15 日，英军第 7 装甲师开始在英军桥头堡登陆。

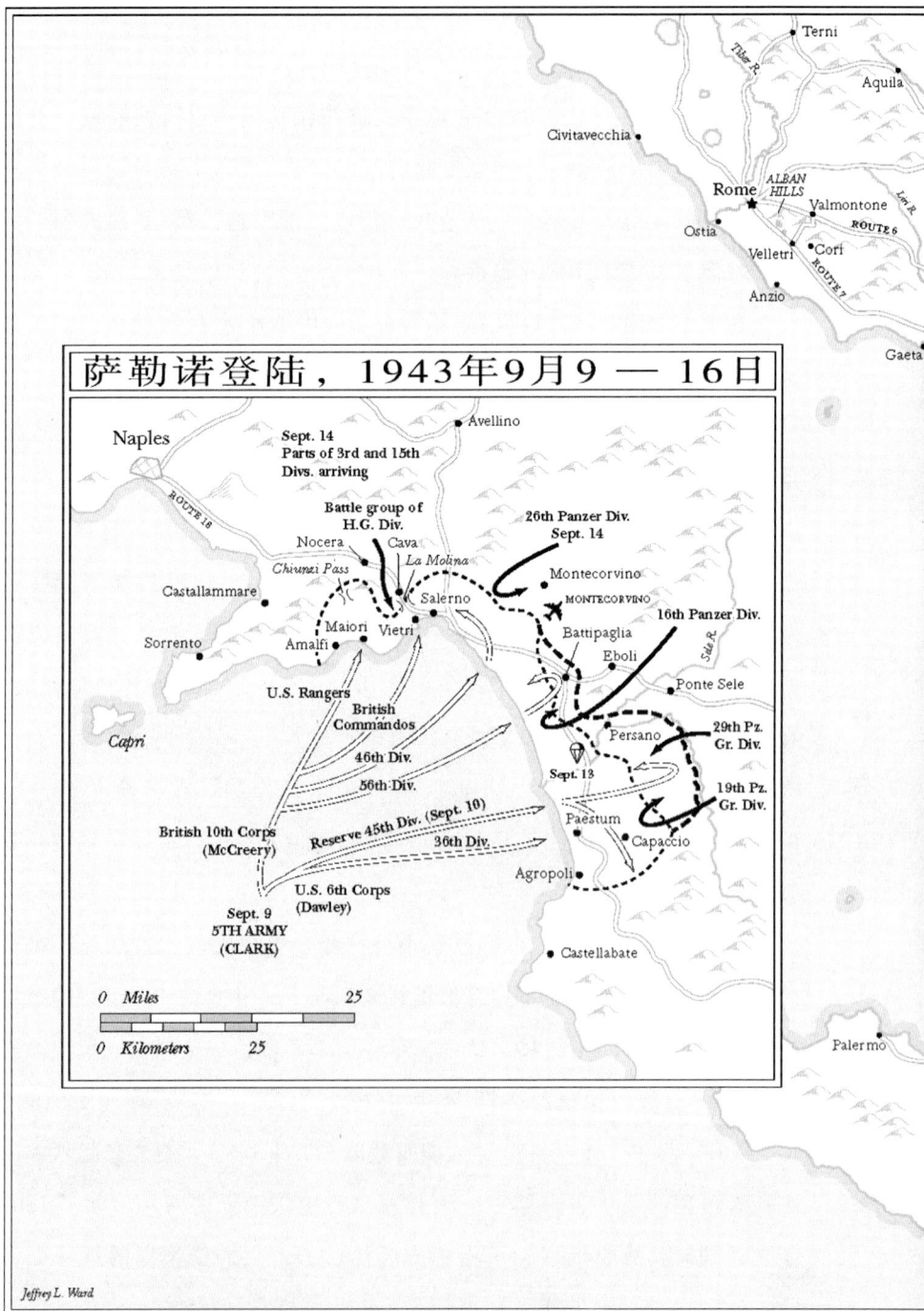

萨勒诺登陆，1943年9月9 — 16日

Terni

Civitavecchia

Aquila

Rome
ALBAN
HILLS
Valmontone
ROUTE 6
Ostia
Cori
Velletri
ROUTE 7
Anzio
Gaeta

Naples

Sept. 14
Parts of 3rd and 15th
Divs. arriving
Avellino

Battle group of
H.G. Div.
26th Panzer Div.
Sept. 14
ROUTE 18
Nocera
Cava
La Molina
Chiunzi Pass
Montecorvino
Castallammare
Salerno
MONTECORVINO
16th Panzer Div.
Maiori
Vietri
Battipaglia
Sorrento
Amalfi
Eboli
Sele R.
U.S. Rangers
Ponte Sele
Capri
British
Commandos
Persano
29th Pz.
Gr. Div.
46th Div.
Sept. 13
19th Pz.
Gr. Div.
56th Div.
British 10th Corps
(McCreery)
Reserve 45th Div. (Sept. 10)
Paestum
36th Div.
Capaccio
U.S. 6th Corps
(Dawley)
Agropoli
Sept. 9
5TH ARMY
(CLARK)

0   Miles   25

0   Kilometers   25

Castellabate

Palermo

Jeffrey L. Ward

入侵意大利，1943年9月

Anglo-US attacks
German counterattacks

Pescara
Pescara R.
Ortona Dec. 28
Orsogna
GUSTAV LINE
British 5th Corps
Termoli
OCT. 3 SPECIAL SERVICE BDE.,
FOLLOWED BY 78TH DIVISION
Sangro R.
Trigno R.
Biferno R.
British 13th Corps
Rapido R.
Cassano
Mignano
Garigliano R.
Volturno R.
Foggia Sept. 27
Sept. 22
78TH DIV.
DISEMBARKS
Barletta
U.S. 6th Corps
Ofanto R.
Bari
U.S. 2nd Corps
Benevento
Melfi
Capua
British 10th Corps
Naples Oct. 1
Brindisi Sept. 11
Salerno
Eboli
Auletta
Potenza Sept. 20
Matera
Polla
GERMAN
10TH ARMY
(VIETINGHOFF)
Taranto
FRONT LINE
Sept. 14
AVALANCHE
September 9, 1943
5TH ARMY
(CLARK)
Lagonegro
SLAPSTICK
September 9, 1943
1ST AIRBORNE DIVISION
(8TH ARMY)
Castrovillari
Tyrrhenian Sea
Belvedere
Cariati
Adriatic Sea
Ionian Sea
Catanzaro Sept. 10
Pizzo
British
30th Corps
British
13th Corps
Messina
N
Termini
Reggio
BAYTOWN
September 3, 1943
8TH ARMY
(MONTGOMERY)
Sicily

0　Miles　100
0　Kilometers　100

9月15日的情况相对平静，德军重整其被轰炸得凌乱不堪的部队，同时调集增援部队，包括仍然缺少坦克的第26装甲师以及第3和第15装甲掷弹兵师的部分兵力。德军的全部兵力只有4个师和100辆坦克，而到9月16日这天，克拉克已经上岸的部队有7个师和200辆坦克。

同一天，英军战列舰"厌战"（Warspite）号和"勇士"（Valiant）号随一支驱逐舰舰队一起到达，开始用它们的15英尺重炮轰击到内陆12英里范围内的目标。

9月16日以另一种方式显出其重要意义：蒙哥马利的第8集团军与克拉克的第5集团军以一种特殊方式接触。一群战地记者对蒙哥马利在半岛上蜗牛般的行军速度颇为不满，他们自己沿小路行进，穿过了50英里的延长线，其间未遭遇任何德军，最终赶上了第5集团军。

同一天，德军又一次发起了进攻，试图将盟军桥头堡葬入大海。盟军组合火炮和海上炮火与坦克一起阻止了德军进攻，凯塞林发现蒙哥马利离第5集团军已经很近，遂下令部队从海岸战线撤出并逐步向北撤退。

德军第一步就是撤退到那不勒斯以北20英里的沃尔图诺河（Volturno River）。德军在撤退过程中，派出一架轰炸机以又一种新式无线电制导滑翔炸弹将"厌战"号打废。

凯塞林之所以要撤退，是因为第8集团军可以移动到萨勒诺以东轻易地侧翼包抄德军阵地，而那里维廷霍夫的部队只相当于第5和第8集团军联合兵力的一小部分。事实上，盟军本可以沿离福贾不远的东海岸而上，快速出击到佩斯卡拉（Pescara），那里有横跨半岛的主干道通向罗马，这样也就可以将意大利南部的德军阵地完全清除。

但这里却是蒙哥马利的阵地，直到9月20日，他才把一支加拿大先头部队派到波坦察（Potenza），这里位于萨勒诺以内50英里，是穿越群山到东海岸的道路的交叉点。100名德军伞兵封锁了波坦察，蒙哥马利出动 1 个旅发起全面进攻——相当于德军分遣队 30 倍的兵力，另外，大规模的空袭还造成了该市 2000 名居民死亡。

东海岸事实上已无德军部队，但是于 9 月 10 日在塔兰托着陆的英军第 1 空降兵师却没能利用这一优势，因为他们缺乏武器和交通设备。这支伞兵部队以从战舰上调来的 6 辆吉普车和收缴的意军车辆夺取了布林迪西和巴里（Bari），但也只能到此为止。

即使是在 9 月 14 日，当交通设备和武器陆续抵达，蒙哥马利那不紧不慢、小心翼翼的准备过程还是抑制了伞兵们的发挥。东线指挥官阿尔弗雷（C. W. Allfrey）现已得到 2 个师的增援，但他直到 9 月 27 日才派出一小股机动部队夺取福贾和那里的机场。蒙哥马利不许其深入推进，尽管挡在阿尔弗雷面前的唯一敌军部队如今只剩下德军第 1 空降兵师，他们位于西北方向 30 英里比尔弗诺河谷中的泰尔莫利（Termoli），只有 1300 人。

10 月 3 日一早，一支英军特遣旅从泰尔莫利外的海边登陆，迫使德军伞兵部队撤退。但维廷霍夫业已将第 16 装甲师派往东海岸，10 月 5 日一早，该师将英军赶回泰尔莫利外沿，接着又被也从海上登陆进入泰尔莫利的英军第 78 师袭击，不得不撤退。

德军退出战斗，并向北撤退 10 多英里到达下一条河流防线——特里尼奥（Torigno）。但他们在撤退过程中发起了强有力的反击，迫使蒙哥马利暂停了两周时间，把他的第 5 集团军转移到海岸边，同时把第 13 集团军开进群山之中。第 5 集团军直到 11 月 3 日才粉碎特里尼奥的阵地，德军向北撤退 17 英里，到达桑格罗河（Sangro River）。

同时，克拉克的第 5 集团军缓缓向西海岸推进。英军第 10 集团军的 3 个师和 1 个装甲旅花了一周时间才打开穿越萨勒诺与那不勒斯之间的山间障碍的通道，尽管德军只投入了 4 个步兵营。突破发生在 9 月 26 日德军撤退之时，此前他们奉命守住这条防线直到深入南部的同伴成功撤回。

由于桥梁被毁，第10集团军直到10月1日才到达20英里以外的那不勒斯。美军第6集团军在北边与之齐头并进。道雷作为集团军指挥官表现平平，克拉克遂解除其职务，代之以约翰·卢卡斯（John P. Lucas）。在通往那不勒斯的过程中，克拉克的部队伤亡近1.2万人（英军7000人，美军5000人）——可以说是选择太过明显的登陆地点付出的代价。

10月的第一周开始下起了雨，比往常早了一个月，直到10月12日，盟军才进攻那不勒斯西北20英里的沃尔图诺河防线。他们被德军的反击阻滞了很长时间，这样维廷霍夫的主力才得以撤退到15英里以北的下一条防线——被称为"冬季防线"或"古斯塔夫防线"，这条防线沿加利格里阿诺（Garigliano）河和拉皮多（Rapido）河分布，以卡西诺隘口为关键节点，该处位于加埃塔湾（Gulf of Gaeta）以北约20英里。卡西诺峰（Monte Cassino）矗立在该镇，上面有圣本尼迪克特（St. Benedict）修建于公元529年的修道院，这里是最古老的西方修道院之一，中世纪时曾是艺术和学术中心。

糟糕的天气和德军的干扰使第5集团军的进攻推迟到11月5日才进行。此后，他们遭遇德军激烈的抵抗，10天后，克拉克被迫将自己的部队撤回。直到12月的第一周，他才准备再一次发起进攻。截至11月中旬，第5集团军已经损失了1.2万美军和1万英军。

在非洲和西西里岛，英美联军已经部分地领略了德军从俄罗斯发展而来的新型的近距离作战的要素。而在意大利"之靴"上，他们实打实地领略到了。德军在俄罗斯作战时认识到，步兵在近距离（75码或更短）作战行动中具有压倒性优势，还引入了MP38和MP40"施迈瑟"（Schmeisser）冲锋枪，它们可以发射高速枪弹，以密集的火力扫射覆盖一定区域，从而压制敌人的抵抗。苏军也引入了一种与之异曲同工的武器，即 PPSh417.62 毫米口径冲锋枪（自动手枪）。在 MG－34 和 MG－42 速射手提机枪的支持下，"施迈瑟"赋予了德军极大的机动性和高密度的火力。德军并未替换所有的标准中等射程手动机枪（"毛瑟"Kar. 98k 步枪）或是大量采用下一代突击步枪（Sturmgewehr），但"施迈瑟"与 MG－34 和 MG－42 一起却赋予了他们抵御敌军进攻的强大能力。

英军部分地替换了他们的中等射程手动机枪"恩菲尔德"（Enfield）No. 4，代之以可与"施迈瑟"比肩的同样能发射 9 毫米口径枪弹的各种型号的冲锋枪（"司登冲锋枪"），与布伦式（Bren）轻机枪——一种值得信赖的轻机枪——配合使用。美军步其后尘也替换了 M1 式加兰德（Garand）半自动中等射程步枪。在任何可能的情况下他们倾向于使用"汤普森"（Thompson）M1928 式冲锋枪，但这种武器较为紧缺。美军以他们的 M1、勃朗宁自动步枪（BARs）和轻机枪勉强对付。直到 1944 年年末，他们才大规模投入 M3 型冲锋枪来对付"施迈瑟"。

德军首次学会了在火力压制美军时如何利用其弱点。在这些情形中，美军倾向于保持不动或是寻求最近的隐蔽地点。经常发生的情况是，美军步兵只是定位并瞄准敌军，然后要求让大炮来摧毁敌军防御。直到经过了 1943 年中的诸多经验教训之后，美军步兵才认识到，避免损失的最佳方式就是向前推进，并与敌军同样地迅速。

在意大利的多山地区，坦克无法像隆美尔在非洲那样被用来大规模地进攻。在意大利，坦克很大程度上转变为支持步兵的角色，正如英军在大战开始之际为其"玛蒂尔达"和其他步兵坦克所设定的角色一样。然而，美军的坦克手和步兵却很少接受作为这种角色的训练。步兵和坦克之间无法实现有效沟通。步兵无法向坦克手发出关于反坦克陷阱和重型武器的警报，而坦克手也不能向步兵发出关于敌军阵地的警报。结果，步兵倾向于跟在坦克的后面，美军无法实现坦克、步兵与火炮之间的顺畅合作，而德军此前早已在其战斗群中实现了这一点。

类似的问题也困扰着反坦克装甲车的使用，其根本则在于位于顶部开口的坦克底盘上的 75 毫米口径火炮。反坦克装甲车本是为粉碎大规模的德军装甲进攻而设计的，然而德军却不再大规模使用坦克，而是将其用作战斗群的一部分。美军指挥官逐渐将反坦克装甲车的用途改为充当摧毁敌军坦克的突击炮和以直接火力充当防御阵地。

最终，盟军在协调地面行动上乏善可陈。盟军的战斗轰炸机飞行员在以每小时 200 英里的速度飞行时，经常无法区分地面上的敌军和友军。飞行员无法与地面部队沟通，反之亦然。这也导致了盟军飞机轰炸和扫射友军的情况经常发生。结果，盟军部队也经常对任何在空中移动的目标进行射击。直到 1944 年春天，美国陆军航空队才开始引入前进空中引导员，使用轻型单引擎联络机，它可以向飞机和位于主要地面部队总部的地面支持设备发送无线电联络信号。它可谓姗姗来迟：德军早在 1940 年西线的战役中就已经使用这种系统来指挥"斯图卡"对敌军阵地的进攻。

限制盟军在意大利南部的努力这种想法已被抛诸脑后。在 11 月 8 日的指令中，艾森豪威尔的目光已经锁定罗马，设想至少应该推进到佛罗伦萨和里沃纳（Livorno）。

由于盟军在半岛上进展缓慢，希特勒决定要在意大利继续据守。他解散了隆美尔在意大利北部的集团军群，把隆美尔下属的各师移交给凯塞林——尽管他把其中 4 个王牌师调去了俄罗斯而将其替换为 3 个亟待恢复的疲弱之师。

凯塞林还得到了曾被希特勒派去撒丁岛的第 90 装甲掷弹兵师。意大利军队投降后，该师撤到了科西嘉岛，接着又到了里沃纳。凯塞林急派其前往东海岸迎击蒙哥马利迟来的进攻，11 月 28 日，战役正式打响。

蒙哥马利得到了第 2 新西兰师的增援，这样他就有了 5 个师和 2 个装甲旅对桑格罗河防线发起进攻。与此同时，德军组建了第 76 装甲集团军对抗第 8 集团军。这个集团军还吸收了第 65 步兵师，这是一支由不同国籍士兵组成的缺乏经验而又装备很差的部队，以此填补被派往俄罗斯的第 16 装甲师的空白。另外，该集团军中只有第 1 伞兵师和第 26 装甲师的剩余部队，且他们仍在赶赴亚德里亚海边的途中。

蒙哥马利欲图粉碎桑格罗河防线，一路开往佩斯卡拉并跨过高速公路直捣罗马，威胁与第 5 集团军对峙的德军部队后方。

在密集的空中火力和大炮轰炸的掩护下，进攻战拉开帷幕。蒙哥马利的兵力是凯塞林的 5 倍，德军第 65 步兵师抵挡不住，撤退到桑格罗河防线后方较远的主防线上。该师在这里严防死守，给了第 26 装甲师和第 90 装甲掷弹兵师赶上来的时间。这些增援力量也使英军的行进变得艰难。他们直到 12 月 10 日才跨过 8 英里外的莫罗河，而直到 12 月 28 日，加拿大部队才清除离莫罗河 2 英里远的奥托纳（Ortona）的敌军。蒙哥马利被阻滞在通往佩斯卡拉半道上的里科（Ricco）。到年底时，他被迫陷入与德军的相持战，这时，他将自己的指挥权移交给奥利弗·利斯（Oliver Leese），自己则返回英国接手第 21 集团军群，为跨海峡入侵诺曼底做准备。

克拉克的第 5 集团军已经增至 10 个师，但其中的 2 个——英军第 7 装甲师和美军第 82 空降兵师——正被撤回去为诺曼底入侵做准备。凯塞林以 4 个师的兵力迎战克拉克，另有 1 个预备师。

克拉克的进攻开始于 12 月 2 日，目标是（以一次正面进攻）突破 6 号公路以西的山间障碍和米格纳诺隘口（Mignano Gap）。他动用了第 10 集团军和由杰弗里·凯斯（Geoffrey Keyes）指挥的新组建的美军第 2 集团军。在大量炮火轰炸的支持下，盟军发起了猛攻，付出了巨大的代价，取得了一些进展。到 1944 年 1 月的第 2 周，攻势逐渐减弱，但此时仍未能到达拉皮多河与古斯塔夫防线前缘。伤亡人数增至近 4 万人，远超德军的伤亡人数，另外还有 5 万美军在山中的严寒与潮湿中挣扎求生，身染疾病。

对于盟军领导人在意大利的表现，凯塞林元帅有一番颇有见地的评价：

> 盟军最高统帅部的主导思维是确保获胜，这一思维要求运用传统的方法和手段来实现。结果，我几乎总是可以预见我的对手下一步的战略或战术举动，即便是在没有充分的侦察手段和信息获取途径的情况下。

到 1944 年 1 月时，意大利已经是相对次要的战区了。德军和西方同盟国军队的注意力在这年春天转向了在法国北部海岸的直接对抗上。

1943 年 11 月，先是英美两国在开罗召开会议，紧接着，丘吉尔、罗斯福和斯大林又召开了德黑兰会议，会议确认了"霸王行动"的优先性，并附以"铁砧行动"——在法国南部的补充登陆行动。

意大利在盟军计划中的角色降格为拖住尽可能多的德军，以防其转入法国。盟军在意大利的指挥官哈罗德·亚历山大爵士接到的唯一任务就是夺取罗马，然后向比萨—里米尼（Pisa—Rimini）防线推进。因此在接下来的冬季和 1944 年春天的残酷战斗中，虽然打得热闹，但难免有些虎头蛇尾的意味。

直到 1944 年 1 月，第 5 集团军才推进到古斯塔夫防线，这条防线从西边的加利格里阿诺河河口延伸到半岛中部的卡斯特迪桑格罗（Castel di Sangro）。

这一障碍固然令人生畏，盟军指挥官认为要想撬动德军对这条防线的防守并打破其对罗马的防御，最容易的方式应该是在安齐奥（Anzio）

进行两栖登陆，因为此地正好处于古斯塔夫防线与罗马之间。

按计划，克拉克的第 5 集团军在 1 月 20 日左右对古斯塔夫防线发起正面进攻。一旦取得明显进展，美军第 6 集团军就在安齐奥登陆。盟军希望出现的结果是，德军从古斯塔夫防线掉头对付登陆威胁，因此就可以削弱这条防线，为盟军突破提供有利条件，从而实现第 5 集团军与第 6 集团军的会师。

战役开始时很顺利。1944 年 1 月 17—18 日，英军第 10 集团军在加利格里阿诺河河口附近强渡该河，在明图尔诺（Minturno）镇附近建立起稳固的桥头堡，但是在 1 月 20 日，美军第 2 集团军在跨越卡西诺以南数英里的拉皮多河作战中却遭遇了血腥的失败。他们的主要目的是包抄到北侧，夺取卡西诺峰上的大修道院和山脚下的卡西诺镇。它们扼守着连接那不勒斯和罗马的主要高速公路——6 号公路，是盟军进军的中枢地带。

充当先头部队的美军第 36 步兵师的 2 个团大部分被德军伞兵歼灭。随即由英军第 46 师在左侧发起的进攻也以失败告终。

1 月 22 日，卢卡斯的第 6 集团军未遭遇任何抵抗就在安齐奥登陆（"鹅卵石行动"，Operation Shingle）。充当先头部队的是美军第 3 师和英军第 1 师，外加英军敢死队和美军突击队、1 个空降兵团和 2 个坦克营。卢卡斯的任务是抵达罗马以南的阿尔巴诺丘陵（Alban Hills），切断 6 号和 7 号公路，德军的补给物资从那里经过到达古斯塔夫防线。

凯塞林并没有在安齐奥建立滩头阵地。他认为在更北的地方入侵对盟军来说更加危险。他在那里部署的唯一的部队是正在该地休整的第 29 装甲掷弹兵师的 1 个营。

但是卢卡斯将军行事谨慎而低调，推进的速度极其缓慢。相反，凯塞林却以极快的速度和极高的效率行事。他命令古斯塔夫防线上的部队严防死守，同时派出赫尔曼·戈林师和其他一些部队前去安齐奥。希特勒希望粉碎安齐奥登陆也可以打消盟军在法国登陆的想法，他告诉凯塞林可以召集意大利北部的各师，另外还派出了 2 个师，外加 2 个重型坦克营。

在 8 天时间里，凯塞林调集了来自 8 个师的部分兵力到安齐奥，并组建了 1 支新的集团军——第 14 集团军，由汉斯·格奥尔格·冯·马肯森（Hans Georg von Mackensen）指挥。与此同时，卢卡斯（在克拉克的同意下）拒绝在完全巩固滩头阵地之前向前推进。这可能是个福音。卢卡斯和他的下属们虽则小心翼翼，殊不知如果他们率领队伍向内陆迅速推进就可能是一场灾难。他们很容易成为德军侧翼进攻的靶子。

第一次真正向内陆推进的尝试直到 1 月 30 日才开始，而此时德军已经严阵以待。整个安齐奥滩头阵地只有 6 英里纵深、15 英里宽，完全在德军大炮射程内，这里很快就遭到德军一波又一波炮火袭击。另外，纳粹空军的飞机在安齐奥附近盟军船只密集的地方进行多轮空袭。而盟军飞机此时正在那不勒斯一带作战，无力阻止这些袭击。

安齐奥滩头阵地没能成为撬动古斯塔夫防线上德军的杠杆，反倒成了需要拯救的被围之师。正如丘吉尔所评论的：“我本来希望我们投上岸的是一只机灵的野猫，结果得到的却是一头搁浅的巨鲸。”

现在，克拉克准备通过从北侧发动袭击以图打破卡西诺的僵局。1 月 24 日，美军第 34 师发起进攻，增援他们的是由阿方尔斯·朱安（Alphonse Juin）指挥的由 4 个师组成的法国集团军，他们在该月内与第 5 集团军会合。美军在面对由弗雷多·冯·辛格尔·艾特林（Frido von Senger und Etterlin）指挥的德军第 14 装甲集团军时举步维艰，被消耗得筋疲力尽、元气大伤，于 2 月 11 日被迫撤退。

一支由伯纳德·弗雷贝格中将指挥的新的集团军赶了上来，包括第 2 新西兰师和第 4 印度师（包括英军和印军部队）。

指挥第 4 印度师的弗朗西斯·图克（Francis Tuker）力主穿过北侧

的山脉对卡西诺实行间接进逼，法军也赞成这一计划，但是弗雷贝格拒绝了这一提议，而图克的师既已接手处理卡西诺峰问题的任务，于是图克转而要求对矗立在山峰制高点上历史悠久的修道院实行空中轰炸。没有证据显示德军正在使用这座修道院。他们甚至从未进入这个地方，而且辛格尔将军已经将修道院里的修道士和艺术品转移，但是这座建筑是威慑盟军的标志，克拉克和亚历山大授权了这一行动。

1944 年 2 月 15 日，一场规模浩大的空袭开始了，450 吨的炸弹将闻名遐迩的修道院化为瓦砾。德军现在觉得他们可以占用这片瓦砾堆了。结果，空袭事实上反倒增强了德军的防御力量。接连两晚，第 4 印度师拼尽全力欲图夺取他们的阵地与修道院山丘（Monastery Hill）之间的一座小山。2 月 18 日夜里，该师又做了第 3 次尝试。战斗极为惨烈，所有到达小山上的人员皆被歼灭。当夜稍晚时候，1 个旅绕过这座小山直奔修道院，却在一处隐蔽的峡谷处遭遇密布的地雷袭击和德军机枪的扫射。该旅在这里损失惨重，被迫撤回。与此同时，第 2 新西兰师在卡西诺镇下方渡过拉皮多河，但是德军坦克发起反击，迫使其撤回。对卡西诺的直接进攻以失败告终。

在安齐奥战线，德军于 2 月 16 日发起反攻，在接下来的两天里，他们还逼近海滩，威胁将盟军桥头堡一分为二。阻击德军的只有英军第 1 师、第 56 师和美军第 45 师的毫无希望的防御。直到卢西恩·特拉斯科特（Lucian K. Truscott）赶到，桥头堡才出现新的转机，此时的特拉斯科特还是卢卡斯的副手，之后成为其接任者。2 月 28 日，德军再次进行尝试，但是盟军飞机粉碎了这些进攻，3 月 4 日，马肯森终于停了下来。

意大利的战役开始变得很像第一次世界大战期间西线战场上恐怖的近距离作战，双方均损失惨重而收获无多。

3 月 15 日，盟军又一次对卡西诺发起直接进攻。新西兰师将穿过该镇，紧接着第 4 印度师对修道院山丘发起攻击。这一次卡西诺镇成了主要目标。1000 吨炸弹和 19 万发炮弹倾泻在卡西诺镇和卡西诺峰上。轰炸机出动后紧接着就是加农炮轰击，步兵再接着压上。

亚历山大说道："任何部队要想在长达 8 个小时的这样恐怖的猛打重锤之后还能存活，是完全不可思议的。"但是德军做到了。第 1 伞兵师在碎石瓦砾间把前压的新西兰部队击退。傍晚时分，该镇 2/3 已落入盟军之手，同时第 4 印度师也从北边的山上下来，次日占领了通向修道院山丘的 2/3 的道路。

但也就到此为止了。面对炸弹和炮弹造成的弹坑，英军坦克也前行无力，德军增援部队陆续渗透进来，暴风雨的天气也不期而至。3 月 23 日，亚历山大停止了这次行动。卡西诺战役再次陷入僵局。

在卡西诺的连续失败凸显了盟军在意大利的战略的原则性失误。卡西诺之所以重要，是因为它扼守着通往向东流的利里河（Liri River）河谷的入口，这里是意大利这一带唯一适合盟军坦克、大炮和汽车通行的路线。6 号公路（那不勒斯—罗马高速公路）从这里经过。

盟军起初想强渡卡西诺以南数英里的拉皮多河，以图向上游和周边包抄卡西诺镇和修道院山丘。这种努力以惨重的代价宣告失败，因为拉皮多河河水湍急，而且德军火炮可以从卡西诺以西的峡谷向其开火。

盟军也尝试过从北侧对卡西诺进行包抄，但是这一带的亚平宁山脉多为悬崖峭壁、峡谷深涧，这就使部队只能分成小股在骡子的辅助下进行有限的运动。

为何盟军不选择完全围绕罗马和周边山脉以及意大利"之靴"上更远的陆地进行包抄，抑或从西边或东边海岸进军，是因为盟军具备压倒性的制海权，可以在几乎任何地方入侵。在亚德里亚海岸登陆当属最容易的，特别是在意大利北部大波河流域的里米尼（Rimini）和拉文纳（Ravenna），这里没有山脉可供德军守军驻扎，而且地形也更适宜盟军坦克和其他车辆通行。避开主要的德军部队部署地带进行战略性登陆，也就是说，避开可能很容易遭遇阻击的登陆地点——不要选择像安齐奥这么近的地方，都将迫使敌军从南部的阵地撤退。

丘吉尔也许并非伟大的战略家，但他能清楚地看到机遇。1943 年 12 月 9 日，他电告阿兰·布鲁克："毫无疑问，意大利战场整个战役的停滞正在变成耻辱……对在亚德里亚海边发起两栖登陆的完全忽视以及没能在西边进行类似的出击，结果是灾难性的。"

但是盟军已然决定穿过意大利的山脉进行硬碰硬的直接战役，而在卡西诺，他们最大限度地体验到了这一战略的血腥的代价。

1944 年 1 月，梅特兰·威尔逊新任盟军地中海战区总司令，亚历山大与其合作，制订了突破古斯塔夫防线的新计划。他把第 8 集团军的大部调到西面接管卡西诺—利里峡谷扇形地带，只留下 1 个集团军在亚平宁山脉靠近亚德里亚海岸的一侧。克拉克的第 5 军与法国集团军一道，负责海岸边的加利格里阿诺河三角洲和安齐奥滩头阵地。

亚历山大的计划可谓又一次强力突击的努力，于 5 月 11 日正式开始。它要求第 8 集团军在卡西诺实现突破，第 5 集团军强渡加利格里阿诺河，安齐奥的部队向 6 号公路上的瓦尔蒙托内（Valmontone）方向实现突破。在古斯塔夫防线附近，亚历山大集结了 16 个盟军师对阵 6 个德军师（其中 1 个师是预备队）。其中 2 个连续分布在从卡西诺到加利格里阿诺河河口的沿线，4 个师分布在较近的后方，企图通过突入利里河谷刺穿德军后方 6 英里的第二道防线，赶在德军占领这里之前造成突破。

第 8 集团军的 9 个师中有 3 个是装甲师。随着干燥天气的到来，坦克比之在潮湿和泥泞的冬天行动能力大为增强。进攻时，1 支由 2 个师组成的波兰集团军将对付卡西诺，而由 4 个师组成的英军第 13 集团军则往约 3 英里以南的圣安吉洛（St. Angelo）方向进军。进攻将在 2000

门大炮的支持下进行，同时所有可用的盟军飞机对德军的铁路和公路网进行密集轰炸。

5月11日上午11点，在密集的炮火中，进攻正式开始。在头3天时间里，进攻收效甚微。波兰集团军遭遇重创，在海边的美军第2集团军和英军第13集团军也都表现平平。然而位于这两军之间、由朱安将军率领的法国集团军发现敌军只有1个师对阵自己的4个师，在德军未曾预料会遭遇较大规模突击的山区取得了一些进展。5月14日，法军打进了奥森特（Ausente）河谷地，德军第71师在他们到来之前已迅速撤退。这就减轻了第2集团军的压力，他们沿着海岸公路追击德军第94师。这样一来两支德军部队就被道路不畅的奥隆奇山（Aurunci Mountains）分隔开来。朱安将军嗅到了这个机会，他派出1个师规模的摩洛哥民兵（阿特拉斯山区的土著士兵）翻过这些山脉突入德军后方。

摩洛哥士兵刺穿了德军的第二道防线。靠近海边的侧翼崩溃，古斯塔夫防线被突破，德军在卡西诺的伞兵部队也于5月17日撤离——留下4000波兰军在该镇和卡西诺的山坡上送死。

亚历山大要求部队从安齐奥滩头阵地出击，迅速越过阿尔巴诺丘陵，在瓦尔蒙托内封锁6号公路，以此将德军第10集团军的大部切割开，但是克拉克却希望美军先进入罗马。5月25日，从安齐奥开过来的美军第1装甲师和第3步兵师在科里（Cori）与第2集团军会合，此处距7号公路尚远，但离瓦尔蒙托内却不到10英里，克拉卡将3个美军师掉头向北沿7号公路进军罗马，而只派了1个师前往瓦尔蒙托内。3个德军师在距6号公路不到3英里的地方等着这个师。

克拉克最终还是没能打进罗马，因为他被罗马以南"凯撒防线"（Caesar line）上的德军防御拖住了。第8集团军的装甲师也没能将退却中的德军师钉死在亚平宁山脉中。德军经过山中的道路逃跑了。辛格尔将军一度看起来能将盟军阻截在凯撒防线外，但 5 月 30 日，美军第 36 师还是在 7 号公路上的维莱特里（Velletri）刺穿了这条防线。克拉克随即下令全线进攻——第 2 集团军夺取瓦尔蒙托内并沿 6 号公路进军，同时第 6 集团军沿 7 号公路进军。

德军放弃了抵抗，6 月 4 日，美军进入罗马。凯塞林此前宣布，为了避免对城市造成破坏，罗马不设防。

除了夺取罗马外，亚历山大的进攻鲜有斩获。在这次行动中，美军损失了 1.8 万人，英军损失 1.4 万人，法军损失 1 万人。德军约有 1 万人伤亡，但是约有 2 万人沦为战俘。对盟军而言，意大利战役并非一项好的"投资"。他们平均需要投入 2 名士兵对付 1 名德军士兵。德军没有从法国北部调走一兵一卒，没有了意大利，德军在法国的力量甚至会增强。

丘吉尔和阿兰·布鲁克力主让战役继续，深入意大利北部并穿过卢布尔雅那缺口（Ljubljana Gap）进入奥地利，但是马歇尔将军和罗斯福总统却决定于 8 月 15 日开展"铁砧行动"（后改名为"龙骑士行动"）——为支持诺曼底行动而准备入侵法国南部的计划。

意大利战役从盟军的优先考虑中销声匿迹，但是战斗并未结束。盟军向北推进的过程中举步维艰，但是接下来的杀戮与伤害对整个战争进程已经不再有决定性作用。

第 21 章　诺曼底

颇具讽刺意味的是，历史上两位最伟大的装甲指挥官——海因茨·古德里安和埃尔温·隆美尔在应对盟军入侵法国的合适方式的问题上产生了冲突。希特勒对这种冲突的反应将很大程度上决定战争的结局。

古德里安的立场出自在东线与苏联红军作战的经验，而隆美尔则出自在非洲与西方盟国作战的经验。两人提出了完全相反的解决方案。

1944 年 2 月，古德里安赴巴黎郊外的圣日耳曼昂莱（St.—Germain—en—Laye）拜访西线总司令伦德施泰特元帅以及负责西线装甲部队训练的利奥·盖尔·冯·施瓦彭贝格（Leo Geyr von Schweppenberg）将军。他们就如何使用装甲部队的问题达成了一致。

古德里安写到，装甲师和装掷弹兵师"必须保持在距离被称为'大西洋壁垒'足够远的内陆地带，这样一旦发现主要的入侵战线，就可以很容易地把他们调过去"。

古德里安和盖尔建议将希特勒分配的防御西线的 10 个快速师集中编为两组，分别部署在巴黎南北两侧。两位将军都认识到，盟军的空中力量占据着巨大优势，可以极大地影响德军调动装甲部队的能力。但他们也相信可以通过夜晚转移来解决这一问题。

当古德里安返回最高统帅部时，他发现隆美尔把装甲师部署在离海岸很近的地方，隆美尔于 1943 年 11 月作为 B 集团军群司令接手"大西洋壁垒"的防御。

　　古德里安认为这大错特错。"倘若敌军在任何其他地点登陆，他们（德军装甲师）将无法快速撤出并部署到其他地方。"当他向希特勒抱怨时，元首告诉他去跟隆美尔讨论这个问题。古德里安在隆美尔设在巴黎以西华丽的拉罗什盖恩城堡会见了隆美尔，结果碰了一鼻子灰。隆美尔声称，由于盟军占有制空权，因此就不存在移动大规模的军队的问题，即便是在晚上。

　　在隆美尔看来，机动作战的时代对德国来说已经一去不返，这不仅是因为英美两国的空中优势，还因为德国在坦克和装甲车辆的生产方面不及西方同盟国——造成这一结果的原因更多的是石油的短缺而非盟军的轰炸。

　　隆美尔理论的潜台词是，德军必须准确判断盟军将要登陆的地点。如果德军部队无法机动，他们就必须部署在靠近入侵地点的地方。隆美尔判断，盟军将在与英国的多佛尔（Dover）隔海相望的加莱海峡（Pas de Calais）① 登陆。隆美尔排除了盟军在其他地点登陆的可能性，特别是由于盟军在这里比在其他地方能提供更强的空中掩护。1943 年12 月 31 日，隆美尔向希特勒写信，将加莱海峡列为可能的登陆地点。"敌军的主要关注点，"他写道，"将是以最快的速度占据一个或数个港口，以便停靠大型登陆船只。"

　　古德里安并没有精确预测盟军可能入侵的地点。他认为应该让盟军上岸并深入一段距离，这样德军就可以发起大规模的反击摧毁盟军部队，把他们赶进大海。这是取自德军在俄罗斯成功的运动战的经验。尽管伦德施泰特和盖尔都接受这种观念，但他们和古德里安都不清楚英美两国的制空权将怎样限制德军装甲的运动。

---

　　① 即多佛尔海峡，"加莱海峡"为法语的称呼。

但隆美尔认识到了这点，对他而言，古德里安的提议简直毫无意义。"一旦敌军上岸，他们就会把所有反坦克炮和坦克推上桥头堡，对着我们的头暴打。"他这样告诉装甲教导师（Panzer Lehr Division，全称"国防军 130 装甲教导师"）指挥官弗里茨·拜尔莱因（Fritz Bayerlein）将军。

隆美尔写到，阻止这种情况发生的唯一方式就是集中在海岸狭长地带进行战斗。这还要求在海滩后方准备机动预备队以便快速介入。如果从内陆调集预备队的话，他们会遭到盟军空中火力的严峻挑战，所耗费的时间也足以让盟军构筑起坚固的防线或是向内陆推进。

隆美尔还着手构筑一个延伸至内陆 5—6 英里的布雷区。他还沿海岸构筑了水下障碍——包括携带反坦克地雷的木桩（"隆美尔之笋"），配有钢铁片或反坦克地雷的混凝土结构以及其他陷阱，但是他的动作进行得太迟，没能完全发挥作用，而且它们主要集中在加莱海峡，尽管也有一些工事延伸到诺曼底。

当然，隆美尔和古德里安都错了。盟军并没有打算以最近的路线夺取最近的港口。隆美尔对盟军海洋资源之巨大缺乏认识，他也没有注意到英军别出心裁地建造了两座人工港口（"桑椹"），它们可以充当临时港口。"桑椹"正是最大的玄机所在：盟军不需要靠夺取一座港口来入侵欧洲大陆。这就使在盟军空中保护伞下最不可能的登陆地点成为可能：诺曼底海滩。

古德里安错误地以为德军可以复制其成功模式，比如在苏联实践过的大规模转移装甲部队的运动。在那里，纳粹空军总体上与苏联空军实力相当，尚能取得临时性的局部优势以完成特殊的使命。而在西线，盟军却占据着持续的压倒性优势。到 1944 年冬天，纳粹空军事实上已从空中销声匿迹，这主要是美制 P—51 "野马"战斗机的功劳。"野马"战斗机优胜于德军所有的战斗机，然而由于 P—51 为 B—17 轰炸机护航对德国实行日间轰炸，纳粹空军不得不向其发起挑战。结果，德军损失了大量战斗机，到 3 月份，他们再也不愿与"野马"战斗机正面交锋。

盟军在法国占据着决定性制空权的另一原因在于，那里的森林、河流和城市使交通线主要为可预见的主干道，可以对其进行轰炸和扫射、破坏桥梁，这与在俄罗斯境内装甲可以在开阔的平原地带自由出击大为不同。

两位将军本应寻求一个妥协方案。一种可行的方案是：将装甲部队拆分为若干支，将每支部队部署在盟军可能选择的入侵地点后面，保证每支部队在接到隆美尔或入侵地点的部队指挥官的命令后直接向前出击。这样的妥协方案应能回应隆美尔的主要关切，也可以部分地解决古德里安设想的机动化装甲预备队的需要——盟军没有进攻的地点后面的装甲部队就是预备队。

实际上潜在的入侵地点应有 3 处，可以合乎逻辑地将其推断出来。盟军势必要在登陆地点坚持用大量战斗机加以保护。因此盟军必定会在其靠地面支持的主要飞机最大飞行距离范围内的地点登陆，包括"喷火"战斗机、P－38"闪电"战斗机、P－47"雷霆"战斗机，飞行范围为从位于英格兰东南部的主要战斗机基地起的 200 英里以内。如果袭击荷兰，将遭遇难以通过的河流、运河以及可能被水淹的低于海平面的地带。如果在布列塔尼半岛登陆则可能被德军封锁，而在卢瓦河以南的法国海岸登陆又太远，两地距英国的战斗机基地都超过了 200 英里。

这样就只剩下诺曼底的科唐坦（Cotentin）半岛了，而诺曼底的海滩也成了唯一可能的登陆地点。

如果隆美尔、古德里安、伦德施泰特和盖尔均认为盟军可能在这些地方中的某一处登陆，而非其他地方，那么将装甲部队平均分散到这 3 处就将是明智之举。由于希特勒只派出 10 个快速师到西欧的防线，判断可能的登陆地点并在这些地方部署装甲部队就尤为必要。

但是这种情况没有发生。直到登陆之前的一两个月，隆美尔还坚持认为加莱海峡将是唯一可能的登陆地点。而由于古德里安、伦德施泰特和盖尔持其他意见，在哪里部署快速师的最终决定权甩给了希特勒。希特勒一如其典型的优柔寡断和生性多疑的风格，将 10 个装甲和装甲掷弹兵师分散部署于从比利时北部到法国南部的地带。

希特勒连确定盟军可能入侵的哪怕一个地区也不愿意，更别说确定准确地点了。在 1944 年 3 月 20 日同高级指挥官们的一次会议上，他列举了从挪威到法国南部的可能的入侵地点。最终的部署是，他部署了 6 个快速师在卢瓦河以北，4 个在该河以南——其中 3 个靠近与西班牙的边界和地中海岸边的马赛港。

1940 年时，曼施坦因靠说服希特勒集中装甲部队而取得了西线战役的胜利。如今，在德国面临最大的军事危险之际，希特勒正在分散他的装甲部队——在地图上拉成了长线。此外，他还牢牢地掌控着这些师中的大部分，准备从贝希特斯加登（Berchtesgaden）直接指挥战役。

如果情形相反，德军在每一个潜在的登陆地点后面直接部署 3 个或 4 个快速师，那么他们很可能在头一天就能粉碎任何入侵行动。

从 1944 年 3 月开始，希特勒就有一种"预感"——入侵行动会发生在诺曼底，尽管他认为这将只是为转移在加莱海峡的主要进攻的注意力而进行的。之所以有这种预感，是因为美军在英格兰西南部集结，那里离诺曼底更近；还因为盟军在英国德文郡举行了一次演习，那里的海滩与诺曼底的海滩很相似。隆美尔也渐渐得出同样的认识，虽然全力挽回，但想要沿诺曼底的海岸构筑充足的防御为时已晚。

诺曼底登陆（"霸王行动"）究竟具体在哪里展开需要 3 大同盟国领导人来决定，而非将军们所能裁决。1943 年 11 月末的德黑兰会议上，他们做了决定。

在"霸王行动"问题上，罗斯福不像马歇尔一样坚决，但如果斯大林想要为之，则罗斯福必当顺其意。斯大林仍有与希特勒媾和的权力。尽管这种可能性随着德军在"堡垒"行动后的撤退而逐渐降低，但是罗斯福还是要不惜一切代价杜绝单独媾和。除此之外，他还寻求与斯大林在战后保持"建设性关系"——苏联成为世界共同体的负责任的一员，而不是使世界变得更加无序乃至走向战争的一方。

结果，在德黑兰，丘吉尔寻求分兵地中海，斯大林却与之较劲，而罗斯福则宣布他反对耽搁跨海峡入侵行动。就这样，"霸王行动"的最后期限就被设定了。

鉴于美军将主导入侵法国的行动，罗斯福坚持指挥官应由美国人担任。丘吉尔不得不接受，让阿兰·布鲁克承担此任的希望破灭。作为部分补偿，丘吉尔安排英国将军亨利·梅特兰·威尔逊（Henry Maitland Wilson）担任盟军地中海战区总司令。

12 月初，罗斯福在从德黑兰回国的途中于突尼斯市会见了艾森豪威尔。总统在汽车里还未完全落座就对艾森豪威尔说道："艾克，将由你来指挥'霸王行动'。"

马歇尔将军期待在所有指挥官中成为这上上之选，而罗斯福中意的人选本来也是他，但是他最终却决定不能将马歇尔从自己身边抽离，他告诉马歇尔："如果你离开华盛顿，恐怕我会睡不安稳。"

时年 44 岁的艾森豪威尔也许是最佳的可能之选。他并不是一名战斗指挥官，但他谙熟于在两个完全不同类型的军队或指挥官之间建立共识与合作。他能合理地化解纠纷与敌意，正如马克斯·黑斯廷斯（Max Hastings）所言，他具有"对难缠的下属极其慷慨大方的精神"。

艾森豪威尔提名英国空军上将阿瑟·特德（Arthur Tedder）为其副总司令。他还希望由亚历山大将军（尽管其对美军士兵有批评之言，但仍深受美国人欢迎）担任英军地面部队指挥官，但是阿兰·布鲁克更倾向于由蒙哥马利来担任此职，而丘吉尔也决定让亚历山大留在地中海战区，让蒙哥马利担任该职。在美军地面部队指挥官方面，艾森豪威尔选择了 50 岁的奥马尔·布拉德利——一位沉稳持重而不显山露水的西点军校毕业生。由于在西西里打人事件的后续效应，巴顿被认为性格有问题，艾森豪威尔拒绝考虑由巴顿担任高于军级的职务。

一场规模宏大的整军备战行动在英格兰南部展开，到 1944 年春，英国大部分地方都变成了巨大的露天军营。坦克和汽车停车场多达数千英亩。而最耀眼的当属由 1 个法国师、1 个波兰师、3 个加拿大师、14 个英军师和 20 个美军师组成的部队。

为了保证实弹登陆演习的进行，英军疏散了阿普尔多尔 (Appledore) 和伍拉科姆 (Woolacombe) 之间德文郡海岸周边 25 平方英里范围内的全部居民。大量帐篷营地铺散在集结区域。首批美军登陆部队达到 13 万人，另有 120 万人将在接下来的 9 天里陆续抵达。他们共携带 13.7 万辆轮式汽车、4200 辆全履带车和 3500 门加农炮。巨量的补给物资也集结起来。每名在诺曼底的美军士兵每天能得到 6.25 磅的食物配给，而每名德军士兵只有 3.33 磅。而另一方面，1 个德军步兵连的小型武器弹药规模为 5.6 万发子弹，而 1 个美军连的数量为 2.1 万发。

负责拟订入侵计划的英军弗里德里克·摩根 (Frederick Morgan) 中将已经于 1943 年春锁定诺曼底。加莱海峡的防御太过强大，德军可以应付对瑟堡 (Cherbourg) 和科唐坦半岛的入侵。这样就只剩下诺曼底的海滩还在轰炸机的保护范围内了，但是最终决定的做出还是在英军关于建造两个人工港口（"桑椹"）的想法变得切实可行之后，各项工作开始快速推进。

如果德军知道了诺曼底的海滩将是登陆地点，他们就会在那里派上具有压倒性优势的部队，从而粉碎登陆行动，因此就有必要误导德军，使其相信主要的进攻将发生在加莱海峡，而诺曼底只是佯攻和分散其注意力的地方。

这就引出了大战期间盟军最为聪明的军事欺骗（"坚忍行动"）。在德军看来，巴顿是西方同盟国中最富攻击性、最有创造力和意志最为坚定的将军，而并不认为他对两名士兵掌击的小事会造成多大影响。他们断定，巴顿会指挥部队进攻法国。因此，当艾森豪威尔于 1944 年 1 月 22 日将巴顿召回英国并提名其指挥第 3 集团军时，反情报行动传播的信息却是，他事实上会指挥将在加莱海峡登陆的"第 1 美军集团军群"。反间谍机构发出来大量有关这一虚构的集团军群的无线电往来信息，试图对德军造成一种印象，即一支真实的集团军群正在积极备战。德军派出了他们的王牌部队——第 15 集团军——前去守卫加莱海峡。

盟军已经决定在诺曼底登陆，但这只是第一步。1944 年 1 月 14 日，艾森豪威尔到达英国，不久之后，他就提出了彻底打败德国的战略。他提出，在诺曼底实现突破后，盟军应以 2 个集团军群以一条宽阔的阵线向德国进军——英军在左，美军居右。英军更愿意接受这样的优先顺序：占领比利时的港口，特别是安特卫普，这里对突入德国作战所需的补给物资输送至关重要；接着占领德国主要的工业中心鲁尔区，该处位于荷兰南部以东，莱茵河畔的杜塞尔多夫（Düsseldorf）、杜伊斯堡（Duisburg）和埃森（Essen）一带。

艾森豪威尔还下令对比利时和法国的交通枢纽进行大规模轰炸，以削弱德军增援诺曼底和在法国继续作战的能力。为了减少法国和比利时平民的伤亡，盟军提前警告当地居民从特殊目标撤出。盟军的飞机不只是轰炸通往诺曼底的铁路和公路线，也轰炸其他地点，特别是到加莱海峡的交通线。

英国皇家空军轰炸机司令部指挥官阿瑟·哈里斯（Arthur Harris）希望对德国城市进行区域的或恐怖的夜间轰炸，而美国战略空军总司令卡尔·斯帕兹（Carl Spaatz）则力主集中摧毁德军的合成燃料厂和石油精炼厂，使德军装甲、汽车和飞机动弹不得。然而，艾森豪威尔对二人的想法均予否决。

尽管如此，斯帕兹对德国石油加工设施的进攻——从1944年春天开始，此后继续加速——削弱了德军的机动能力。到1944年9月，德军飞机燃料的产量只有1万吨，而纳粹空军月最低需求量就达16万吨。燃料的短缺也削弱了刚刚投入使用的德军喷气式战斗机的威胁。

摩根将军提出了一个入侵诺曼底的有限行动计划：仅由3个师在一个相对狭窄的战线上发动进攻。艾森豪威尔认为这一计划太弱，在1944年1月21日于伦敦召开的首次会议上，他决定以5个师的兵力发起进攻，战线要尽可能地宽（60英里），以避免后援部队上岸时造成拥挤。

按计划，美军将在右侧（西侧）的犹他（Utah）滩和奥马哈（Omaha）滩登陆，接着奔向瑟堡、布列斯特以及卢瓦河河口附近的港口。在最终的计划版本中，2个美军空降兵师（第82和第101空降兵师）将在科唐坦半岛上着陆，以确保迅速夺取该地。另外，由于犹他滩后面就是一个环礁湖，盟军伞兵部队还要防止德军封锁连接海滩的堤道。

英军和加拿大部队将在左侧卡昂（Caen）附近地区的斯沃德滩、金滩和朱诺滩登陆，并迎战从东面和东南面靠近的主要敌军部队。英军第6空降师负责占领卡昂以东的高地和奥恩（Orne）河。在登陆的首日，要夺取第一个目标——深入内陆10英里的卡昂，穿过这座城市的所有主干道呈漏斗形分布。接着，装甲部队向南推进以夺取领土——特别是卡昂以南22英里的法莱斯（Falaise）附近区域，使德军预备部队无法轻易通过。艾森豪威尔还将1944年6月5日定为登陆日。

卡昂是通向诺曼底的咽喉之地。大部分德军预备部队都需要从南面和东南面过来穿卡昂城而过，尽管这里正面朝向美军在西边的桥头堡。

　　盟军指挥官通过情报获悉，德军的装甲师被编入了预备部队，尽管他们认为是伦德施泰特而非希特勒掌控着这些师。即便如此，他们还是希望在这些部队交给隆美尔之前赶紧抓住机会。盟军获得了建立稳固的桥头堡所需要的机会。第 21 集团军群指挥官，同时也是地面部队总指挥官的蒙哥马利在 1944 年 4 月 7 日告诉高级指挥官们，如果他们可以坚持到第 5 天，盟军就可以有 15 个师上岸。尽管他估计德军届时会派上 6 个装甲师，但他认为盟军有能力粉碎德军滩头阵地。从此，盟军的实力不可阻挡地越来越强，其结果则是德军在西线无可挽回的毁灭。

　　之所以确定 1944 年 6 月 5 日为登陆日，是综合考虑月亮、潮汐和日出时间的结果。盟军希望趁夜渡过海峡，这样黑暗就将使敌军辨不清方向和进攻力量大小。他们需要月光以便投放伞兵，他们还需要在地面进攻之前 45 分钟的黎明时间完成空中轰炸和前期的海上炮轰，但是实际的进攻日期还要根据天气预报而定。然而，如果将入侵行动推迟到 6 月 6 日或 7 日以后，就将导致重新修订整个行动计划，引来巨大的问题。

　　随着日期的临近，英国官方切断了南部国土与其他地方的联系。未经授权，任何人不得进出这里。后勤军官仔细盘点每一处营地、营房、停车场和部队的情况。他们精确地列明了每一支部队到达他们的登船地点的移动路线，以及准备接送他们的船只到达的准确时间。进攻部队——第一拨入侵的部队——进入被有刺铁丝网围起来的兵营中，以防有士兵知道自己在进攻中的角色后逃走。

　　艾森豪威尔写道："强势的东道国就像一根卷起来的弹簧一样，准备在有史以来最伟大的两栖登陆进攻中一下弹过英吉利海峡。"

　　6 月 4 日早上，艾森豪威尔和他的指挥官们会见了气象委员会，该委员会由英国皇家空军上校斯塔格（J. M. Stagg）领导。情况不妙。斯塔格预测，6 月 5 日的天气将是低云、狂风和巨浪。海军司令、英军元帅拜泰姆·拉姆齐（Bertram H. Ramsey）不置可否。蒙哥马利力主按原计划执行入侵行动。而特德却不同意。

艾森豪威尔决定将入侵时间推迟一天。由于一些船只已经下海，必须将其召回。有一些船只漂在爱尔兰海上，没办法靠岸、加油以及为第二天的行动做准备。

6月5日下午3点30分，一阵几乎是飓风级别的狂风携带着如注的暴雨降临，撼动着艾森豪威尔在南海岸朴茨茅斯的作战指挥部。在1英里外的海军中心，斯塔格上校传来一个令人振奋的好消息：从6月6日早上开始，将出现一个持续约36小时的相对平静的时期。这之后，又将迎来恶劣的天气。推迟行动之举令人赞叹，艾森豪威尔迅速宣布定于6月6日展开入侵行动。

军令迅速传开。5000艘船只从各个港口起锚下海。

丘吉尔告诉艾森豪威尔，他将在离诺曼底海滩不远处的一艘军舰里观察入侵行动。艾森豪威尔善加劝阻。丘吉尔说可以自任其中一名船员，艾森豪威尔挡也挡不住。乔治六世（King George VI）听说了丘吉尔的打算后也宣布，如果首相认为有必要冲在前线，自己作为国王，也应责无旁贷地身先士卒。此情此景，丘吉尔也不得不打消了念头。

在5处海滩上，总共2个美军师、2个英军师和1个加拿大师各以1个师的均等兵力准备在登陆日登陆。除了奥马哈海滩之外，其余各处海滩的守军都是静态（或守卫）师，多为年龄较大的兵员或非德国籍志愿兵组成，作战热情不高，战斗经验匮乏。

奥马哈海滩是唯一一个例外。负责守卫这里的是第352步兵师，这是一支能征惯战的野战部队，3个月前刚从俄罗斯战场调过来，而盟军情报部门并未获悉这一情况。该师的1个团守卫着奥马哈登陆场后面矗立着的绵延4英里的断崖地带。另外2个团驻在距此深入内陆数英里的巴约（Bayeux），但是第716师（一支静态部队）的1个团没有被编入第 352 步兵师的指挥体系。这样，在奥马哈海滩就有 2 个完整的团严阵以待。

按计划，在 6 月 6 日黎明时分作战的头几分钟里，先出动轰炸机对 5 处海滩的防御阵地进行轰炸。同时，海上火炮对海滩进行轰击，登陆船只往前压。

然而，在这些行动之前，伞兵部队已提前登陆——1.6 万名美军伞兵在犹他滩后面科唐坦半岛的底部着陆；8000 名英军伞兵在卡昂以东着陆。

首批伞兵部队趁着黑夜中的几小时时间由降落伞和滑翔机进行投送。恶劣的天气和一些运输飞行员的经验不足，导致美军和英军大部分部队被投在离目标较远且分散的地带。

英军第 6 空降师尽管在登陆过程中遭遇严重损失，或是遇到由于飞行员遇到防空火炮而被迫远离任务目标的情况，但还是夺取了奥恩河以东区域，包括对连接主要的海岸公路至关重要的、横跨卡昂运河的"飞马桥"（Pegasus bridge）。

美军第 101 空降师的任务是夺取通向犹他滩的 4 条堤道；第 82 空降师的任务是夺取内陆的桥梁。要完成这些使命，就需要伞兵部队精确地着陆在空投场。然而事实不尽如人意。很多飞机离规定的航线太高或偏得太远，或是飞得太快而没能看见空投场。许多飞行员躲得离防空火炮远远的，导致伞兵盲目地跳伞。

结果则是一片混乱。3/4 的伞兵被投送得离目标太远、太分散，没能在进攻中发挥任何作用。他们散落在乡野里，形成小股部队晃荡了数天，其间偶尔与德军巡逻队交火。奇怪的是这种混乱倒还帮了忙。德军无法摸清盟军的真实意图，因而并未对散落的士兵发起强有力的攻击。

到 6 月 6 日晚，第 101 师指挥官马克斯韦尔·泰勒（Maxwell Taylor）少将只能集结起 1000 人，但他们还是占领了堤道的出口。第 82

师没能夺取西边的桥梁，因为附近大部分的陆地已被水淹。然而，他们的主要目标却是犹他滩以西 5 英里的圣母教堂（St. － Mère － Eglise）村，经过此处的公路北通科唐坦半岛、南接卡伦坦（Carentan）镇，并直通奥马哈海滩。

30 名伞兵径直降落在该村，其中 20 人直接落到了 100 名德军守军所在的中心广场上。几分钟之内，所有伞兵部队悉数被歼或被俘。二等兵约翰·史提利的降落伞正好挂在了教堂的尖塔上，他在那里悬挂了几个小时，一直装死，最终沦为俘虏。

第 82 师的其他伞兵在村子外集结，至破晓时已将德军逐出。

在英军方面，蒙哥马利提议在美军登陆 1 个半小时后再行登陆，目的是对登陆地点进行 2 个小时的轰炸——这一时间是在奥马哈海滩的 4 倍。大量的美军 B－17 和 B－24 轰炸机将炸弹倾泻在目标据点上，由一些战斗机提供保护，盟军为登陆日的行动总共投放了近 5000 架战斗机。

较为平坦的海滩后面的陆地地势较低，对英军没多大挑战。该防区由德军第 716 师驻防，其中有很多波兰人和乌克兰人，防御虚弱无力。唯一来自空中的威胁是 2 架 FW－190 战斗机，它们从里尔（Lille）的基地起飞，大胆地沿海滩略过，火力全开，接着又掉转方向返回基地。在阿梅尔（Le Hamel）以西金滩上的一处断崖西侧，第 352 师的一个小分队埋设了一门具备精准射程的 88 毫米高射炮。一发炮弹击中了一艘登陆船，该船的轮机舱损坏，舷侧也倒在了海滩上。最终，一辆携重型迫击炮的坦克抛射了一枚重达 40 磅的"飞天垃圾桶"炸弹，将 88 毫米高射炮摧毁。在金滩登陆的英军第 50 师向内陆推进了 4 英里，但未能夺取原定的登陆日要拿下的目标巴约。

配备扫雷装置的坦克从海滩出发，扫过英军登陆的扇形区，一路将地雷爆破。这些坦克为步兵和汽车的前行开辟了道路。

在中部由加拿大军队负责的朱诺滩，德军正伏兵以待。水雷和炮弹将 306 艘登陆船中的许多艘击沉。在贝尔涅（Bernières），第 8 加拿大旅先于扫雷坦克到达。负责进攻的王后属来复枪团（Queen's Own Rifles regiment）在穿过从海边到壁垒之间 100 码的距离时，付出了平均每个连队一半人员死亡的代价。加拿大军依靠武装直升机的近距离扫射实现突破，并通过一次快攻打穿了其中一处防守据点，德军撤离。加拿大军向内陆深插了约 4 英里。

在东边的斯沃德滩，英军第 3 师 40 辆坦克中的 28 辆埋葬于汹涌的海浪中，但是剩下的 12 辆却打垮了德军的火炮发射阵地。该师击溃了敌军并向内陆推进 4 英里，在奥恩河畔与第 6 空降师会合，但是没能实现在登陆日夺取卡昂的目标。

在登陆日这天，第 2 集团军指挥官迈尔斯·邓普西（Miles Dempsey）共在 3 处海滩投送 7.5 万人上岸，另投送 8000 名伞兵，共有 3000 人伤亡，其中 1/3 是加拿大士兵。

与此同时，约在 40 英里以西，美军第 4 步兵师在犹他滩登陆。阴云密布的天空使目标变得模糊不清，因此由空军进行的前期轰炸收效甚微，大部分炸弹都投到了更远的后方。而持续 1 个小时之久的舰炮轰击则收效明显。

防御犹他滩的是德军第 709 师的 1 个非机动化的团，由年龄偏大的士兵和来自苏联格鲁吉亚共和国的志愿兵组成。守军将炮火扫向其射程以内的登陆船，但很快他们就投降了。

到这天结束时，共有 2.3 万美军在犹他滩登陆，第 4 步兵师向内陆推进了 6 英里。总共只有 197 人伤亡。

奥马哈的情形则完全不同。以奥马尔·布拉德利的说法，简直就是一场噩梦。破晓之前，入侵的舰队由于害怕敌军炮台（机枪掩体），故在离海岸 12 英里的地方抛锚。其中一处炮台设在海滩以西 4 英里的奥

诺曼底之战与法国的解放，1944年

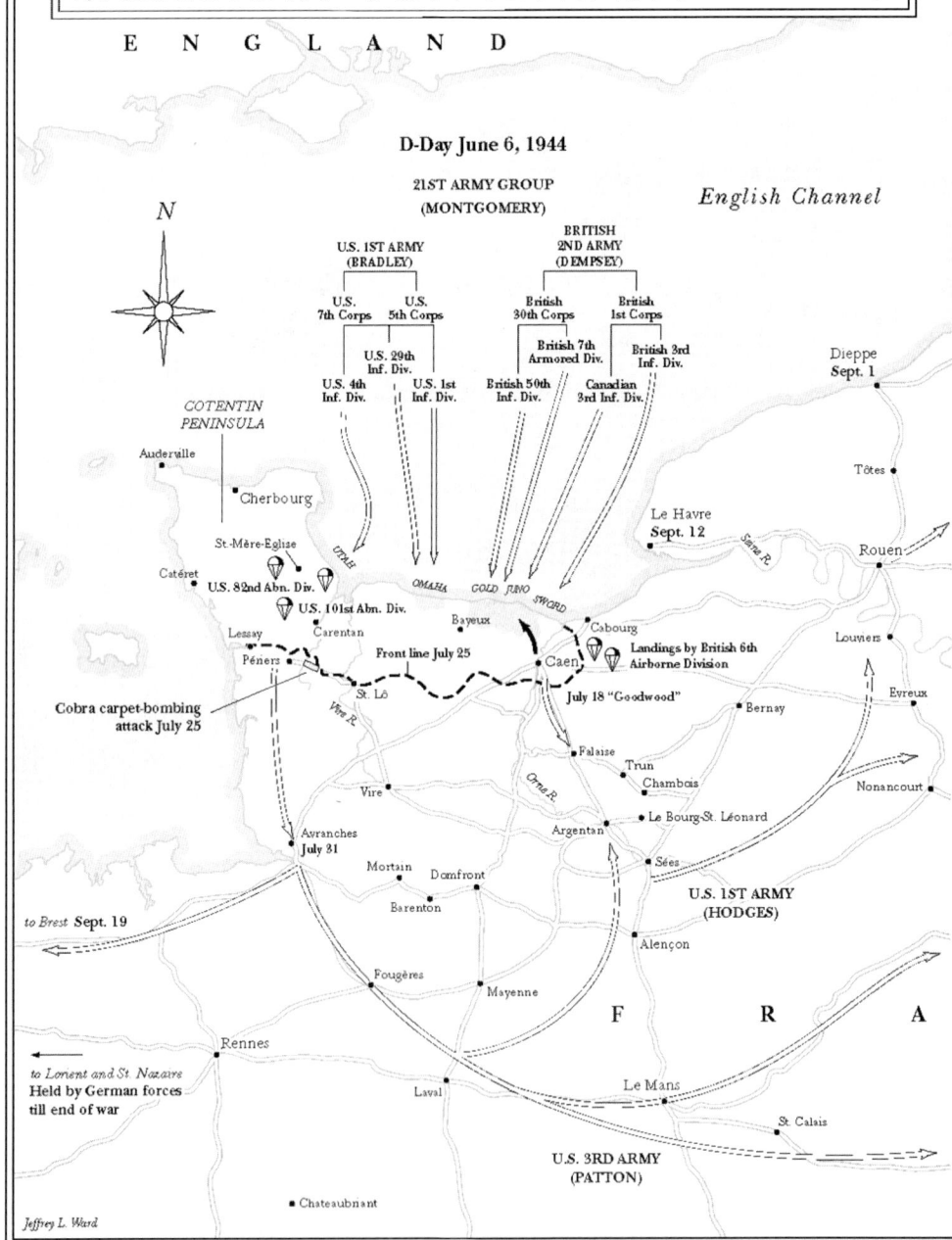

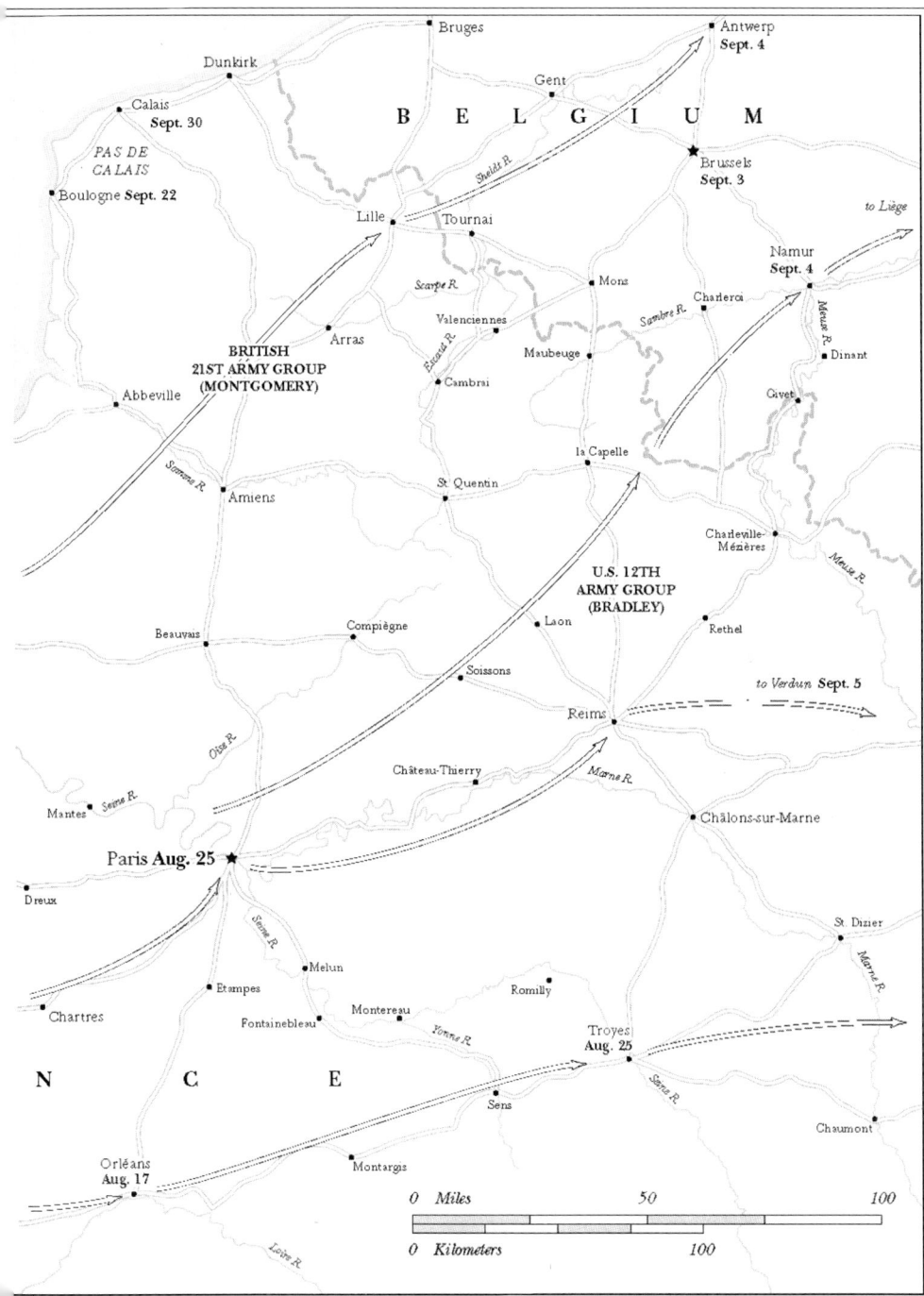

Bruges

Dunkirk

Antwerp
Sept. 4

Calais
Sept. 30

Gent

*PAS DE
CALAIS*

B E L G I U M

Shelft R.

Brussels
Sept. 3

Boulogne **Sept. 22**

Lille

Tournai

to Liège

**BRITISH
21ST ARMY GROUP
(MONTGOMERY)**

Scarpe R.

Mons

Namur
Sept. 4

Arras

Valenciennes

Sambre R.

Charleroi

Meuse R.

Abbeville

Escaut R.

Maubeuge

Dinant

Cambrai

Givet

la Capelle

Somme R.

Amiens

St. Quentin

Charleville-
Mézières

Meuse R.

Beauvais

Compiègne

Laon

**U.S. 12TH
ARMY GROUP
(BRADLEY)**

Rethel

Oise R.

Soissons

to Verdun **Sept. 5**

Reims

Château-Thierry

Marne R.

Mantes

Seine R.

Châlons-sur-Marne

Paris Aug. 25 ★

Dreux

Seine R.

St. Dizier

Marne R.

Melun

Romilly

Etampes

Chartres

Fontainebleau

Montereau

Yonne R.

Troyes
Aug. 25

Seine R.

Sens

Chaumont

N   C   E

Orléans
Aug. 17

Montargis

0   *Miles*   50   100

0   *Kilometers*   100

Loire R.

克角（Pointe du Hoc），据说有 6 门射程达 25000 码的 155 毫米火炮。布拉德利派出 2 个突击营前去攀上高崖，摧毁那里的大炮。

高达 3—6 英尺的巨浪拍打着船只。在黑暗中出动登陆船无疑艰难又凶险。美军依靠的"秘密武器"是谢尔曼 DD 坦克水路坦克，这种坦克配有浮渡围帐装置和螺旋桨推进器。DD 坦克可以从海上直接出动并"游"上岸，为部队提供及时的炮火支持。为东边战区登陆准备的 32 辆 DD 坦克中的 29 辆在距海岸 2.5 英里的地方下水。其中有 2 辆沉没，坦克上的人员随其一起葬身海底。另外 3 辆坦克直接在海滩上登陆。负责西边战区 32 辆 DD 坦克登陆的水兵担心重蹈覆辙，制止了从海上下水而让 28 辆 DD 坦克直接在海滩上登陆，尽管晚了一点——本来准备支持步兵行动的 DD 坦克中只有 2 辆与步兵一起上岸。大部分运载 105 毫米榴弹炮的 DUKW 水陆两用运输车也沉没了。

早上 5 点 50 分，战舰上万炮齐发，以惊心动魄之势射向奥马哈海滩。炮轰持续了 35 分钟。与此同时，从早上 6 点开始，一拨又一拨的 B—24 轰炸机投下将近 1300 吨炸弹。舰炮轰击尚能部分奏效，但空中轰炸却无甚收获，炸弹都落在了内陆而完全漏掉了海滩。

奥马哈海滩的防御工事很难对付：3 排水下钢筋或混凝土障碍，且大多埋设了水雷。海滩上有 200 码宽的地方光秃秃的。低矮的防波堤外是沙丘和断崖，它们被 5 条孔隙地带分隔开，美军准备把这里作为出口。这里各处均埋设了德军的大炮，而从防波提到断崖之间的区域也是地雷密布。

早上 6 点 30 分，第一拨步兵共 1500 人乘 36 艘登陆船袭击奥马哈海滩；其成员包括第 29 师第 116 团、第 1 师第 16 团一起负责清除水下障碍的工兵。

德军一直等到第一拨步兵到了岸边之后才开火。最开始进行扫射的机枪据点距离打头的登陆船只有 0.25 英里。其他的也陆续跟上，一时间如枪林弹雨。首先冲出来的是西边的第 116 团。由于这里的斜坡往前方下倾，他们只见眼前的浅滩上射出的子弹搅动起一片白光。士兵们在缓慢向前移动的过程中纷纷倒下，命丧黄泉或是肢体伤残，海浪将鲜血卷起，给每名士兵留下了恐怖的第一印象。其他士兵目睹这样的恐怖情景，试图潜入更深的水域，游得离船只远远的，但是他们身上厚重的装备却拖着他们下坠。有的溺水而亡，其他人则奋力挣脱到水面。奋力挣扎到岸边的幸存者发现没有掩蔽物，由于缺乏保护，有些又游回了水里。在 10 分钟时间里，所有官兵非死即伤。在第 116 师 A 连，同来自弗吉尼亚州的贝德福德镇的 22 人全部阵亡，其中有 3 对亲兄弟。

按计划，工兵们应从障碍物中清理出 16 条宽达 50 码的道路，但是这些工兵死伤过半，在头半个小时内只清出了一条道路。登陆船还一拨又一拨地送来后续的部队，拥挤在这唯一的通道上。沿着斜坡下去，等待他们的无疑将是死亡或受伤的宿命。沿着海滩一线，登陆船由于触发水雷或是被炮火击中，纷纷沉没或爆炸。

在岸上，死伤的人散布在沙地和浅滩的各处。幸存者躺在沙地或浅滩水域中，或是蜷缩在登陆船后面，只听到子弹打在钢壳上叮当作响。榴弹炮在沙滩上炸开，到处是纷飞的榴弹。DD 坦克也被打垮，美军对于阻止凶残的炮火无计可施。

在 4 英里以西，第 2 突击营的 225 人开始攀爬奥克角的断崖，摧毁据称埋设在那里的火炮。突击队员将绳梯和能承受绳子的抓钩扔上断崖顶部，不顾来自上面的猛烈火力开始向上攀爬。许多突击队员阵亡，其他一些队员用手榴弹炸掉悬崖上的掩体和可用作抓手的地方。与此同时，美军和英军的各 1 艘驱逐舰抵近此处，以密集的炮火将敌军赶出了悬崖顶部。突击队员们攀上崖顶，却发现根本没有所谓的火炮。这些火炮已经被转移至一处果树林中。突击队员们在那里将其摧毁。

DD 坦克现在开始上岸了。小说家欧内斯特·海明威（Ernest

Hemingway）在一艘登陆船上观察着这一切，他发现两辆坦克开始着火："第一拨，第二拨，第三拨，第四拨，第五拨（步兵），永远躺在了他们倒下的地方，从海边到第一道掩体之间平坦而又多卵石的地带，他们看起来就像是一捆一捆堆积起来的包裹。"海明威还目睹了德军击中另一辆坦克时的情景："我看见两个人奋力从炮塔钻出来，双手扶着地，膝盖跪在沙滩上的石头上，"他如此写道，"但当坦克开始起火并猛烈燃烧起来，却再也无人从坦克里边出来。"

在奥马哈海滩唯一拯救了步兵的是美国海军。12 艘驱逐舰不顾被搁浅和水雷阵的危险抵近海滩，将所有的火炮对准德军在悬崖上的阵地。密集的炮火削弱了德军的抵抗，步兵们得以缓慢向前推进。

6 个小时的时间里，奥马哈海滩可谓血雨腥风。美军只控制了海滩上几码长的范围；海浪事实上被鲜血染成了红色。直到主要指挥官上岸，士兵们才开始往防波堤和悬崖冲去。第 29 师副师长诺曼·科塔（Norman D. Cota）准将从容地走过蜷缩着的士兵们中间。他大声喊道："待在这个海滩上的只有两种人，已死之人和即将赴死之人。让我们一起让地狱见鬼去吧。"

渐渐地，那些孤独的，且大部分没有留下姓名的战士以无与伦比的英雄主义开始推动前进的脚步，突破随之而来，只要打开孔隙地带就能继续前行。面对这样的地方，第 16 团的一名中尉和一名军士冒着生命危险，手拉着手奋勇向前，他们发现挡在自己面前的只是有刺铁丝网。中尉回到蜷缩在沙滩上一处低矮的瓦砾堆后面的士兵中间。他双手叉腰站着说："你们是想在这里坐着等死，还是站起来干点什么？"无人动弹，结果这名军士和这名中尉自己炸掉了铁丝网。此举鼓舞了士气，士兵们冲突缺口，接着又穿过了地雷阵。

在 1944 年 6 月 6 日，这样的事情还有很多。到这天结束时，美军已经往里推进并形成了一个 6 英里长、2 英里宽的口袋形区域。在他们身后，3000 名美军官兵永远地留在了奥马哈滩。

6 月 6 日一早，诺曼底的德军值勤官开始狂喊数千伞兵正在着陆。值勤官迅速跑去用野战电话向上级部门报告，整个指挥机器开始运转起来。

这时的隆美尔正在德国为自己的妻子庆祝生日，料想恶劣的天气将使盟军的入侵不会很快到来，而他的参谋长汉斯·施派德尔直到上午10 点才通过电话联系上他。隆美尔迅即启程赶往诺曼底。

德军有 1 个装甲师处在到海滩的直接攻击距离以内，即卡昂以南的第 21 装甲师。另外 2 个师相当地近：沙特尔（Chartres）附近的装甲教导师以及巴黎以西的武装党卫军（第 12）希特勒青年团装甲师（SS Panzer Hitler Jugend）。如果他们在获悉盟军入侵后的第一时间出动，几乎必定将其粉碎，因为 6 月 6 日早上浓云密布，盟军战斗轰炸机根本无法飞行，但是谁让 B 集团军群控制着第 21 师，而希特勒控制着其他两个呢？约德尔不愿吵醒熟睡中的元首，并质疑诺曼底的登陆是否为盟军主攻方向。直到下午 4 点，这几个师才终于出动。

第 21 装甲师配备 150 辆坦克、60 门突击炮和 300 辆装甲运兵车。该师指挥官埃德加·弗希廷格尔（Edgar Feuchtinger）于当天上午派出部分兵力进攻奥恩河以东的英军伞兵，但是第 7 集团军却下达了相反的指令，让其进攻该河以西。这就造成了一定的延误，直到中午时分，才有 1 个由 50 辆坦克和 1 个装甲掷弹兵营组成的战斗群对斯沃德滩发起进攻。

上午 9 点半左右，英军南兰开夏郡团（British South Lancashires）第 1 营到达一处几乎一眼可望见卡昂的据点，在此遭遇德军埋设在山脊上的 3 门反坦克炮。该营在壕沟中隐蔽起来，等待第 185 旅的 65 辆坦克的到来，该旅原定于上午 10 点领衔发动对卡昂的进攻。在 3 个小时时间里，南兰开夏郡团第 1 营待在原地不动，而这些坦克也在斯沃德滩上等待交通阻塞的疏导。

下午 2 点左右，20 辆谢尔曼坦克终于将 3 门反坦克炮打退，相伴这些坦克而行的萨罗普轻步兵团（Shropshire Light Infantry）压向卡昂。他们在离该镇不远的地方遭遇埋伏的德军步兵，被迫撤往 4 英里以北的比埃维尔（Biéville）。在接下来 1 个月的时间里，这里是盟军所到的离卡昂最近的地方了。

同时，德军第 21 装甲师的战斗群从萨罗普轻步兵团的西面迂回，接着继续向北开进，试图切断朱诺滩与斯沃德滩的联系并将两处的滩头阵地一一摧毁。晚上 8 点，德军到达了这两处海滩之间没有防备的海岸。

弗希廷格尔准备再派 50 辆坦克增援这一行动，却发现高空中正有堪称这次大战中最大规模的滑翔机运输部队经过，共有 250 辆运输机前去增援数英里以东的第 6 空降师。弗希廷格尔错误地断定这些滑翔机要在自己的后方着陆，将自己的师切割开，于是他召回了所有坦克。这些滑翔机的意外出现也断送了德军粉碎滩头阵地的最后机会。

德军还犯了另一个原则性的错误：他们派最近的 2 个师在白天往诺曼底海滩开进。隆美尔和古德里安对此强烈反对，认为部队应该在夜里行军，但是国防军最高统帅部却执意派巴黎以西的武装党卫军第 12 希特勒青年团装甲师于 6 月 6 日下午晚些时候向卡昂进军。直到 7 月 7 日上午 9 点半，该师才完成 75 英里的行军路程。第 7 集团军指挥官弗里德里希·多尔曼（Friedrich Dollmann）命令在沙特尔附近、距离前线 110 英里的装甲教导师于 7 月 7 日白天行军，向卡昂西南 15 英里的波卡基村（Villers—Bocage）开进，阻击在这个方向运动的英军。装甲教导师师长弗里茨·拜尔莱因对此强烈反对。

两个师均遭到盟军空袭的重创。装甲教导师作为在诺曼底唯一全副武装的师，损失了 5 辆坦克、84 门（辆）自行火炮和半履带装甲车以

及 130 辆卡车和油罐车。受空袭影响，装甲教导师的履带式汽车轮配件
脱落，以致当该师就位时，根本无法发起进攻；而武装党卫军希特勒青
年团师也没有足够的时间或空间让下属各部队发起协同进攻。

不过，这两支装甲师的就位还是阻止了盟军在诺曼底以外地区迅速
推进，但是他们和其他师一起逐渐地被侵蚀以致耗尽元气，德军再也无
法将盟军赶进大海了。与此同时，希特勒还把他最精锐的一些师放在加
莱海峡，仍然以为诺曼底入侵只是佯攻。从 7 月 12 日至 13 日开始，他
还从加莱海峡一带的基地发射 V－1 喷气推进式巡航导弹（通称"V－1
导弹"）对伦敦进行打击，9 月，首次发射了 V－2 火箭推进式弹道导
弹（通称"V－2 导弹"）。

7 月 10 日，隆美尔向希特勒提议将前线上的所有装甲部队替换为
步兵，而调装甲部队向西分割并歼灭位于科唐坦半岛低地的美军（包括
在犹他滩登陆的第 7 集团军和第 82、第 101 空降师），但是希特勒否决
了这一计划，德军因此被迫转入完全的防御作战。

浴血鏖战势在难免，胜负成败已有定数。盟军压倒性的力量优势茁
壮生长。假以时日他们就会冲出诺曼底，席卷德国军队。

第 22 章　法国解放

　　隆美尔所预见到的若不提前升级部队可能招致的灾难如今变成了现实。事实上每支被派上前线的部队都遭遇惨重损失。增援部队一赶到就要迅速投入战斗，他们的力量也被迅速消耗。战斗损失达每天 2500—3000 人。坦克的损失也很严重，但替换者奇缺。

　　盟军飞机摧毁了连接诺曼底的铁路系统，并粉碎白天里任何在道路上移动的目标。补给系统遭到严重损坏，只能保证起码的必需品送达前线。

　　希特勒还是重复他那让人熟悉的"寸土必争"的命令。6 月 29 日，伦德施泰特和隆美尔赶赴贝希特斯加登，准备与元首谈一谈。

　　希特勒关于阻击西方同盟国的想法完全不切实际。他要求海军袭击盟军的战舰，但邓尼茨元帅指出，只有一些小型鱼雷和轻型船只可以使用，它们不太可能有什么斩获。1000 架新式的 Me－262 双引擎喷气式战斗机投入使用，试图扭转诺曼底上空的制空权。然而，英美两国于 1943 年冬季和 1944 年春季实行的联合空袭事实上已经使有经验的德军飞行员变得奇缺。纳粹空军只能派出 500 名飞行员，大部分训练不足。结果，尽管 Me－262 的速度（每小时 540 英里）和武器装备（4 门 30 毫米口径加农炮）胜过任何盟军战斗机，但鲜有能飞临盟军上空者。

　　伦德施泰特和隆美尔告诉希特勒，形势所迫，获胜已然无望。隆美尔质问道，希特勒怎么还会认为这场战争能够取胜呢？接下来则是一场混乱的争吵，伦德施泰特和隆美尔均向希特勒请辞。

7 月 1 日返回巴黎后，伦德施泰特接到希特勒的命令"必须守住现有的阵地"。他打电话给希特勒的总部并告诉一位参谋，自己无法满足这一要求。那我们该怎么办呢？这位参谋问道。伦德施泰特答曰："讲和啊，你个蠢蛋。"

第二天，希特勒派来的一名特使宣布授予伦德施泰特"橡树叶骑士十字勋章"，并带来一张希特勒手写便条，鉴于其"年龄和身体原因"解除其职务。希特勒让克鲁格接替了伦德施泰特的职务，克鲁格起初对形势抱持乐观的判断，然而当他走访了前线之后却改变了自己的想法。

隆美尔仍被希特勒留职，他自己都颇感惊讶。大约在这时，隆美尔和他的参谋长汉斯·施派德尔（Hans Speidel）根据形势判断，德军应该与西方同盟国展开单独的和平谈判。他们的想法是，敞开西线的大门，让英军和美军在毫无抵抗的情况下"长驱直入"，目的是将苏联人排除在德国之外。正当一切准备就绪，还将克鲁格和其他一些人都争取了过来，命运却在 7 月 17 日开了个玩笑：隆美尔在利瓦罗（Livarot）附近被低空飞行的盟军飞机造成重伤。

3 天之后的 1944 年 7 月 20 日，秘密反对希特勒行动的领导人克劳斯·冯·施陶芬贝格（Claus von Stauffenberg）上校在希特勒于东普鲁士拉斯腾堡总部的会议现场的一张桌子下安放了炸弹。炸弹成功引爆，但希特勒却逃过一劫。随后不久，希特勒就让古德里安取代了陆军总参谋长蔡茨勒的职务，古德里安于 7 月 21 日中午向希特勒汇报情况。

"他看起来情况很不妙，"古德里安写到，"（他的）一只耳朵在流血；他的右手严重受伤，几乎无法使用，被悬在绷带上，但是他的举止之间却显得出奇的冷静。"

希特勒很快就从炸弹造成的身体伤害中恢复过来。他原本就存在的

导致其左手和左腿颤抖的帕金森病与这次爆炸无关。然而，它对希特勒
生命的冲击对他的行为产生了深远的影响。古德里安写道："他原本就
有的总体上对他人深深的不信任感……现在变成了深度的仇恨……原本
的冷酷变成了残忍，原本的威严变成了阴险。他经常毫不犹豫地撒
谎……他不再信任任何人。要想与他相处原本就很困难；而现在则变得
更加令人苦恼，且月复一月地变得越来越糟糕。他经常完全失去自我控
制，语言也变得越发狂躁。"

希特勒掀起了一股针对任何可能参与爆炸密谋的嫌疑人的恐怖浪
潮。大量人员被处决。1944 年 10 月 14 日，在乌尔姆（Ulm）的家中
刚刚伤愈的隆美尔收到了来自人民法庭的一项判决，他要么被处决，要
么自己服毒自尽并接受国葬——而且不牵连妻儿。隆美尔选择了服毒
自尽。

到 6 月 27 日，美军已将德军赶出了科唐坦半岛并占领了瑟堡（德
军破坏了港口，盟军花了几周时间才使其重新运转）。同时，蒙哥马利
在东边的英军部队没能撼动卡昂的德军。盟军面临被限制在诺曼底的危
险，特别是在 6 月 19—23 日之间，从海峡吹来的狂风严重破坏了停靠
在诺曼底海岸的"桑椹"（人工港口），并把 800 艘船只刮上了海滩。

美军第 1 集团军指挥官奥马尔·布拉德利开始指挥部队向南移动，
执行"霸王行动"的最初计划：突入位于科唐坦半岛底部的阿弗朗什
（Avranches），为巴顿的第 3 集团军夺取布列塔尼和那里的港口打开门
户，两个行动要一气呵成。这些行动还将为盟军进行大规模转向运动提
供空间，从而横扫法国直逼德国边境。

布拉德利整合了 12 个师组成 4 个集团军，准备以一次大规模正面
进攻造成突破。西边特洛伊·米德尔顿（Troy H. Middleton）的第 8
集团军和勒顿·科林斯（J. Lawton Collins）的第 7 集团军沿半岛的西
海岸而下全速向阿弗朗什逼近。同时，查尔斯·科勒特（Charles H.

Corlett）的第 19 集团军将夺取中部的圣洛，而位于古蒙（Caumont）的莱纳德·杰罗（Leonard T. Gerow）的第 5 集团军将"抓住车轮的轮毂"（布列塔尼当地的说法），保护英军第 2 集团军的右侧翼。

7 月 3 日，位于最西边的米德尔顿的集团军发起了进攻，但最终完败。科林斯的第 7 集团军在第二天的遭遇也好不到哪儿去，而第 19 集团军也只在圣洛附近略有进展。

布拉德利和他下属的集团军指挥官们认为问题出在美军师的领导问题上，认为他们在很多情形中领导力不足。布拉德利撤换了部分指挥官，但是摆在美军面前最大的问题却是"篱田"（bocage）——诺曼底地区的灌木篱墙，它们出人意料地将美军陷进去了。那些运筹帷幄的人解决了登陆的问题，却对登陆海滩后面的地形缺少或者毫无估计。所有部队都不知道如何应付。

事实上，美军登陆的整个扇形区域——从科唐坦半岛的海岸到科盟—巴约一线——都是篱田地带。在英军登陆的扇形区域，东边的陆地部分是篱田，部分是穿插着村庄和小树林的起伏的乡野。数个世纪以来，诺曼底地区的农民通过筑起 3—4 英尺高的堤坝，用篱笆将土地分成小块耕种。这些堤岸上生长着灌木、荆棘、山楂和小树，杂草丛生。这些灌木篱墙起着圈养牲畜、划分界限，以及保护动物和农田免受海风侵袭的作用。每一片篱田都有一个门供动物和耕种设备进出。泥道或是凹陷的沟道穿插在这些灌木篱墙之间，部队和武器辎重可以在其中自由移动，无论是从空中还是从地面上都很难观察到。其结果则是这片地区被数千道围墙所分割。

对德军而言，篱田可谓理想的防御屏障。埋设在灌木篱墙之间的反坦克武器"铁拳"（或称反坦克榴弹发射器）和机枪能实现很好的隐蔽，直到坦克进入 50 码的距离以内，除了重型坦克外，其余所有类型坦克只需一发即可将其摧毁；另外还可以有效阻止步兵前进。此外，隐蔽在篱田或村庄里的坦克、突击炮和 88 毫米高射炮能在 2000 码的距离内打垮盟军的坦克。

德军将每一片篱田（大部分为 7—15 英亩）组织成一个防守据点，在各个角落设置机枪，待美军在开阔地带前行时对其采取行动。他们还把其他自动武器埋设在进攻方前面或两侧的灌木篱墙中。一旦使敌军进攻停下来，德军就派出预先准备好的迫击炮向篱田中发射炮弹。美军在诺曼底的伤亡有 3/4 是由迫击炮造成的。

美军经常无法使用炮火进攻，因为射程太短，炮弹有可能落在自己的部队中。这就使美军无法使用其标准的战斗方法。步兵习惯于先将敌军准确定位，然后召集火炮来解决问题。在炮火打击下，德军步兵不是到处乱跑，而是就近寻找掩护或是直接伏地。

篱笆围墙还抵消了坦克最大的优势，即机动性和攻击火力。坦克手们通常不愿意在篱田的幽闭空间里行动，然而如果他们待在主要的公路或小道上却又容易成为绝佳的靶子。指挥官们意识到必须让坦克远离公路，但因此又让它们陷入了篱笆围墙之中。

必须找出一种办法来突破困境。就美军一般的行动方式而言，坦克和步兵通常分为独立的梯队行进。而在诺曼底，精明的指挥官们意识到，两者必须协同起来（因此认识到德军早在 1940 年就开始一直实践的战斗群体系）。

第 29 步兵师的做法颇具示范意义。该师的体系于 6 月份开始建立并于 7 月 11 日在圣洛以东得到检验，它包含四个阶段的行动。首先，谢尔曼 M4A3 重型坦克拨开灌木篱墙中央尽可能多的植被，让自己的加农炮和机枪完全敞开，瞄准篱田另一端敌军据守的灌木篱墙。与此同时，60 毫米迫击炮炮手向敌军灌木篱墙后方发射炮弹。在坦克机枪密集火力的掩护下，一个班的步兵呈开放松散的队形穿过篱田。当他们靠近敌军时，步兵向灌木篱墙扔手榴弹，将德军守军炸死或是造成混乱。

同时，谢尔曼坦克从其开火阵地撤回，工兵队在灌木篱墙中凿出大窟窿供坦克穿行。接着，坦克冲向前增援步兵，将灌木篱墙中的残余敌军清扫干净。

尽管这种体系及与之类似的体系能奏效，但其过程尚显缓慢。还有些人研究如何使谢尔曼坦克更快速和更安全地穿过灌木篱墙——因为采取直接冲过去的方式容易将坦克较为脆弱的底部暴露在敌军火力之下。

安装了推土铲的谢尔曼坦克能当此任，但是在这方战场上，这样的坦克太少了。使用炸药在灌木篱墙中打开窟窿会将进攻行动暴露，并很容易使自己成为德军武器的攻击目标。最后，有些士兵想出了在谢尔曼坦克前面安装焊接装置的办法，它足以突穿最厚的灌木篱墙。7 月 14—25 日，第 1 集团军的焊接队以非凡的努力生产出 500 副灌木篱墙切割装置。截至 7 月底，该集团军六成的谢尔曼坦克都配备了这种装置。

由于来自德军灌木篱墙的猛烈火力，布拉德利制订了一个新的进攻计划，他将其命名为"眼镜蛇"（Cobra）。他决定以科林斯的第 7 集团军为先头部队，集中在圣洛附近进行突破。行动的关键就是对这一狭窄的战线进行大规模空袭。一旦科林斯实现突破，第 1 集团军的全部兵力（现在为 15 个师）就都会投入进攻。

与此同时，蒙哥马利也在为进攻卡昂制订计划以支持"眼镜蛇"行动，代号为"古德伍德"（Goodwood）。7 月 18 日，蒙哥马利发起"古德伍德"行动，率先出动 1700 架重型轰炸机和 400 架中型轰炸机进行大规模空袭。一开始英军的进攻进展顺利。坦克向惊慌失措的德军守军碾压，但是弹坑却减缓了装甲前进的速度，德军也重整队伍发起了反击。反击并未抢下地盘，却给英军以重创。7 月 20 日，蒙哥马利停止了进攻，此时英军已在卡昂以南推进了 6 英里，但也损失了 4000 人和 500 辆坦克。

布拉德利的"眼镜蛇"计划风险很大，因为飞行员们并不擅长精确打击，而这一行动却要求在东西向的圣洛—皮埃尔（Périers）公路以南3英里宽、1英里纵深的矩形区域进行密集轰炸。稍有闪失就会把炸弹投到美军部队中。

布拉德利不希望飞机飞越美军阵线上空，他提议飞机靠近几乎平行于圣洛—皮埃尔公路的航线上飞行。7月19日，布拉德利乘飞机回到英国，与空军高级将领们商讨行动计划。他们反对平行靠近飞行的方案，声称（这样会使）飞机更长时间地暴露在敌军防空炮覆盖范围，而且平行靠近飞行要求对1英里宽的目标进行打击，但垂直靠近飞行则可以打击3英里宽的目标，但到了他要离开时，布拉德利以为已经得到了他们同意。为了最大程度减小美军遭袭的可能性，布拉德利把他们撤到了公路以北1500码的地方。

暴雨使"眼镜蛇"行动一直推迟到7月24日。眼看着乌云密布又要使行动推迟，但不久就有400辆轰炸机到达法国并扔下了炸弹。令布拉德利感到惊恐的是，轰炸机靠近垂直于美军战线的航线飞行，而非平行飞行。结果很多炸弹落到了美军阵地，造成25死131伤。布拉德利怨声载道，但空军高层却声称他们从未同意过平行靠近飞行。而且他们还告诉布拉德利，除非以同样的方向飞行，否则就没有第二次空袭。

布拉德利别无选择，只能点头同意，7月25日，空袭继续：1500架重型轰炸机、380架中型轰炸机和550架战斗轰炸机总共投下4000吨炸弹和凝固汽油弹。"差之毫厘"再一次造成美军111死490伤。

科林斯派出第7集团军的3个师冲进被轰炸机炸得千疮百孔的地带。美军以为德军已经被炸蒙，无法继续战斗。相反，他们遭遇的却是猛烈的回击。目睹了轰炸过程的艾森豪威尔灰心丧气地飞回英国，决心再也不用重型轰炸机来支持地面部队。

尽管仍有少量德军激烈抵抗，但轰炸确实对其造成巨大损坏。装甲教导师遭到的冲击最大，该师指挥官拜尔莱因写道："驻守前线的部队几乎被彻底摧毁。"坦克被打垮、火炮被击碎、步兵阵地被夷平、所有道路都被毁。到正午时分的景象就像月球一般坑坑洼洼。"我们的武器想躲都躲不掉,"拜尔莱因写道,"震撼的效果难以尽述。有些士兵直接疯掉了,他们精神错乱地在开阔地带狂奔,直到被炸弹碎片放倒。"

马丁·布卢门森(Martin Blumenson)在其官方历史中写到,1/3 的德军战斗人员死亡或受伤,只有 12 辆坦克或反坦克装甲车能继续作战,而装甲教导师附属的 1 个伞兵团事实上已经消亡。

科林斯在轰炸之后的行动之所以会遇到困难,一方面是因为德军出于本能的意志卓绝地抵抗,另一方面是由于美军的谨慎和犹豫,他们已经习惯了灌木篱墙中作战的缓慢推进节奏。

但是德军阵地已经被蚕食殆尽了。截至 7 月 26 日,美军装甲刺入 10 英里,第二天则推进得更远。"可以说已经门户大开了。"第 30 步兵师指挥官利兰德·霍布斯(Leland Hobbs)欢呼道。

科林斯扩大了打开的口子,持续向南推进。在他的右边,米德尔顿的第 8 集团军也实现了突破,这次突破没有依赖自己的装甲。一旦米德尔顿在阿弗朗什拐弯并向布列塔尼进军,巴顿的第 3 集团军就将出动。与此同时,布拉德利让巴顿来指导第 8 集团军的行动。行动很快就带上了巴顿的印迹:2 个装甲师向前穿过步兵师而出现在最前面,接着迅速猛冲到 35 英里以外的阿弗朗什。艾森豪威尔对巴顿的评价让人印象深刻:"关键时刻不循常理而铁血无情的推动力量。"结果,那里的德军要么败走要么投降。

"篱田"被跨过去了。德军的左翼崩溃。蒙哥马利宣布,德军唯一的希望就是分批撤往塞纳河一线,如果盟军粉碎这一希望,就可以撼动其"朝向巴黎"的右翼。战争似乎正在转变成大部分美军喜欢的节奏——在足够开阔的地方奋力开道,地平线所及之处就是目的地。巴顿正是适合领导这种战役的将军,他已经准备好大显身手,但是巴顿不得不屈从于布拉德利，而后者却并非"别管他妈的危险"这种人。另外，无人能猜透希特勒将作何反应。

8月1日，巴顿的第3集团军正式出动。布拉德利坐镇指挥第12集团军群，霍奇斯接掌第1集团军。美军总共加起来有21个师，其中5个装甲师、16个步兵师，将近40万人。（盟军）以压倒性的优势对阵已经残破不堪、相对自己来说兵少将寡的德军。

起初，巴顿的集团军被安排去拿下布列塔尼。但由于德军已经将这一区域的大部分部队抽离，所以布拉德利告诉巴顿只派米德尔顿的第8集团军去夺取就可以了。米德尔顿向布列塔尼猛冲了过去，却未能夺取首要的目标——重要港口。德军杀了个回马枪。美军最终夺取了港口，但却遭遇沉重的损失，可以说是无谓的损失。

到目前为止，巴顿可谓盟军一方最具创造力、最富冒险精神、行动导向的将军。他接掌第3集团军后不久，就意识到一场恢宏壮大的胜利指日可待。美军已在诺曼底以南就位，前方的道路已经打开，可以向东大规模出击奥尔良（Orléans）与巴黎之间的区域（或叫"缺口"），然后挥师巴黎，再从巴黎沿塞纳河右岸到达海边，从而将诺曼底的所有德军分割开来。

但是巴顿却没有权威下令发动这样的进攻，而仍然统领陆上行动的蒙哥马利认为，德军会构筑一条大致向南延伸的新的临时防线，这条防线从卡昂出发，穿越马耶讷市到达拉瓦勒（Laval，马耶讷省省府），可能还会向南延伸至卢瓦尔河与马耶讷河交汇处附近的昂热（Angers）。他让布拉德利移动到南边的这条可能的防线。在北边，他命令亨利·克拉勒尔（Henry Crerar）指挥加拿大第1集团军于8月8日从卡昂出击18英里以南的法莱斯，以图切断那里的德军。

布拉德利让巴顿——手上只有韦德·海斯利普（Wade Haislip）指挥的一支仅有2个师的集团军（第15集团军）——沿马耶讷河建立一

条 60 英里的战线，并夺取马耶讷市、拉瓦勒和昂热。

巴顿让海斯利普夺取马耶讷市和拉瓦勒。并且，由于他仍希望能出击奥尔良—巴黎缺口，遂命海斯利普随时待命，以继续向马耶讷河以东 45 英里的主要城市勒芒（Le Mans）推进。海斯利普奉行的政策是"让所有将士激发出人类忍耐力的极限"，于 8 月 5 日至 6 日之间夺取了马耶讷市和拉瓦勒。巴顿还得到了布拉德利的许可，继续向勒芒进军。

希特勒对"眼镜蛇"行动突破阿弗朗什的看法与蒙哥马利和作战地点的德军将领们完全不同。后两者都倾向于从诺曼底乃至整个法国撤退。

自斯大林格勒之后，坚守每一寸土地已成希特勒的执念。但在诺曼底这种执念又增添了一层——如果德军退却，盟军机动化的部队就会迅速咬住德军用马拉运输的部队。再者，德军能退到哪里去呢？在塞纳河的迂回并没有创造完美的防线。能称得上最好的防线的当属边界上的"西墙"了，但是自 1940 年以来它就被荒废了，需要 6—7 周时间才能修复。希特勒要求立即开始修复工程，也因此要求德军在诺曼底至少要坚持到"西墙"的防御筑垒。最终确信盟军不会入侵加莱海峡后，他将那里的部队也调往诺曼底。

希特勒还看到了反戈一击的可能性。德军的西翼部队这时正在莫尔坦（Mortain）以东休整，此地距阿弗朗什 20 英里，处于森林茂密的"诺曼底瑞士"（Norman Switzerland）高地上。8 月 1 日，希特勒命克鲁格从莫尔坦出击以夺回阿弗朗什。此举若成，就将使德军的防线稳稳地锚定在科唐坦海岸，并把阿弗朗什以南巴顿的第 3 集团军与该市以北霍奇斯的第 1 集团军切割开。

克鲁格集结了 4 个较弱的装甲师。其中 3 个准备席卷莫尔坦、击败守卫那里的美军，然后尽可能地继续往前推进。万一他们应付不过来，再派上第四个师到前线并向阿弗朗什出击。

"超越"密码破译机截获的德军情报使布拉德利在进攻发动之前摸清了德军的意图。他已经在这一带部署了近5个师，全军对德军的进攻保持警觉。8月7日一早，对莫尔坦的进攻开始。美军第30师于几个小时之前占领此地。莫尔坦的战略要点是其东面的317高地。德军步兵对高地发起了进攻，同时70辆装甲车绕过高地直接冲过该镇，接着向西挺进。到正午时分，他们已经推进了6英里，但盟军飞机把这些装甲车赶进了森林里。战斗还在继续，但德军已经没有机会突破如铁桶般的防守。与此同时，317高地上的700名美军在猛烈的炮火和英国皇家空军配备有火箭的"飓风"和"台风"战斗轰炸机的支持下，仍然坚守着阵地。

希特勒责备克鲁格判断失准、急功近利而又粗心大意，要求投入更多兵力继续进攻。克鲁格准备从与英军—加拿大军对峙的前线抽调3个装甲师来对付已经深插进来的美军先头部队侧翼（即巴顿向勒芒进军的部队）。

克鲁格对形势的认识比希特勒更清楚，他知道自己的进攻已经深陷泥沼，上上之选就是撤退。还有更让他感到恐怖的：德军的前线已经延伸到盟军战线以内形成了一个很深的突出部。蒙哥马利的2个集团军（英军第2集团军和加拿大军第1集团军）和霍奇斯的第1集团军既已陈兵在北，巴顿的第3集团军也在南侧向勒芒横扫过来，如果其继续穿过奥尔良—巴黎缺口乃至推得更远，那么塞纳河以西的所有德军部队就会被包围。

但是希特勒的命令已经很清楚了，克鲁格从英军—加拿大军战区将3个装甲师调出，命其于8月7日趁夜向莫尔坦进发。克鲁格获悉，沿卡昂到法莱斯的公路正遭到大规模轰炸——预示着加拿大军将发起主攻。此时有1个装甲师已经离开法莱斯战区，但克鲁克果断撤销了对其他2个师的调动令。德军丢不起法莱斯。

加拿大军的进攻首先由 2 个装甲旅打头阵，装甲运兵车载着步兵跟在后面，他们趁夜推进了 3 英里，到 8 月 8 日破晓时分已经突穿德军防线。眼看到法莱斯的道路已经敞开，进军却突然被阻滞了。

为了重启进攻，加拿大第 2 集团军指挥官盖伊·西蒙兹（Guy Simonds）将军把他的 2 个装甲师拉了上来，其中 1 个是加拿大师、1 个是波兰师，命其缩紧战线打向法莱斯。这两个师缺乏作战经验，且被盟军轰炸机投下的炸弹误伤，造成 65 人死亡、250 人受伤。同时德军恢复过来，重新构筑了防线，阻断了道路。盟军的进攻推进了几英里，但在 8 月 10 日即告崩溃——尽管盟军有着以 600 辆坦克对付德军 60 辆坦克和反坦克装甲车的优势。加拿大师（第 4 师）指挥官乔治·基钦（George Kitching）指责波兰人，说他们运动不积极。

希特勒对克鲁克失去了信心，开始从自己设在东普鲁士的总部遥控指挥战役。8 月 9 日，他将加莱海峡的坦克和反坦克炮调往法莱斯。他指出，此举将足以应付加拿大军的威胁。接下来他把重点放在了夺取阿弗朗什上。他想再次发起进攻，这次拟派出 6 个装甲师，另准备 2 个师协助。

德军指挥官们称希特勒的命令"完全是乌托邦"。克鲁格只能在莫尔坦集结起 120 辆坦克，而美军的 1 个装甲师的坦克数就达 60 辆。

由于希特勒执意为之，德军仍将自己钉在从西边的莫尔坦到东边面朝加拿大军的前线上。对德军实行大包围、展开包围圈战役的时机已经成熟。海斯利普的部队将前往夺取勒芒。届时他们就离巴黎—奥尔良缺口只有 75 英里之遥。巴顿力劝布拉德利让海斯利普全力以赴奔向该缺口，执行解放巴黎的计划，接着沿塞纳河右岸而下，对河西岸的所有德军实行包围。巴顿的计划如果成功——事实上挡在前方的德军已经不多，不日即可终结德军在西线的抵抗能力。

但是布拉德利没有巴顿的远见卓识。他对机会放任自流。在他眼里，机会缺缺，收获寥寥。在勒芒，海斯利普将转向北进军阿朗松（Alencon）和塞斯（Sées），与经过法莱斯和阿让唐（Argentan）而下的加拿大军会合，以此切断西侧的德军。这一行动可能无法消灭诺曼底的所有德军，但可以吃掉大部分。

8月8日，海斯利普夺取了勒芒并准备向北进军。他又增加了2个新的师，一个是年轻的美军步兵师（第80步兵师），负责守卫勒芒市，另一个是法军第2装甲师，指挥官雅克·莱克勒克（Jacques Leclerc）起初本想解放巴黎。但他还是遵从了巴顿的命令，跟随兰斯福特·奥利弗（Lunsford Oliver）指挥的美军第5装甲师一起向阿让唐进军。

这2个装甲师于8月10日已经行至半道上的阿朗松，2个步兵师（第79和第90步兵师）跟在他们后面，一路上几乎未遇到任何抵抗。然而在海斯利普的左侧，却有一个没有部署美军部队的巨大缺口——因为布拉德利考虑到德军仍在莫尔坦附近构成威胁，故而不愿把部队移动到这个缺口。这个空隙也为德军对海斯利普的侧翼发起反击提供了机会。

8月11日清早，克鲁格决定从莫尔坦回收部队并袭击该侧翼。行动造成美军4000人伤亡，但自己也损失不少人员，还折损了100辆坦克。得到希特勒同意后，克鲁格将自己的部队从莫尔坦撤出。

几乎同时，海斯利普于8月11日到达阿朗松郊外，并指明沿公路向北23英里的阿让唐将是下一个目标。阿让唐深入英军—加拿大军战区8英里远，但这似乎并不是大问题。

8月12日一早，莱克勒克的装甲师夺取阿朗松，同时奥利弗的美军第5装甲师沿着到阿让唐的公路奔袭20英里之外的塞斯。在阿让唐前方防守的只有德军的1个面包连①，他们正在该市镇的南沿挖战壕。

———————————

① Bakery Company，属二战德国陆军野战部队后勤编制。二战前期和中期，德军每个集团军都下辖两个面包连，到后期则只有一个大型面包连。

奥利弗的盟军坦克本可以沿阿朗松—阿让唐的高速公路倾泻而下，迅速夺取该镇（阿让唐），只可惜莱克勒克无视命令擅自派自己的部队霸占了这条公路。当美军终于到达阿让唐时，防守这里的就不再只是面包连了，而是克鲁格从莫尔坦调来的 3 个装甲师和至少 70 辆坦克。

克鲁格计划中的对海斯利普侧翼的袭击并没有实现，因为德军在阿朗松附近的汽油存货和其他补给物资大量损毁，但好在装甲部队对阿让唐的控制还是保证了一条重要的东西向高速公路的畅通。倘若德军丢失法莱斯和阿让唐，就只剩下一个 13 英里宽的没有好的公路的缺口。

8 月 12 日晚上，海斯利普告诉巴顿说自己想在第二天对阿让唐发起进攻。但他指出，自己推进得越远、延伸得越长，保护侧翼的部队就会更少。如果夺取阿让唐，势必会激起德军的激烈反应。进退与否作何决断？

巴顿选择了大胆而为。在写给妻子的一封信中，巴顿引用了拿破仑的话："大胆，大胆，时时刻刻都要大胆。"这场游戏值得一搏。巴顿叮嘱海斯利普，夺取阿让唐之后，再转往法莱斯，在那里与加拿大军合兵将口袋系上。

但是当巴顿告知布拉德利（这一想法）时，布拉德利却说："不要轻举妄动，到阿让唐就适可而止。"

布拉德利的顾虑部分是因为海斯利普的集团军在 40 英里的线上拖得太长，还有部分是因为科林斯的第 7 集团军——他准备调来支撑海斯利普左翼的部队——无法在两三天内就赶到。

但布拉德利的初衷却是避免得罪友军。

"法莱斯是英军渴求已久的目标，"他写道，"而且，对他们而言，这是关乎声誉的大事。如果巴顿的部队夺下了法莱斯，当我们毫无疑问地需要在加拿大军队中建立信任的时候，此举无疑将是打在对方脸上的一记傲慢的耳光。"

　　蒙哥马利让他的参谋长弗朗西斯·德·甘冈（Francis de Guingand）去"告诉布拉德利，他们（海斯利普的部队）应该撤回去"。德甘冈在战后写到，如果蒙哥马利让美军跨过集团军群的边界，他们早就把德军给包围了，但是布拉德利和艾森豪威尔都没有这样要求过。

　　当海斯利普到达阿让唐外沿时，德军已经在那里的肩部位置和法莱斯加强了力量，非主力部队也陆续通过缺口撤离。而野战师仍然陷在"口袋"中。

　　蒙哥马利命令加拿大军继续推进，并于 8 月 14 日夺取法莱斯。但这次努力并不奏效。为增援其进攻，他让邓普西的英军第 2 集团军同时从西北方向出击——布拉德利和艾森豪威尔将这一行动比作在没有盖儿的情况下从底部开始挤牙膏。其结果将是把德军从口袋中挤出去，而不是将其围起来歼灭。

　　与此同时，布拉德利酝酿了一个新的行动计划来封堵已经逃脱的德军。他命令第 3 集团军向东北方向运动——海斯利普的第 15 集团军（减成 2 个师）到巴黎以西 50 英里的德勒（Dreux）；沃尔顿·沃克尔（Walton Walker）的第 20 集团军到巴黎西南 50 英里的沙特尔；吉尔伯特·库克（Gilbert R. Cook）的第 12 集团军到巴黎以南 70 英里的奥尔良。目标就是对撤退中的德军实行大包围。8 月 14 日，行动正式开始。

　　布拉德利将巴顿的全部部队从口袋处调走，削弱了阿让唐肩部的力量，使德军更容易保持缺口的畅通无阻。8 月 15 日，布拉德利终于认识到自己的错误，他紧急赶到巴顿的指挥部，要求其叫停包抄运动，但为时已晚了。巴顿的 3 个集团军几乎已经到达目的地。即便如此，因为有布拉德利的命令，巴顿还是让部队在 3 个城市停了下来。

　　第二天（8 月 16 日），德军装甲袭击了守卫阿让唐肩部的第 90 步兵师，这是有力的一击，但该师——尽管到目前为止表现平平——还是挺住了。同一天，加拿大军队也最终攻下了法莱斯，尽管盟军飞机的空中轰炸造成了加拿大军和波兰军 500 人伤亡。

但是在法莱斯和阿让唐之间仍有一个 13 英里的缺口，德军正在成群结队地从这里涌出。蒙哥马利建议从另一个地方封堵这个缺口：阿让唐东北 80 英里、法莱斯东南 13 英里的尚布瓦（Chambois）。蒙哥马利让克拉勒尔调加拿大军取道特兰（Trun）到尚布瓦。布拉德利手上仅有的部队就是他派去守卫阿让唐的一个临时组建的集团军了——第 90（步兵）师、莱克勒克的法军装甲师以及没有过实战经验的第 80 步兵师。布拉德利从第 1 集团军中调杰罗指挥上述集团军。

法莱斯口袋现已在东西方向上延伸了约 40 英里，并达 11—15 英里宽。大约 14 个师的约 10 万人身处其中。道路阻滞不畅，盟军飞机袭击任何移动的目标，盟军的火炮可以打到侦察兵可以定位的任何目标。德军油料极度匮乏，部队乱成一团，相互之间沟通也不畅。

8 月 15 日上午，克鲁格元帅赶赴前线。4 个小时后他失踪了。搜寻部队找不到他，一时间音信全无。希特勒颇为狐疑。克鲁格曾与一些人同谋发动 7 月 20 日的政变，而此时的消失时机显得颇为蹊跷。同一天，美军与法军（雅各布·德弗斯指挥的第 6 集团军）入侵了地中海边法国的里维埃拉（被称为"龙骑士行动"），并正在迅速向北移动，一路并无多少抵抗。希特勒怀疑克鲁格要让诺曼底的德军投降，或者可能（与盟军）秘密交易。

大约晚上 10 点，克鲁格在迪特里希第 5 装甲集团军的指挥部现身。他到底去哪儿了？原来他在壕沟里待了一天。一架盟军飞机打掉了他的汽车并破坏了他的无线电设备。外面到处都是飞机，所以他不得不待在原地。尽管这一解释真实可信，但却不能打消希特勒的疑虑。

8 月 16 日下午 2 点，克鲁格向希特勒的作战局局长约德尔发了一则消息，请求立即撤退。直到下午 4 点 40 分，希特勒才授权全面撤退。

他的决定是受盟军入侵法国南部的行动使然。彼时德军在这一区域只有少量部队，甚至不足以粉碎法国抵抗力量。希特勒决定放弃法国南部和诺曼底。他打算在莱茵河以西的佛日山脉集结部队并构筑一条新的防线。这一决定意味着位于法国南部比斯开湾（Bay of Biscay）附近的10万德军必须要转移，其中大部分为徒步而行，他们要穿过法国内陆向东部的第戎（Dijon）进发。这些部队遭到法国抵抗部队和盟军飞机的打击，结果有很多士兵渡过洛里河向美军投降。

克鲁格发出了部分撤军的命令。开始撤退的第一天晚上，最西边的部队退回到奥恩河（位于法莱斯以西约10英里）。他们将在第二天晚上渡河到东岸。由于德军必须从勒伯诺（Le Bourg）、圣莱奥纳尔（St. —Léonard）和尚布瓦之间3英里的空间穿过，克鲁格下令将美军赶出勒伯诺的山脊，这样就可以对这条线路上的情况进行观察。经过与第90师的一场拉锯战后，德军在8月17日早上夺取了山脊。

与此同时，布拉德利与霍奇斯和巴顿一起会商未来的行动计划。布拉德利解除了让巴顿暂停进军的命令，并让2个美军集团军建立一条从阿让唐经尚布瓦和德勒到塞纳河的防线。

霍奇斯的集团军将夺取尚布瓦和特兰，并与英军和加拿大军会合。一旦西边的师与退却的德军脱离接触，他们就向东包抄到阿让唐和德勒之间。同时巴顿的集团军将夺取距巴黎30英里塞纳河下游的蒙脱（Mantes），以防止德军逃脱。

巴顿还是想采用之前设想的封锁德军退路的办法：由3个集团军沿塞纳河到大海进行大范围包抄。巴顿的计划可以说是现有的最佳动议，此举将可以清除西线最能征惯战和经验丰富的德国部队。算上仍在加莱海峡、低地国家和法国南部的所有部队，实力均不及在诺曼底的2个德国集团军。一旦将其剿除，盟军就可以在很弱的抵抗下席卷进入德国。

但是事情并未如此发展。布卢门森写道："尽管诺曼底的战役仍未结束，但盟军的两位领衔的指挥官——蒙哥马利和布拉德利——却已经与终结战争的重要机会擦身而过。他们过早地盘算着向德国胜利进军的前景。"

由于杰罗决定在 8 月 18 日才往尚布瓦进军。蒙哥马利告诉克拉勒尔，夺取特兰并推进 4 英里到达尚布瓦将干系重大。克拉勒尔的装甲师、加拿大军与波兰军于 8 月 17 日下午一同出发，但遭遇激烈抵抗。到天将黑时，他们离特兰仍有 2 英里远。

8 月 17 日一早，莫德尔元帅到达诺曼底以取代克鲁格的职务，此前他在俄罗斯的战役中颇有建树。当晚，位于口袋中的德军渡过奥恩河撤退。行动进展得很平稳。8 月 18 日大清早，45 辆运输机将汽油运送到仍在口袋中的部队。德军计划于 8 月 18 日晚上从奥恩河跨到阿让唐—法莱斯高速公路上。

当杰罗开始向尚布瓦进军时，他并未动用法军第 2 装甲师，而只是以炮火增援第 80 师夺取阿让唐市。莱克勒克已经强烈表露了自己想要去解放巴黎的愿望，但和者寥寥。第 80 师在首战中进展甚微。第 90 师和加拿大军队均在离尚布瓦只有几英里的地方遭遇试图保持出口畅通的德军激烈的抵抗。

当晚，德军继续撤退。盟军的炮火如雨般落下，但大部分落在了阿让唐—法莱斯高速公路以东的高地上。现在德军所在的口袋达 6—7 英里宽。一个 3—4 英里的如闸口般的口子依然大开。

8 月 18 日子夜，莫德尔正式接掌战场指挥权。克鲁格乘汽车返回德国，由于担心自己被列入 7 月 20 日谋杀案清洗名单，遂服毒自尽。与此同时，在口袋中的德军正全力以赴突围。

最终，8 月 19 日晚上 7 点 20 分，第 90 师的一个连在火光熊熊的尚布瓦村与一支波兰军分队会合。缺口终于封上。但这一障碍并非密不透风，在接下来的两天里，德军继续乘隙而出。结果大部分德军都逃脱了。

8月20日，来自海斯利普第15集团军的第5装甲师在雾雨蒙蒙的天气中从蒙脱出发，沿塞纳河左岸（近岸）向下游缓缓推进，在其西边有第19集团军的2个师策应。然而这并非巴顿计划的到海边的包抄，而是旨在清除河边的敌军的艰苦进军。美军遭遇激烈抵抗，进展并不大。

第二天，蒙哥马利与指挥入侵行动中盟军空军的英国皇家空军总司令特拉福德·雷—马洛里（Trafford Leigh－Mallory）一起做出了一个惊人的结论：鉴于塞纳河上的桥梁已尽毁，德军无法渡河，因此盟军就不需要继续对该河进行空袭——尽管在整个诺曼底战役期间，德军一直都可以跨过塞纳河来回移动。就这样，当德军向塞纳河的渡口移动时，并未受到盟军飞机的干扰。事实上所有德军都渡过了塞纳河——根本就不是无路可通。经由小道趁夜行军，大部分德军都顺利到达边境并开始构筑新的防线。

巴顿对布拉德利和蒙哥马利让德军从指缝中溜走颇感恼火，8月20日，他将目光转向了东边——朝着法国的最终解放和对德国的入侵。他下令由沃克尔指挥第20集团军、由曼顿·艾迪（Manton Eddy）指挥第12集团军（因库克患有高血压）迅速地向麦伦（Melun）、蒙特罗（Montereau）和桑斯（Sens）——这几个镇均位于巴黎东南数英里处——大举逼近。他叮嘱艾迪不要管自己的侧翼，只管以每日50英里的速度跃进。

8月21日，沃尔特的坦克开到了塞纳河上游的麦伦、蒙特罗和枫丹白露（Fontainebleau）并继续推进。艾迪解放了桑斯并迅速跃进40英里夺取了特鲁瓦（Troyes）。所到之处桥梁完好，抵抗全无。

巴顿在日记中写道："这一次，我们已经手握迄今出现过的绝佳的赢得战争胜利的机会。如果他们让我以3个集团军沿梅斯（Metz）—

南锡（Nancy）—埃皮纳勒（épinal）一线继续推进，2 个在前 1 个在后，不出十天我们即可到德国境内……只是恐怕这些无知的鼠辈（蒙哥马利和布拉德利）看不到这一确凿无疑的事实。"

而事实上，布拉德利于 8 月 25 日认可了巴顿的计划，并告诉巴顿可以继续向东朝梅斯和斯特拉斯堡进军。问题不在于布拉德利而在于汽油的供给。

德军正在从塞纳河下游撤退，艾迪的集团军已经到达巴黎东南 85 英里的特鲁瓦，法国的首都（巴黎）已经触手可及了。解放这座"光之城"① 对整个世界的重要（象征）意义不言而喻，但此时城市里已经几乎已经没有德军战斗部队了，而布拉德利也只希望绕道而过，但是到了 8 月 19 日，巴黎的地下抵抗组织突然活跃起来，德军指挥官迪特里希·冯·肖尔蒂茨（Dietrich von Choltitz）面临挑战，他奉希特勒的命令要坚持防守到底，然后摧毁这座城市。盟军面临着必须进入城市的巨大压力，布拉德利屈服了，他派出莱克勒克的法军第 2 装甲师前往，美军第 4 步兵师紧随其后。当希特勒得知盟军部队正在开进巴黎时，他问自己的参谋："巴黎在燃烧吗？"肖尔蒂茨没有点燃巴黎，而是与抵抗组织签署了停火协议。

法军进城引发了庆祝的狂潮，正如布拉德利回忆的，"8 月 25 日，莱克勒克的将士们几乎是泡着美酒与女人，晃晃悠悠地进入了巴黎"。两天后，艾森豪威尔、布拉德利和杰罗在巴黎警察总部会见了戴高乐，他在这里设立了自己的基地。艾森豪威尔同意让莱克勒克的师继续留在巴黎帮助戴高乐显示政治力量，但是当戴高乐举行胜利游行时，艾森豪威尔却下决心让众人知道，戴高乐是借盟军之手得到巴黎的。8 月 29 日，艾森豪威尔命令美军第 28 步兵师沿香榭丽舍大道游行——并继续

---

①　对巴黎的称谓，指巴黎是点亮科学与哲学的城市，尤其是在 18 世纪。

转向东投入战斗。布拉德利对此的回忆略有不同。他没有让莱克勒克的师参加（游行），他写到，因为莱克勒克的将士们"已经消失在巷子、酒吧和妓院中"。

盟军的高级指挥官们讨论着如何尽快打败德国。蒙哥马利希望以两个集团军群 40 个师的"实体"往东北方向朝安特卫普、布鲁塞尔、亚琛和鲁尔进军——由自己亲自坐镇。

布拉德利更倾向于分成两个方向出击，蒙哥马利的集团军群向北进军，而自己的集团军群往东北方向经过南锡和梅斯朝萨尔工业区和德国中部开进。相比于蒙哥马利设计的需要经过很多河流和运河的路线，（布拉德利）这条路线更适合坦克行进。然而，蒙哥马利的路线会经过加莱海峡，（德军）从那里发射的 V−1 导弹正在袭击伦敦，并有谣言说还有 V−2 导弹将从那里发射。盟军的大部分空中力量都用来对付 V−1 导弹，而不是袭击德国合成油工厂，那里是希特勒赖以继续战争的主要动力。另外，安特卫普和鹿特丹这两大港口也在这个方向，而盟军正好亟需船舶停靠码头。

结果，艾森豪威尔不顾巴顿的强烈反对，决定将霍奇斯的第 1 集团军共 9 个师、连同李奇微指挥的由 3 个师组成的新的空降集团军一起拨给蒙哥马利，这样蒙哥马利就有了 25 个师，而巴顿则剩下 15 个师往萨尔进军。

部队的分配并非全部问题。严重的补给短缺日甚一日，这是因为畅通的港口很少，加之随着军队冲向德国，补给距离也日渐增加。艾森豪威尔把"最大的一块蛋糕"切给了蒙哥马利。比如，霍奇斯一天能得到 5000 吨补给物资，而巴顿只有 2000 吨。

北向和东向的进军很快就都启动了。8 月 31 日，巴顿的集团军的先头部队在凡尔登渡过默兹河，第二天，侦察部队未遇任何抵抗就再往东推进了 35 英里，到达梅斯附近的摩泽尔河畔。此时他们距德国边境上的萨尔只有 30 英里，距莱茵河也不到 100 英里，但是巴顿的主力部队汽油耗尽，直到 9 月 5 日才赶到摩泽尔河畔。到那时，德军已经凑成了 5 个较弱的师来防守这条河流防线。巴顿在对设防的梅斯城和附近据点发动进攻时被拖住了，一时止步不前。

同时，蒙哥马利的英军第 2 集团军的先头部队于 9 月 3 日打进了布鲁塞尔，第二天，另一支装甲部队继续开进了安特卫普，将码头完好无损地夺了下来。安特卫普距莱茵河以及德国工业的心脏地带鲁尔区的入口处也都不到 100 英里。

到此时，德军已经挡不住蒙哥马利了。正如利德尔·哈特（Basil H. Liddell Hart）写道的："在任何战争中，这样的机会都是罕见的。"但蒙哥马利却在这里翻了船。他的先头部队停下来"整顿、加油和休息"，9 月 7 日继续进军，但只往前推进了 18 英里，到达缪斯—埃斯考特运河（Meuse－Escaut Canal），在那里遭到部分德军伞兵部队的殊死抵抗而被迫停下来。

到 9 月中旬，德军已经沿着前线加固了防线，但任何地方都不是很强。蒙哥马利并没有加强兵力直接向东经过比利时和法国南部开进，而是于 9 月 17 日以 14 个师的兵力大规模向北出击（"市场花园行动"①），以新近组建盟军第 1 空降集团军开道，在荷兰的阿纳姆渡过莱茵河。他的目的（艾森豪威尔并不赞同）是绕过鲁尔直接进击柏林。

但是纵横在荷兰境内的大量河流却构成了巨大的障碍，英军坦克只能通过从安特卫普到阿纳姆的唯一一条公路行进。未等其实现目标，德军就予以阻击。英军第 1 空降师的大部兵力在阿纳姆着陆——这里是盟军其他部队（难以到达）的"遥远的桥"，正如科纳留斯·瑞安（Cornelius Ryan）的同名著作所描述的那样。英军伞兵在这里被切断联系并

_____

① 又称"阿纳姆空降战役"。

被迫投降，这场战役也因其充满英雄主义色彩而成为传奇。

1944 年 9 月，蒙哥马利和巴顿都没能突破"西墙"进入德国的心脏地带，自此，这也成为双方激烈争论的焦点。双方均声称，如果不是对方取走了必需的汽油（供给），他们早已赢下了战争。

面对油料补给逐渐耗尽的情况，他"像公牛般地"急匆匆地赶往布拉德利的指挥部并咆哮道："让霍奇斯和蒙蒂见鬼去吧！如果你能让第 3 集团军动起来，我们就能赢得你这该死的战争。"蒙哥马利不同意分给巴顿任何补给物资，而巴顿在攻打阿纳姆的计划流产后抱怨更加强烈。

事实很难被说清。9 月 5 日接任德军西线前线参谋长的韦斯特法尔将军写道，整个德军前线"到处都是缺口，可谓名不副实。到 10 月中旬，敌军本可以轻松地在任何一点实现突破，并可以接着渡过莱茵河，几乎不受阻碍地深入德国境内"。

一连串的错误发生了。巴顿出击了梅斯和南锡，而他原本应该直接绕过去，还有，他的部队本应该向北包抄德军较少的卢森堡和德国比特堡。君特·布鲁门提特（Günther Blumentritt）写到，如果那样做了，就将导致前线上德军的崩溃。

蒙哥马利最大的失败之举就是在抵达布鲁塞尔和安特卫普之后，从 9 月 4 日到 7 日停下了脚步，这就给了德军伞兵足够的时间来组织防御。第 21 集团军群官方历史学家约翰·诺斯（John North）写到，这一错误就好像是"战争已经胜利"的态度。在 9 月中旬前后两周的重要时段里，指挥官们却没有多少紧迫感，而部队的将士们也倾向于缓慢行军以免被敌军所杀。

在这个重要节骨点上，蒙哥马利进军的迟缓也印证了，当巴顿的汽油（补给）在 8 月末被切断时，迅速结束战争的最好机会已经错过了，那时巴顿到莱茵河的距离比英军短 100 英里。他比蒙哥马利更有能力抓住和利用好机会。然而，正如韦斯特法尔指出的，直到 10 月中旬前，在任何地方进行突破都仍有可能成功，但无论是巴顿、布拉德利还是蒙哥马利都没有认清这一点。

与此同时，德军在东线经历的无非是灾难。到 1944 年 1 月，苏联红军的人员和坦克数量已经是德军的 2 倍。隆美尔建议道，德军想要避免全面失败的唯一可能就是立即撤到 1941 年时的边界，并构筑一条很深的遍布地雷的防线以及嵌入反坦克炮。古德里安和曼施坦因也提出了类似建议，但希特勒拒绝任何苏联红军没有切切实实地施加于自己身上的撤退压力，3 月 30 日，他撤了曼施坦因的职。结果，在整个 1944 年，德军在东线坚守着毫无意义的防御并节节败退。

到这年年底，苏军已经到达华沙对面的维斯图拉河畔，包围了布达佩斯，将德军逐出了东欧地区和波罗的海国家的全部但总体有限的领土，还迫使芬兰、罗马尼亚、保加利亚和匈牙利退出了战争。德军损失 100 万人。当 1945 年大幕开启时，苏军已经蓄势待发，准备对第三帝国的最后一击。

第 23 章　突出部战役

1944 年 9 月 16 日，正当西方同盟国的军队向"西墙"（或称"齐格菲防线"）逼近时，希特勒在东普鲁士的"狼穴"（Wolfsschanze）会见了他最亲近的军事顾问们。

希特勒的（最高统帅部）作战局局长阿尔弗雷德·约德尔报告说，从法国南部撤出的德军部队正在佛日山脉（Vosges Mountains）和法国北部的原有要塞构筑新的防线。其他德军部队也正在荷兰建立新的防线或是从比利时撤往"西墙"。

有一处地方值得特别关注，即位于比利时东部和卢森堡北部群山连绵、森林密布的阿登高地。美军正在这里步步紧逼，而德军几乎无力阻止。

希特勒直挺挺地坐着，叫约德尔别再讲下去。经过长时间的沉默之后，希特勒宣布："我有一个重大的决定。我将把进攻引开，也就是引开阿登高地，把安特卫普作为目标。"

1940 年，希特勒曾派他的装甲穿过阿登高地，在 6 周时间里就击败了法国，把英国人赶出了欧洲大陆。彼时，法军和英军都没想到德军会从这里出击。1944 年，或许美军也会做出同样的判断吧。

值此德军在西线的命运陷入最低谷之际，希特勒做出了这样的决定，发起了一场让盟军指挥官大感震惊的战役，其规模超乎他们的想象。它将成为美军所参加过的最大规模的战役，这场战役卷入了 100 多万人参战，美军陷入了最大的危机中，它也成为美军情报史上最能说明问题的失败案例。

希特勒认为，通过对直线距离 100 英里以外的安特卫普实行快速且具有压倒性的袭击，将切断在荷兰境内的英军与加拿大军的联系。此举将迫使他们投降，进而退出战争。同在阿登高地以北的美军第 1 和第 9 集团军也将身陷囹圄。有一半的军队在欧洲，且担心从苏联涌出的共产主义浪潮肆虐的美国，很可能与德国单独媾和。这样希特勒就可以把所有的资源用来对付苏联人，将其稳稳地限制住。希特勒及其纳粹体制也将得以保全。

这是绝地一击，寄望于骰子一掷定乾坤。但如果希特勒任由现在的形势发展下去，他和他的第三帝国很快就会烟消云散。他只能把剩下的力量用来做最后一搏，进而改变力量的天平。

希特勒笃信眼前的机会将会带来意想不到的结果。他心目中最伟大的英雄是普鲁士的腓特烈大帝（Frederick the Great），在 1757 年至 1763 年的 7 年战争期间，他顶住了几乎不可能顶住的压力，直到俄国女皇归西、反对他的联盟土崩瓦解。如果希特勒能够夺取安特卫普并摧毁英军、加拿大军和美军的 4 个集团军，历史就将重演。

早在 9 月 1 日，希特勒就已经在为这次进攻制订计划，他把 70 岁高龄、呆板而严肃的伦德施泰特元帅召到自己的总部，要他重新担任西线总司令。正如查尔斯·马克唐纳（Charles MacDonald）写到的，伦德施泰特"对大多数德国人而言，堪称德国军官群体中尽善尽美、无与伦比的典范"。希特勒非常不喜欢他，部分是因为他身上具有希特勒所缺乏的高贵与优雅，还有部分原因是，他私底下称希特勒为"下士"——元首在第一次世界大战期间的军级。

希特勒需要一个能让德国人团结起来的精神标杆，而对作为一名士兵的忠诚信条坚贞不二的伦德施泰特表示乐于效忠。希特勒并未向伦德施泰特吐露心机。这名元帅要在"西墙"前方防御尽可能长的时间，然后再退到墙内。一切皆取决于这里的防御，希特勒如此强调。已经没有足够的力量可供主动出击了。

希特勒对自己的指挥官撒了谎。接着又命令自己的宣传部长约瑟夫·戈培尔（Joseph Goebbels）到处征集人力，一方面组建 15 个新的师——被赋予新的名字"国民掷弹兵师"（Volksgrenadier），另一方面加强现有的 35 个师。戈培尔采取的做法的是：征调 17 岁的孩子、四十五六岁的男丁，从海军、空军和预备役部队中抽调人员，以及从斯堪的纳维亚的守军中选派人员等。希特勒从西线的前线撤回 4 个武装党卫军装甲师加以重新整合，建立了一个新的指挥部——第 6 装甲集团军指挥部，由约瑟夫·迪特里希（Josef Dietrich）指挥，他是希特勒的密友，第一次世界大战期间是一名军士、一名如公牛般的屠夫。迪特里希接受的教育较少、有些冥顽不灵，在军事方面倚重一位聪慧的助手弗里茨·克莱默（Fritz Kraemer）。

在盟军方面，他们无论如何也没有想到来自阿登高地的威胁。米德尔顿的第 8 集团军部署在延伸 8 英里的地区，覆盖该区域的大部。其中 2 个师由新兵组成，缺乏作战经验，还有 2 个刚刚从其他地方战役的重创中恢复过来。在与米德尔顿叙谈之后，布拉德利说："即使德国人想一路打到默兹河，他们也不会在阿登高地浪费拳脚。"

艾森豪威尔和布拉德利更为关注布拉德利发起的进攻的失败，他试图强渡莱茵河然后向北迂回包抄鲁尔区。巴顿的第 3 集团军准备渡过萨尔（Saar）河到达法兰克福，同时，在阿登高地以北，考特尼·霍奇斯（Courtney Hodges）的第 1 集团军和威廉·辛普森（William Simpson）指挥的新的第 9 集团军准备向东从亚琛（Aachen）打到科隆（Cologne）和波恩（Bonn）。12 月 13 日，巴顿夺取了默兹河的阵地，但在萨尔河附近被阻挡在齐格菲防线前。在这一行动中，巴顿的集团军共损失 2.7 万人。

第 1 集团军和第 9 集团军试图渡过洛尔（Roer）河和亚琛以东数英里的贺根森林（Hürtgen Forest）。从 9 月 12 日开始的长达 3 个月时间里，在这片阴暗的森林及其周边，6 个美军师深陷于残酷的近距离消耗战中（损失 3.5 万人）。

与此同时，杰克·德弗斯（Jake Devers）的第 6 集团军群（含美军第 7 集团军和法军第 1 集团军）于 12 月 15 日到达东边的斯特拉斯堡和莱茵河畔，但是这里的莱茵河周边是黑森林（Black Forest，德国西南部巴登—符腾堡州东部林区）地区，没有通达德军心腹地带的可行路径。

希特勒计划的关键是利用持续一周的恶劣天气实行一次性打击，这样的天气下盟军飞机不会飞行。他指出装甲部队需要利用这段时间到达安特卫普。

主要的障碍是离阿登高地不远的默兹河。第一波坦克必须迅速夺取河上的桥头堡。接着，第二波坦克向安特卫普出击，同时步兵师呈扇形分别向北和向南展开以保护突出部的侧翼。

最终的进攻计划（代号为"秋雾行动"，Herbstnebel）是，由 20 个师（其中 7 个是装甲师）沿着亚琛东南 20 英里的蒙绍（Monschau）到埃希特纳赫（Echternach）的 60 英里的战线发起进攻。赛普·迪特里希的第 6 装甲集团军从蒙绍向南面 15 英里的洛舍姆（Losheim）实行重点突破（Schwerpunkt），在 1940 年的战役中，隆美尔的第 7 装甲师正是从洛舍姆经过的。迪特里希准备从列日以南跨过默兹河，然后直奔安特卫普，同时将其北翼锚定在东西向的阿尔伯特运河一带。

在迪特里希的左翼（南翼），哈索·冯·曼陀菲尔（Hasso von Manteuffel）的第 5 装甲集团军准备打过圣维斯（St. Vith）并向南推进，在那慕尔（Namur）渡过默兹河，接着转往西北方向越过布鲁塞尔，保护迪特里希的侧翼。

在曼陀菲尔南面，主要由步兵构成的埃里希·布兰登贝尔格（Erich Brandenberger）的第 7 集团军准备进攻埃希特纳赫的两边，接着向西推进，同时抽调部分师封锁敌军在南面的运动。

原定由第 15 集团军在亚琛附近发起集中进攻的计划被迫放弃，因为部队要被抽调到东边应对苏联的压力。结果，希特勒就无法阻挡盟军从北边抽调后备部队。

尽管如此，如果一切进展顺利的话，将有超过 100 万盟军部队被包围，但是即便完成包围，至于怎样打败这样一支规模浩大的部队却无人真正知晓。

计划是高度保密的。希特勒严令禁止通过电话、电报和无线电传送信息。极少数参与计划制订的人签下了严守机密的军令状。连伦德施泰特都直到后来的阶段才被纳入进来。

10 月 21 日，希特勒召见斯科尔兹内，也就是在 1943 年成功营救墨索里尼的军官。希特勒擢升其为党卫军中校，命其组建一支特殊部队加入进攻作战。在派出的第一拨中，1 个连的操英语的敢死队将在其德军制服外面套上美军野战外套，乘着美制吉普车准备冲向前方，前去切断电话线、把指示牌变成误导标识以及挂上红色丝带暗示道路上有地雷等。在第二拨中，1 个 2000 人的装甲旅将着美军制服长驱直入，夺取默兹河上的桥梁。

第二拨最终未能成行。陆军有关部门未能提供需要的美军装备，但是第一拨行动却取得了很大的成功。共有 40 辆吉普车冲了进去，最终有 8 辆返回。少数被俘的德军给敌军造成这样一种印象，即在他们的后方有很多这样的破坏活动。宪兵和其他有关士兵拦下每一辆汽车，仔细盘查驾驶员，看看他们是不是德军。交通的阻滞引起了混乱，数百名无辜的美军官兵被捕。

连布拉德利将军本人都要三次证明自己的身份："第一次是指出斯普林菲尔德（Springfield）是伊利诺伊州首府（盘问我的人坚称是芝加哥）；第二次是指出（橄榄球赛）中场区域的后卫队员并说出争球线的所在；第三次是指出金发碧眼的美女贝蒂·格拉贝尔（Betty Grable）现任丈夫的姓名。格拉贝尔把我给难住了，但哨兵没有把我拦住。把我给难住让他颇为高兴，但他还是放我通行了。"

伦德施泰特听说了进攻（安特卫普的）计划后大为惊骇。"对这样一个雄心勃勃的计划来说，现有的部队太少了，"他说，"士兵们都认为直取安特卫普的目标相当不切实际。"

如果德军渡过默兹河，两翼就很容易遭到敌军的大规模反击。伦德施泰特预测到，极有可能发生的情况是，将形成一个深入敌军战线的突出部，代价太高且不具有决定性意义。B 集团军群司令莫德尔元帅与伦德施泰特一样不抱乐观态度，但他们都无法劝希特勒回心转意。

为了亲自指挥进攻，希特勒将其总部从东埔市迁到了莱茵河以东巴德瑙海姆（Bad Nauheim）附近陶努斯山中的"鹰巢"（Adlerhorst）。

希特勒为这次进攻指定了 28 个师，其中 20 个师的共 25 万人参加第一拨进攻，考虑到德国的失败结果，这可以说是一个惊人的数字。当然，很多新兵明显经验不足，已不见 1940 年横扫阿登高地的那支训练有素的雄伟之师的气象，但是这支部队里边还是有一些久经沙场的战斗人员和使命感极强的军官，他们能够将新兵们黏合起来，此外，还有不少作战经验丰富的军官。他们面临最严重的问题是汽车运力的不足。没有任何一个师配足了所需汽车的 80%。油料也供应不足，大部分存货都在莱茵河以东。

即便如此，希特勒还是为负责首拨进攻的 7 个装甲师集结了 1000 辆坦克，并为接下来的进攻部队准备了 450 辆。战术飞机是最薄弱的部

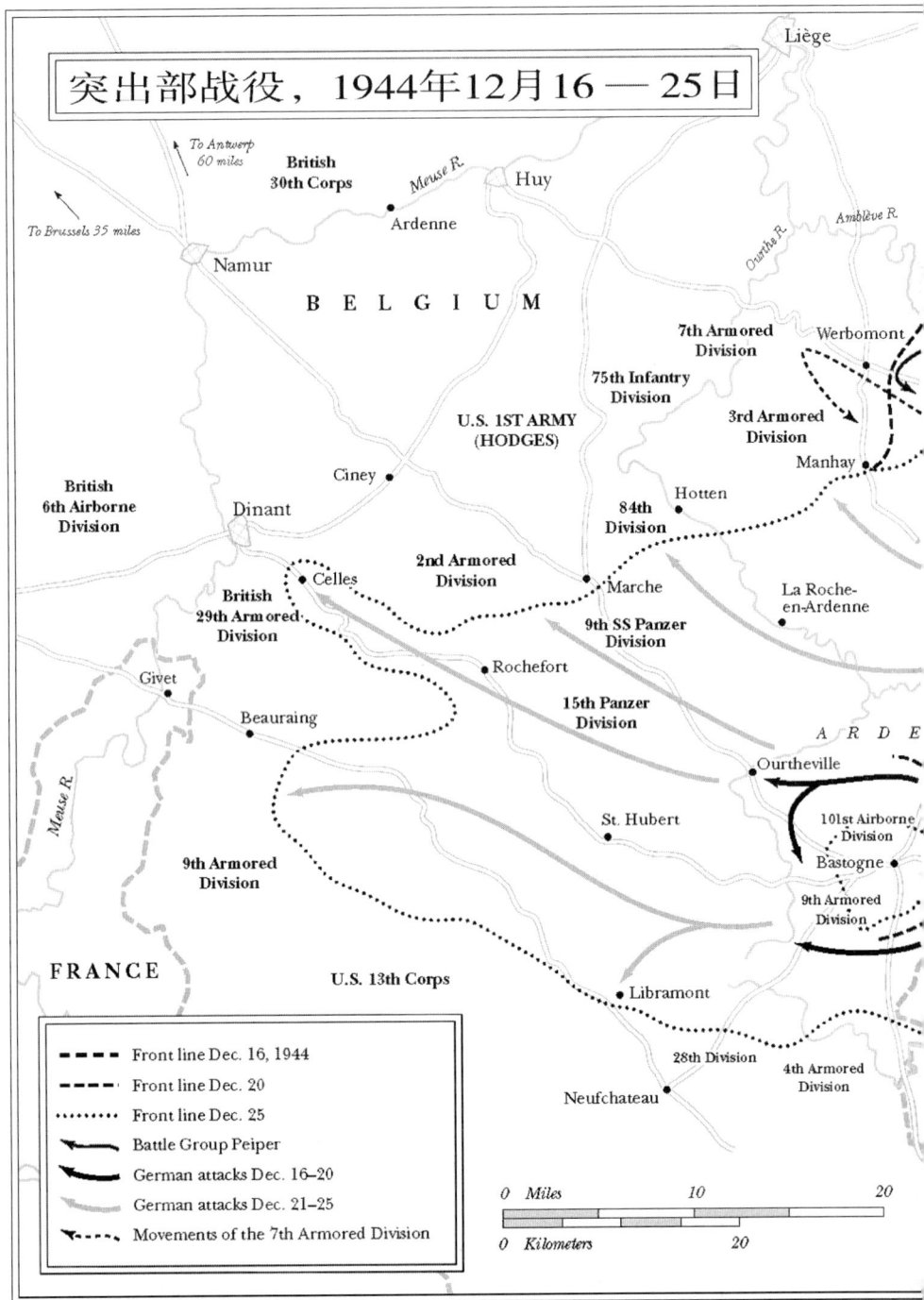

突出部战役，1944年12月16 — 25日

Liège

To Antwerp 60 miles

British 30th Corps

Meuse R.

Huy

Ourthe R.

Amblève R.

To Brussels 35 miles

Ardenne

Namur

B E L G I U M

7th Armored Division

Werbomont

75th Infantry Division

U.S. 1ST ARMY (HODGES)

3rd Armored Division

Manhay

Ciney

Hotten

84th Division

British 6th Airborne Division

Dinant

2nd Armored Division

Celles

Marche

La Roche-en-Ardenne

British 29th Armored Division

9th SS Panzer Division

Givet

Rochefort

15th Panzer Division

A R D E

Beauraing

Ourtheville

Meuse R.

St. Hubert

101st Airborne Division

Bastogne

9th Armored Division

9th Armored Division

FRANCE

U.S. 13th Corps

Libramont

28th Division

4th Armored Division

Neufchateau

- - - - Front line Dec. 16, 1944
- - - - Front line Dec. 20
.... Front line Dec. 25
➤ Battle Group Peiper
➤ German attacks Dec. 16–20
➤ German attacks Dec. 21–25
➤- - - Movements of the 7th Armored Division

0 Miles 10 20

0 Kilometers 20

Verviers

Eupen

Roer Dams

78th Div.

7th Armored
Div.

U.S. 5th Corps

Monschau

9th Div.

N

U.S. 1ST ARMY
HQS

Mont
Rigi

Spa

Fuel dump
2.5 mil. gals.

6TH PANZER ARMY
(DIETRICH)

3rd Armored
Div.

Elsenborn

99th Div.

30th
Div.

Malmédy

Butgenbach

Stavelot

Udenbrath

Stoumont

Bullange

Trois Ponts

Losheim

Salm R.

Manderfeld

Stadkyll

Vielsalm

7th Armored
Div.

St. Vith

U.S. 8th Corps

5TH PANZER ARMY
(MANTEUFFEL)

106th Div.

Prüm

Ouren

SCHNEE EIFEL

E I F E L

Houffalize

28th
Div.

ARMY GROUP B
(MODEL)

N N E S

Noville

Clervaux

Dasburg

G E R M A N Y

Clerf R.

Wiltz

Consthum

Bitburg

Süre R.

7TH ARMY
(BRANDENBERGER)

Our R.

L U X E M B O U R G

9th Armored
Division

U.S. 3rd Corps

Echternach

Moselle R.

10th
Armored
Division

U.S. 3RD ARMY
(PATTON)

U.S. 12th Corps

4th Div.

Trier

Jeffrey L. Ward

分：戈林只能组织起 900 架，只相当于 1940 年时纳粹空军投入作战数量的一半，更只是盟军可以投入作战的轰炸机数量的 1/5。戈林只能以一种方式运用这些飞机——在地面战役已经取得决定性进展后。

有很多关于德军在西尼·埃菲尔山脉地区（Schnee Eifel Mountains）针对阿登高地整军备战的信号，盟军空中侦察和"超越"密码破译机都捕捉了这些信号，但是美军情报机构（G－2，即陆军参谋部二部）的各级军官均未能做出正确的结论。他们对德军装甲有所察觉，但以为它们将会用来反击盟军朝莱茵河和鲁尔区的进军。G－2 认为埃菲尔山区的部队活动是在为迎击美军在阿登高地以北和以南的进攻做准备。他们最终认为，德军面临油料奇缺、部队损失巨大的现状，尚不具备条件发起进攻。

当进攻打响后，布拉德利完全惊慌失措。"真是见鬼，这帮浑蛋哪儿来的实力？"在第 12 集团军群设在卢森堡市的作战指挥部，布拉德利向他的参谋长问道。艾森豪威尔写道，"我很快才反应过来，这并非局部进攻"，然而他直到第二天傍晚才派出作为预备队的两个师（第 82 空降师和第 101 空降师）。直到此时他们才开始"进入角色"。

希特勒将发动进攻的日期定为 1944 年 12 月 16 日。德军数天前就预测了这天将是坏天气，以确保盟军飞机无法起飞。地面也被大雪覆盖。希特勒起初下令进行 3 小时的预先轰炸，但曼陀菲尔认为时间较短而密集的轰炸也能收到同样的效果，还能减轻美军的警觉。另外，曼陀菲尔认为，与其如希特勒计划的那样从上午 10 点开始进攻、剩下不到 7 小时的白昼时间，不如在破晓之前的 5 点 30 分开始、以密集的炮火发动进攻。半个小时之后，探照灯发出的"人造月光"在乌云的天空下跳动，地面部队以此为辅助启动进攻。希特勒接受了所有这些改变。

在美军方面，第 5 集团军的第 99 步兵师——一支新的但值得信赖的部队——已经覆盖了从蒙绍到南边的洛舍姆的区域。第 14 骑兵团

（14th Cavalry Group）主要配备的是轻武器，独自防守着"洛舍姆狭口"（Losheim Gap）——阿登高地少数相当开阔的地区之一，因此也是主要的进军通道。在南面，正对着"西墙"、在奥尔河（Our River，德国—卢森堡的边界）以东约 5 英里的西尼·埃菲尔山脉地区就位的是第 8 集团军新整编的第 106 步兵师，很多人都是在离开美国之前临时整合、训练不足的补充兵员。

再看第 28 步兵师，这是一支经验丰富的老部队，在贺根森林损失 5000 人之后又重新补充了兵力。他们守卫着从奥尔河到卢森堡市以北约 15 英里的绍尔河一线 25 英里的防区。

在第 28 师的下方，第 4 步兵师负责把守从埃希特纳赫出发、沿着绍尔河到摩泽尔河（Moselle River）20 英里的地带，然后沿着摩泽尔河到卢森堡市东南 20 英里的一处据点。第 4 步兵师在贺根森林战役中的损失几乎与第 28 师一样惨重，也同样在休整和补充之中。

在第 8 集团军的预备队方面，米德尔顿将新整编的第 9 装甲师（除 B 战斗司令部外）编入第 5 集团军的第 2 装甲师。在整个集团军范围，米德尔顿共有 242 辆谢尔曼坦克、182 门（辆）自行火炮或反坦克装甲车。

行动将很大程度上取决于迪特里希的第 6 装甲集团军的 4 个武装党卫军装甲师的进展情况。在这片具有决定性意义的战区中，他们离默兹河最近。

12 月 16 日一早进攻在前线打响时，在蒙绍下方的美军第 99 步兵师成功地将迪特里希的右拳（北拳）阻截在登布拉特（Udenbrath）附近，由此封堵了其进军安特卫普的最近路线。迪特里希的左拳（南拳）在洛舍姆附近突破，并在接下来两天时间里顶着美军的激烈抵抗继续向西推进到了比辰巴赫（Butgenbach）和艾森伯恩（Elsenborn）附近，但是第 99 步兵师的抵抗却让德军夺取北侧肩部的计划落空，并为日后压制德军提供了一个基地。

与此同时，武装党卫军第 1 装甲师一路进袭，试图从南面包抄列日。由武装党卫军中校约阿希姆·派佩尔（Joachim Peiper）指挥的一个战斗群作为先头部队，共有 100 辆坦克，持续前压，直奔于伊（Huy）的默兹河渡口。在中途的马尔梅迪（Malmédy），他们犯下了屠杀 86 名美军战俘和大量比利时平民的丑行。

12 月 18 日，派佩尔的战斗群在斯塔沃洛（Stavelot）以东停了下来，但未能夺取那里的安布莱维（Amblève）河上的桥梁。派佩尔没有去就在北边不远的有 250 万加仑油料的巨大供应基地，也没有去再往北数英里的斯帕（Spa），霍奇斯的第 1 集团军指挥部就设在那里。美军增援部队于当夜到达斯塔沃洛，次日当着派佩尔的面炸毁了安布莱维河上的桥梁。

派佩尔试图迂回到下游的河谷，但是美军却在约 6 英里外的斯图蒙（Stoumont）将其截住。派佩尔这时才知道他已经远远地跑在了第 6 装甲集团军其他部队的前面。

在曼陀菲尔的第 5 装甲集团军前线，进攻取得良好开端。突击营渗透到美军的前线为坦克打开通道，12 月 16 日下午 4 点，坦克从此通过并在"人造月光"的帮助下趁夜继续进袭。

曼陀菲尔的部队在西尼—埃菲尔实现对第 106 步兵师和第 14 骑兵团的突破。这些部队把守着西边约 10 英里处圣维斯的重要道路交叉口。沃尔特·路希特（Walter Lucht）的第 66 集团军的 2 个步兵师和 1 个坦克团包围了第 106 步兵师的 2 个团，迫使至少 8000 人投降。

在更南边，2 个装甲集团军——沃尔特·克吕格尔（Walter Krüger）的第 58 装甲集团军和海因里希·冯·吕特维兹（Heinrich von Lüttwitz）的第 47 装甲集团军——向西进攻。第 58 装甲集团军跨过奥尔河并直奔乌法利兹（Houffalize），目标是夺取阿登高地和那慕尔之间的默兹河渡口。第 47 装甲集团军准备夺取重要的交通枢纽巴斯托涅（Bastogne）——6 条公路在此交汇——并向那慕尔以南的默兹河推进。

美军第 28 师的钱少部队拖延了德军的行动，但未能阻止其渡过奥尔河，到 12 月 17 日晚上，德军已逼近乌法利兹和巴斯托涅以及两地之间的南北向公路，他们需要从这里席卷向西。

在最南边，布兰登贝尔格的第 7 集团军的第 5 伞兵师到达奥尔河以西 12 英里的维尔茨（Wiltz），但是美军第 28 师的右翼退却得十分缓慢，第 9 装甲师和第 4 步兵师在德军前进了 4 英里后将其截住。到 12 月 19 日，德军进攻的南面肩部已被稳稳地遏制住——而且不久之后在南面的巴顿第 3 集团军还将增援此地。

与此同时，曼陀菲尔加大了对圣维斯和巴斯托涅的压力。12 月 17 日，德军对圣维斯发起第一次小规模进攻。第二天，美军第 7 装甲师的主力到达。外围的村庄在德军进攻中陷落，同时装甲部队从北侧和南侧包抄圣维斯。

到 12 月 18 日，吕特维兹的第 47 集团军的 2 个装甲师（第 2 装甲师和装甲教导师）加上第 26 国民掷弹兵师已逼近巴斯托涅，但是美军第 9 装甲师的一个战斗司令部和工程兵已经赶来协防这里的十字路口，安东尼·麦考利夫（Anthony C. McAuliffe）指挥的第 101 空降师也于 12 月 19 日上午赶到巴斯托涅。

德军未能冲破巴斯托涅顽强的防守，2 个装甲师遂迂回到两侧，留下第 26 国民掷弹兵师携 1 个坦克群扫尾。这样，到 12 月 20 日，巴斯托涅被孤立。

布拉德利终于意识到这并不仅仅是一次小规模的破坏性进攻，遂命第 10 装甲师向北出击，第 7 装甲师和第 30 步兵师向南出击。这样，超过 6 万生力军出动了，接下来的 8 天时间里，还有 18 万人将被调动起来。

第 30 步兵师攻打派佩尔的战斗群，夺取了斯塔沃洛的部分地区，并在战斗轰炸机的有力轰炸支援下，阻断了派佩尔与第 6 装甲集团军其他部队的联系。到 12 月 19 日，派佩尔已面临油料极其短缺的情况，他还发现第 82 空降师携一些坦克赶来，力量对比对其极为不利。迪特里希的其他武装党卫军装甲部队依然陷在后方，在盟军飞机的封锁下，没有几条道路可供通行。

12 月 24 日，派佩尔的战斗群放弃了坦克和其他车辆，开始徒步撤退。

在南边，美军第 3 装甲师和第 7 装甲师阻断了曼陀菲尔从圣维斯的西进，德军最终以强有力的进攻、付出惨重的代价将美军赶出，但是严重的交通阻塞让第 106 步兵师和第 7 装甲师得以逃脱，并牵制了曼陀菲尔向默兹河的进军。

两个主要因素减缓了德军的推进速度：道路泥泞和油料短缺。由于油料短缺，他们只能带上一半的火炮。在开始的日子里，大雾的天气颇得德军的欢喜，盟军飞机只能待在地面上，但是 12 月 23 日天空又重归晴朗，盟军的战斗机和轰炸机对德军部队发起了恐怖的猛轰。

12 月 20 日，艾森豪威尔让蒙哥马利统领突出部以北的所有盟军部队，包括美军第 1 集团军和第 9 集团军。蒙哥马利调派默兹河以西的英军第 30 集团军（4 个师）守卫河上桥梁。

获得对两个美军集团军的指挥官对蒙哥马利来说是一件大喜事，而对布拉德利不啻是沉重一击，当蒙哥马利到达第 1 集团军指挥部时，他并不配合，就像一名英军军官写到的，"就像耶稣来打扫宫殿一样"。他在一次记者招待会上的发言让事情变得更糟，他暗示正是自己对战役的"运筹"拯救美军于崩溃边缘，而事实上他什么也没做。蒙哥马利还说自己会投入英军"全部可用的兵力"——这明显是谎言，事实最能说明问题，他坚称必须首先"整顿好"阵地，而直到 1 月 3 日再从北边出击。在此期间，第 3 集团军奉巴顿"往死里跑"的命令，以第 4 装甲师为先头部队，持续向巴斯托涅发起反击。

第 4 装甲师在第 26 步兵师和第 28 步兵师的支持下，在南北向的主干道上与德军第 5 伞兵师交火。德军伞兵部队被从各个村庄和森林区域赶出。而据侦察发现，在通向东北方向的纳沙托（Neufchateau）—巴斯托涅公路一带敌军较少，12 月 25 日，巴顿对这条线路发起主攻。

在巴斯托涅，形势依然胶着。德军的轮番进攻将美军逼退，但也没有将其打倒。当吕特维兹于 12 月 22 日派出特使举"白旗"前去劝守军投降时，麦考利夫将军回应道："我呸！"属下的军官们望着德国人脸上迷惑的表情，将其翻译成："去死吧！"

第二天天气条件更好，盟军飞机向被围困的部队投送了补给物资。圣诞节这天，德军发起了全线进攻，但以失败告终。同时，第 4 装甲师于 12 月 26 日下午 4 点 45 分冲进了城。包围解除。

12 月 24 日，曼陀菲尔的一小股部队挺进到迪南以东 5 英里的塞勒斯（Celles），离默兹河不到 4 英里。但那已经是极限了。英军第 30 集团军已经运动到默兹河东岸的日韦（Givet）和迪南附近，而美军的生力军也正在驰往增援。

希特勒已经认识到夺取安特卫普的希望只是虚幻的泡影，因此将目标转为占领默兹河的渡口，他把作为预备部队的第 9 装甲师和第 15 装甲掷弹兵师调去帮助曼陀菲尔清除塞勒斯和马尔什之间通向迪南的障碍，但是装甲部队遭到严重的空中干扰，12 月 26 日以后则根本无法在白天行军。

与此同时，柯林斯的美军第 7 集团军也正在为应对威胁进行集结。柯林斯手握第 2、第 3 装甲师和第 75、第 84 步兵师，他们缓缓地步步紧逼。圣诞节当天上午，他们夺回了塞勒斯。德军第 9 装甲师于圣诞节当天傍晚到达村庄附近，但未能打败挡在前面的美军第 2 装甲师。

在北边的迪特里希的第 6 装甲集团军试图增援曼陀菲尔，但是他的装甲师在已经得到很大增援的美军防御面前毫无建树，盟军的大群战斗轰炸机随时待命打击任何移动目标。

曼陀菲尔写到，正当需要预备队的时候，他们却因为油料短缺而无法动弹。

希特勒想守住突出部的阵地，他坚持让曼陀菲尔通过切断巴顿的纳沙托—巴斯托涅走廊来夺取巴斯托涅，但是从 12 月 30 日开始，德军的进攻持续了 3 天就以失败告终。

形势对曼陀菲尔来说已很明显，丢了巴斯托涅就无法守住突出部，也无法应付柯林斯在西边针对自己的坚决出击。他打电话告诉约德尔，自己正在把部队从突出部的鼻子部位撤出，但是希特勒一如既往地禁止任何退缩行为。他下令再次对巴斯托涅发起进攻。

为了显示自己夺取巴斯托涅的决心，希特勒冒险使用纳粹空军的有生力量来阻止盟军战斗轰炸机对曼陀菲尔行动的干扰。元旦这天一早，1000 架福克沃尔夫 Fw—190 和梅塞施密特 Me—190 战斗机飞临盟军在荷兰、比利时和法国东北部的 27 座机场。德军摧毁了 156 架飞机（36 架是美军飞机），大部分都是停在地面或试图起飞时被毁的。然而，纳粹空军也损失了 300 架飞机及同样数量不可替代的飞行员，创造了德国空军在二战中单日最大损失纪录。这可谓对纳粹空军的致命一击。

切断巴斯托涅以南通道的企图失败后，曼陀菲尔又从北边横跨乌法利兹—巴斯托涅公路出击，所部 4 个师皆已兵力空虚、精疲力竭，它们中间仅剩 55 辆坦克。如曼陀菲尔所虑，德军最终两手落空。他终于把部队拉走了，对巴斯托涅的威胁也随之解除。

1945 年 1 月 8 日，希特勒最终同意从突出部的顶端有限地撤退。现实无情，撤退一发不可收拾。到 1 月 28 日，德军的防线已经完全退回到进攻开始时的地方。

前前后后共有 60 万美军参加突出部战役，总共损失 8.1 万人，其中 1.5 万人被俘、1.9 万人阵亡。5.5 万英军参加这场战役，损失 1440 人，其中 200 人死亡。德军投入了近 50 万人，至少 10 万人死亡、受伤或被俘。双方均损失约 800 辆坦克，纳粹空军损失 1000 架飞机。

美军短期内即可弥补损失，而德军却不能。希特勒以如此惨重的代价换来的只是将盟军在西线的进军拖延了几周时间。但这也事实上确保了苏联红军能够在东线的新一轮进攻中取得速胜。到头来，突出部战役加速了德国的崩溃。

第 24 章　最后的日子

　　自 1944 年秋天开始，苏联红军就在维斯瓦河一线止步不前。在刚刚过去的夏天以惊人速度的进军戛然而止，因为过度延伸的苏军补给线最终被撕断了。苏联红军指挥官决定暂不发动对纳粹德国的最后进攻，以待战线后方的铁路线修复并转成苏联的宽轨。

　　铁路修整完成后，苏军沿整个战线囤积了大量补给物资，还对部队重新整编。到 1945 年初，他们已在波罗的海到喀尔巴阡山脉之间的地带集结了 225 个步兵师和 22 个装甲集团军。苏军对德军的优势——步兵 11：1，坦克 7：1，火炮和飞机 20：1。最重要的是，大量的美制卡车通过租借法案源源不断地送到苏联人手中。卡车使苏联红军的大部分都变成机动化师，可以在德军周围快速运动，而德军此时已经因为油料匮乏机动性大为减退。

　　当陆军总参谋长古德里安指出苏军兵力数据时，希特勒大吼道："这是自成吉思汗以后最大的冒牌！是谁编造了这些谎言？"

　　希特勒并未利用东线足够长的僵持时期构筑一条强有力的由地雷阵和反坦克陷阱组成的防线——隆美尔早在 1943 年库尔斯克战役结束后不久就力主建立这样一条防线。他的防御体系一如既往：每名士兵各担其责，坚持战斗到最后。他甚至拒绝让部队暂时地阶段性地撤退以避免苏军完全出其不意的进攻。苏军已经注意到希特勒毫无希望的"不惜一切代价坚守"政策的软肋，并准备善加利用。

1944 年 12 月 24 日，古德里安与希特勒及其参谋们会面，规劝他们放弃对阿登高地的进攻，转而将有生力量转向东边阻击苏军的进攻。

古德里安强调，德军接下来防守的核心地带应该是上西里西亚的工业区（位于克拉科夫以西约 50 英里的卡托维茨和格利维茨一带）。德国的军工企业已经迁移至此，远在美军和英军的轰炸机打击范围之外。而另一方面，鲁尔区已经被空袭打得瘫痪。

"如果丢掉了上西里西亚，我们在几周之内就会被打败。"古德里安说道。

这些劝说并不奏效。希特勒坚持认为，在西线的持续进攻将逐渐削弱西方盟军的力量。而且，他还驳回了古德里安提出的将被孤立在拉脱维亚西部库尔兰（Courland）的集团军群（26 个师）从海上撤走的请求。在古德里安返回柏林附近的指挥部途中，希特勒还从维斯图拉（Vistula）调出 2 个武装党卫军装甲师前去匈牙利解除布达佩斯之围。这样一来，古德里安就只剩下 12 个师的机动化预备队作为后备来支持50 个虚弱的步兵师支撑一条长达 750 英里的前线。

"东部前线就像一个纸牌屋，"古德里安在 1 月 9 日对希特勒说，"如果这条战线在一点被突破，就会导致全线崩溃。"但希特勒只是回应道："东线必须靠自己，利用好已有的条件。"

希特勒还否决了指挥官们提出的将德国平民从东普鲁士和其他有可能被苏军占领的区域转移的建议。他说转移将对公众舆论产生负面影响。

1945 年 1 月 12 日，苏军发起进攻，渡过了维斯图拉河，苏联红军指挥官们将目光锁定华沙以西 300 英里的柏林。这将是摧毁纳粹德国的最后行动。

首波进攻由科涅夫的乌克兰第 1 方面军的 70 个师发起，从华沙以

最后的日子，1945年

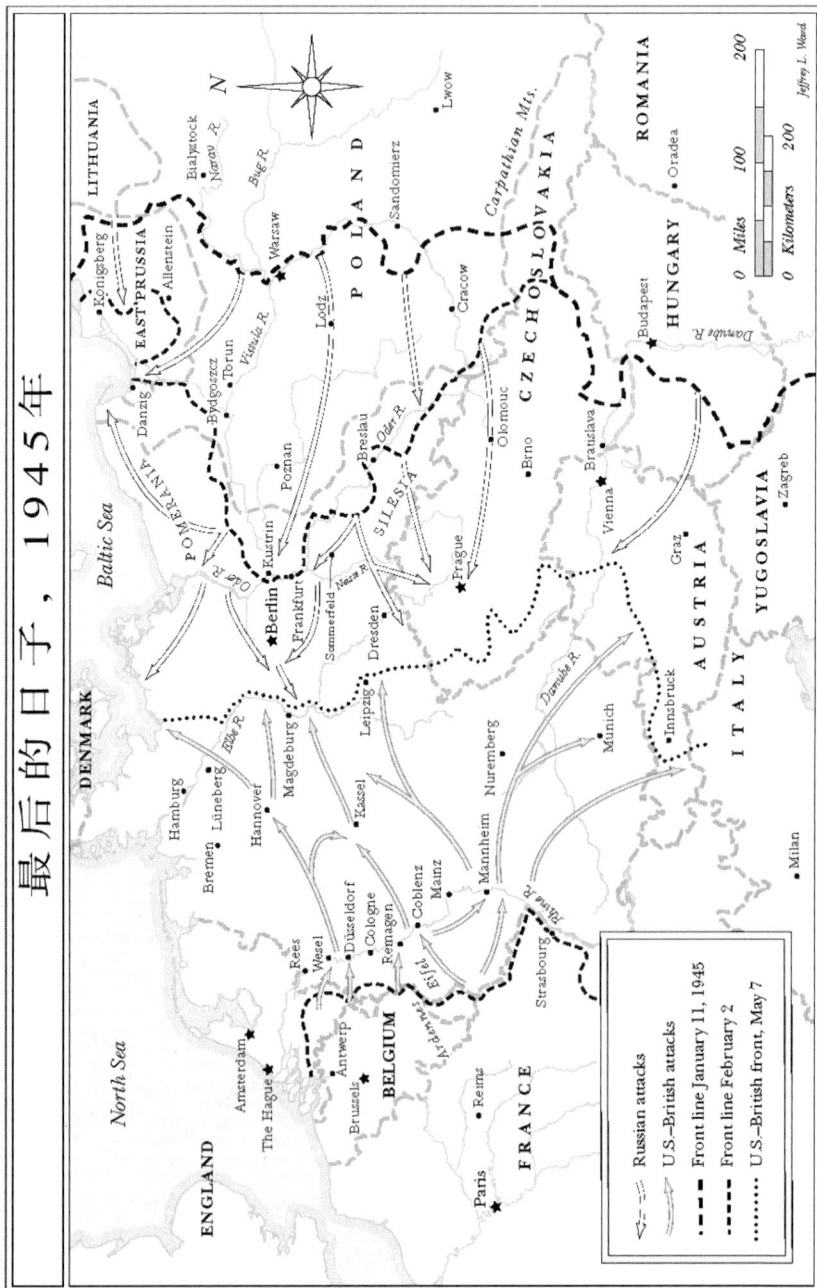

North Sea

ENGLAND

Baltic Sea

LITHUANIA

Königsberg
Allenstein
EAST PRUSSIA
Bialystock
Narew R.
Bug R.
Lwow

ROMANIA

Oradea

DENMARK

Danzig
Bydgoszcz
Torun
Vistula R.
Warsaw
Lodz

POLAND

Sandomierz
Cracow

CZECHOSLOVAKIA

Carpathian Mts.

HUNGARY

Budapest
Danube R.

Hamburg
Lüneberg
Bremen
Hannover

Stettin
POMERANIA
Oder R.
Kustrin
Berlin
Frankfurt
Sommerfeld
Magdeburg
Elbe R.
Neisse R.
Dresden
Leipzig
Poznan
Breslau
Oder R.
SILESIA

Olomouc
Brno
Prague

Bratislava
Vienna
Graz
AUSTRIA

YUGOSLAVIA
Zagreb

Milan
ITALY

Munich
Innsbruck
Danube R.
Nuremberg
Mannheim
Mainz
Coblenz
Düsseldorf
Cologne
Remagen
Eifel
Wesel
Rees
Kassel

Amsterdam
The Hague
Antwerp
Brussels
BELGIUM
Ardennes
Strabourg
Rhine R.

FRANCE
Reims
Paris

Russian attacks
U.S.–British attacks
Front line January 11, 1945
Front line February 2
U.S.–British front, May 7

Jeffrey L. Ward

0   Miles   100   200
0   Kilometers   200

南 120 英里巴拉诺夫（Baranov）附近的一处桥头堡开出，渡过维斯图拉河。炮火将德军打垮，苏军士兵在 3 天时间里就完全突破了德军防线，占领了凯尔采（Kielce），并如汹涌的洪流般涌向波兰平原。

2 天后，朱可夫的白俄罗斯第 1 方面军从华沙以南 75 英里的马格努泽夫（Magnuszev）和普瓦维（Magnuszev）附近的桥头堡出击，同时罗科索夫斯基（K. K. Rokossovsky）的白俄罗斯第 2 方面军在华沙以北强渡纳夫雷（Narev）河。朱可夫的部队向北迂回包抄华沙，同时罗科索夫斯基的部队将封锁通往东普鲁士的南部地区的德军防御劈成两节，造成 200 英里宽的缺口。这样苏军就总共有 200 个师向西席卷。

混乱在纳粹高层蔓延开来。希特勒越来越无视事实，1 月 16 日，他从莱茵河以东的"鹰巢"回到了柏林。帝国总理府的大理石大厅被炸弹夷为废墟，但是地下 50 英尺深的地堡还可以继续运转。思虑良久之后，希特勒终于决定，西线的军队应该重新调整，以保证有足够的部队遏制苏军涌来的大潮。他很快就命令第 6 装甲集团军开往东线。

古德里安颇感振奋，并准备以这个集团军进攻在波兰境内的苏军先头部队的侧翼，从而减缓其推进。然而他却获悉，希特勒正将第 6 装甲集团军调往匈牙利以帮助解除布达佩斯之围。

"听闻此事后我就失控了，我向约德尔尽诉苦衷，表达对此的反对。"古德里安写道，但是他无法改变希特勒的想法。

1 月 17 日，德国总参谋部作战局报告说苏军正欲包围华沙，建议在（华沙）西面建立新的防线。古德里安同意这样做，命令为数不多的守城部队立即撤退。但希特勒获悉后，坚持要不惜一切代价守住华沙。然而守城部队指挥官却无视希特勒的命令，将自己的部队撤出。希特勒大为光火，在接下来的几天里一心只想着怎么惩处总参谋部。

古德里安申明是自己做出的决定，但希特勒却回应道："不，我要追究的不是你的责任，而是总参谋部。对我来说不可容忍的是一群精英敢于将自己的观点凌驾于上级之上。"

希特勒逮捕了作战局的 1 名上校和 2 名中校。古德里安要求展开调查，2 名盖世太保对他询问长达几天时间。正当东线进行着关乎生死的战役之际，这些询问浪费了古德里安的宝贵时间，消耗了他的心神。古德里安让其中 2 名军官得以释放，但另外 1 名仍然待在集中营里直到战争结束。

1 月 25 日，古德里安极力争取让外交部长约阿希姆·冯·里宾特洛甫（Joachim von Ribbentrop）劝希特勒在西线寻求停火，同时继续在东线与苏军周旋。里宾特洛甫回应道，他可不敢向元首提出这个问题。古德里安离开之际，里宾特洛甫叮嘱道："这番谈话只有天知地知你知我知，可否？"古德里安向其郑重保证。但里宾特洛甫却向希特勒泄了密，当晚元首就指责古德里安不忠。

同时，苏军在各条战线继续高歌猛进，1 月 19 日抵达位于西里西亚的德国边界，很快就占领了上西里西亚。朱可夫的部队占领了罗兹（Lodz）、越过波森（波兹南）、跨过了德国边界，并于 1 月 31 日抵达奥得河下游的库斯特林（今科斯琴）——距离柏林只有 40 英里。苏军距西线盟军的前沿阵地只有 380 英里了。

与此同时，罗科索夫斯基夺取了通往东普鲁士的南大门姆瓦瓦（Mlawa）并继续向但泽湾（又称"格但斯克湾"）推进，将东普鲁士的德军孤立起来。那里的德军撤往格尼斯堡（今加里宁格勒），接着又被苏军包围。

苏联红军几乎势不可当地进军引起了大部分德国平民向西边仓皇撤离。逃难的大潮堵塞了道路、引起混乱，也让部队的移动更加困难。

希特勒最后一次与现实决裂了。鲁尔区被炸成瓦砾堆、上西里西亚被占领后，纳粹德国军备部长阿尔伯特·施佩尔（Albert Speer）呈递给希特勒一份备忘录，开篇即写道："战争输掉了。"希特勒读完第一句话后就把备忘录锁进了保险柜。施佩尔要求与希特勒单独会面以解释德国的绝望处境，但元首拒绝了，他告诉古德里安："我不会再单独见任何人。那些要求单独跟我谈话的人总是这么做，因为他们有让人不快的事情告诉我。我受不了这样。"

苏联红军的补给物资逐渐消耗殆尽，而 2 月份第 1 周的融冰使道路变得泥泞，补给就更加跟不上了，同时奥得河上的冰雪融化也增添了障碍。古德里安尽可能地集结部队。结果也只是阻止了苏军从库斯特林附近的奥得河畔和奥德河畔法兰克福（Frankfurt－an－der－Oder）的很浅的桥头堡出击。

同时，在西里西亚的科涅夫扩大了布雷斯劳（Breslau，德语称谓，波兰语称"弗罗茨瓦夫"），并沿奥得河西岸向北包抄，于 2 月 13 日抵达索末菲（今卢布斯科）。同在这一天，布达佩斯终于陷落；希特勒的解围努力宣告失败，11 万人沦为苏军的俘虏。2 月 15 日，科涅夫的部队推进到尼斯河（Neisse River）畔靠近与奥得河的交汇处的地方，开始与朱可夫的部队齐头并进。

到 2 月的第 3 周，东部前线形势相对稳定，德军的增援部队正在从西线和德国国内赶来。由苏军的震慑引发的危机也导致希特勒做出一个决定，即只能牺牲莱茵河的防御来保全奥得河（防线）。

希特勒将剩余部队的主力调往东线，他仍然相信，由于西线盟军在阿登高地遭遇损失，他们不可能再次发起进攻。他将 V－1 和 V－2 导弹瞄向了安特卫普，欲图阻止盟军补给物资的到达。德军总共向安特卫普和其他目标发射了 8000 枚 V 型导弹，但造成的破坏却微不足道。

艾尔豪威尔的部队如今已达 85 个师之多，正欲向莱茵河逼近。希特勒拒绝将部队撤到这条河流屏障后面去。结果，盟军就只能突破德军前线防御的单薄壳体，从而打开深入德军后方的宽阔通道。

艾森豪威尔不顾美军高级指挥官们的反对，将进攻主力派给在北边的蒙哥马利的第 21 集团军群，并让美军第 9 集团军加入蒙哥马利的英军第 2 集团军和加拿大军第 1 集团军一起作战。蒙哥马利计划着另外的小心翼翼的、全面的进攻方案——这次准备在正对着荷兰的韦瑟尔（Wesel）附近渡过莱茵河。

即便如此，布拉德利的美军第 1 集团军和第 3 集团军也比迎面而对的德军更强，而且在 1945 年 3 月 7 日，巴顿的第 3 集团军在阿登高地以东的西尼·艾弗尔山区实现突破，在 3 天时间内就抵达科布伦茨（Coblenz）附近的莱茵河畔。同一天，在更北的位置，第 1 集团军的第 9 装甲师发现一个缺口并迅速穿过直抵莱茵河边，其动作之快以至于德军都来不及炸毁位于波恩附近雷马根的铁路桥。

美军工兵急忙切断所有能发现的炸药导线，同时 1 个步兵排从大桥上疾行而过。当他们快要到达东岸时，两响炸药爆炸。大桥被晃了一下，但还是岿然挺立。坦克迅速从桥面上冲过，到傍晚时分，美军已经在东岸构筑起强大的桥头堡。

当霍奇斯向布拉德利电话报告这一消息时，布拉德利说："趁热打铁，考特尼，接着把口子打得更开！"

布拉德利让霍奇斯把所有人员和武器尽可能送过大桥，接着向德国心脏地带出击。但艾森豪威尔的作战处处长哈罗德·布尔（Harold R. Bull）却不以为然。"不要在雷马根四处出击，"他宣称，"你虽然得到了一座大桥，但它在错误的地方。它与计划不相匹配。"

所谓的"计划"——得到了艾森豪威尔的赞同——是由蒙哥马利于 3 周后的 3 月 24 日在韦瑟尔发起大规模进攻。

布拉德利十分恼火，最终还是得到了艾森豪威尔的同意，以 5 个师的兵力从雷马根的桥头堡向法兰克福出击。同时巴顿于 3 月 21 日扫清了科布伦茨和曼海姆之间的莱茵河西岸，切断了仍在西岸的所有德军。德军损失 35 万人，其中大部分为被俘。

　　3 月 22 日，巴顿的部队几乎没遇到抵抗就在美因茨（Mainz）和曼海姆之间的奥本海姆（Oppenheim）渡过了莱茵河。消息传到希特勒耳中，他才知道（德军）只有 5 辆反坦克装甲车可以用来对付整个美军集团军的进击——而且他们（美军）就在 100 英里之外了。

　　美军在莱茵河移动的进军现在变成了列队行进。部队向东、向南和向北伸展。同时蒙哥马利也已做好精心的准备工作。他集结了 25 个师以及巨量的武器弹药和补给物资，于 3 月 23 日夜发起进攻，超过 3000 门大炮火力全开，接着轰炸机又一拨拨出动。天亮之后，2 个空降师先行着陆。

　　但是德军只有 5 个实力较弱而又精疲力竭的师防守着蒙哥马利渡河的 30 英里河流沿线。他们的抵抗微乎其微，而盟军的损失也甚为寥寥。

　　即便如此，蒙哥马利还是没有全线出击，直到他在桥头堡集结起 20 个师和 1500 辆坦克。到这时，美军部队已在德国中部和南部的广大地域内扩散开来。

　　3 月 10 日，希特勒最后一次削了伦德施泰特的职，代之以凯塞林，并为防线崩溃（的责任）寻找替罪羊。"西线特别飞行法庭"① 审判并处决了 8 名指挥雷马根的脆弱部队的德军军官。尽管有这些举动和在希特勒对每名士兵要战斗至死的要求下的疯狂努力，但各处德军都知道末日将近，纷纷撤退或投降。只有少数疯狂的部队，大部分是党卫军，还在四处抵抗。

　　希特勒将矛头转向了自己的人民。3 月 19 日，他发布了一项命令，要求摧毁整个德国经济——工厂、发电厂、自来水厂、煤气厂、桥梁、船舶、火车机车、食品加工厂和服装厂等。其目的是给盟军留下一片"荒漠"。

---

　　① 西线特别飞行法庭（Flying Special Tribunal）是一个流动法庭，它可以就地对任何一级的军人提出诉讼，而且有权立即执行它作出的判决。

纳粹军备部长施佩尔立即向希特勒请愿。他说："在战争的这个阶段，我们无权执行破坏计划，它会影响人民的生活。"但是希特勒自己都命悬一线，当然对德国普通民众的生死存亡不感兴趣。

"如果输掉了战争，"他告诉施佩尔，"整个国家也会毁灭……由我们自己来摧毁这一切更好，以免（我们）这个国家被认为是懦夫。"

这一切就将发生在施佩尔眼前。施佩尔和许多陆军军官一起，以非凡的努力，直接违背希特勒的命令，奔走于全国各地以确保不要采取破坏行动。

末日将近。蒙哥马利的英军和加拿大军正向北压往不莱梅、汉堡和波罗的海边的吕贝克。辛普森的美军第9集团军迅速从鲁尔北边冲过，霍奇斯的第1集团军也从鲁尔南边开过。4月1日，他们在利普施塔特会师，将莫德尔的B集团军群共32.5万德军关在鲁尔口袋中。该集团军群坚持到4月18日，最终投降。莫德尔却不在俘虏之列：他饮弹自尽了。

在这段时期，希特勒越来越与形势脱节。当西线盟军几乎未遇抵抗地在德国境内横扫时，希特勒却将目光聚焦于重新夺回奥得河边的库斯特林要塞上，还抱怨负责进攻的将军没有在炮火准备中用够弹药。当古德里安在3月28日这天气冲冲地指出已经没有更多弹药可用的时候，希特勒革了他的职，任命汉斯·克莱勃斯（Hans Krebs）为总参谋长。

4月12日，罗斯福总统突然去世，这也激起了希特勒的幻想，希望挽救腓特烈大帝于7年战争失败边缘的历史将重演。（当时）俄国女沙皇的死终结了反对腓特烈大帝的联盟。

罗斯福去世前一天，第9集团军的先头部队到达位于德国心脏地带的马格德堡（Magdeburg）附近的易北河畔。柏林就在60英里之外，前方的道路已经大开。

丘吉尔和英军军事将领们希望先于苏军开进柏林，但艾森豪威尔不顾其激烈反对，将西方盟军停在了易北河边。

"柏林对西方同盟国部队而言，并不是合逻辑的或者说最想要的目标。"艾森豪威尔写道。

就在美军抵达易北河边不久，苏军开始从奥得河出击。对艾森豪威尔而言，这就意味着他们（苏军）将比英军和美军先到达柏林。艾森豪威尔及其参谋们纠结于纳粹的一份报告，报告说他们将在德国南部山区建立"民族堡垒"（National Redoubt），并展开多年的游击战。艾森豪威尔还深恐纳粹会建立一支被称为"狼人"（Werewolves）的"地下部队"，其中包括希特勒的合法的追随者，执行暗杀计划、采取恐怖行动。

"民族堡垒"和"狼人"只存在于戈培尔的宣传鼓吹中，但艾森豪威尔及其参谋们都掉入了这个泥潭，他让美军部队尽快开进南部的山区。美军于 4 月 16 日抵达纽伦堡（Nuremburg），4 月 30 日抵达慕尼黑（Munich），5 月 3 日，他们与从意大利境内通过奥地利与意大利之间的布伦纳山口（Brenner Pass）赶过来的美军第 5 集团军会师。德军在意大利的抵抗已经完全崩溃，4 月 29 日，那里的指挥官们签署了投降协议。

4 月 16 日，苏军从奥得河边的桥头堡冲出，1 周之后到达柏林郊外。数万苏军直接攻城，其他部队则分别向北和向南迂回包抄，4 月 25 日，苏军第 58 近卫步兵师的巡逻队在柏林西南 75 英里的易北河边的托尔高（Torgau）与美军第 69 师的巡逻队碰面。希特勒被孤立在柏林。第三帝国开始做垂死挣扎。

希特勒原本计划在 4 月 20 日自己 56 岁生日这天离开柏林，赶赴巴伐利亚阿尔卑斯山脉中的上萨尔茨堡山（Obersalzberg，又称"盐山"）。大部分政府官员和元首的随从都已启程南去。希特勒却留了下来，以为苏军将在试图夺取德国首都的过程中遭遇最大的失败，但希姆莱、戈林和里宾特洛甫都离开了。希特勒要求发起反攻——反攻没能实现，事实上只存在于这位独裁者的幻想中。希特勒已经堕入妄想之中。

4月22日，约德尔和凯特尔报告说，苏军已经在北边突破，他们的坦克现也已开进了城区。希特勒完全失控了。"这下完了!"他尖叫道。除了背叛、欺骗和懦弱再无其他。他将继续留在柏林，并亲自掌管城市的防御。

共有3个防守圈包围着这座城市，最后一道防守圈环绕市中心的帝国总理府和其他主要政府大楼。部队包括第9集团军、第3和第4装甲集团军的部分兵力，以及由年龄太大又训练不足的老兵和希特勒青年团的成员组成的"人民冲锋队"（Volkssturm）。4月21日，苏联红军攻占了柏林的远郊区，并于4月25日完全包围城区。战役很大程度上变成了大规模肃清残敌的工作。苏军摧毁德军的炮火抵抗掩体，或者直接绕过去以待其补给耗尽。

只有在政府大楼建筑群附近的市中心一带抵抗非常强烈。苏军放弃了以坦克攻占市中心的努力，因为在建筑密布的这一区域，德军步兵可以靠得很近，以反坦克武器将装甲摧毁。苏军还发现，要在这座城市的幽闭空间内使用炮火非常困难。他们在能施展开的地方使用加农炮，但主要还是依靠迫击炮和火箭。各个战斗小组一个街区一个街区地扫清中心城区——总共300个街区，每座房屋或大楼都是靠猛攻夺下的。这是一个缓慢的过程，但没有遗漏。特别是在地下通道和地下通信设施等地的战斗尤其激烈。

在战斗开始前的4月15日，希特勒长达12年的情妇爱娃·布劳恩（Eva Braun）赶到柏林，参加与他的婚礼和自己的死亡仪式。爱娃·布劳恩是一个没有太多心机的单纯女人，但她命中注定要与希特勒共赴末日。

戈培尔和妻子也是如此。他们和6个孩子（最大的12岁）一起搬到了帝国总理府的地堡里。

希特勒整理好自己的文件，派一名副官到外面的花园里将自己想毁掉的文件烧掉。他命令凯特尔和约德尔去南方指挥剩下的部队。

同时，戈林到达了上萨尔茨堡山，4 月 23 日，他发给希特勒一份电报，声称自己接管"第三帝国的总的领导权"。希特勒说戈林此举是严重的背叛。希特勒的私人秘书马丁·鲍曼（Martin Bormann）向设在贝希特斯加登的党卫军总部发电，将戈林逮捕。4 月 28 日，希特勒通过从伦敦播出的英国广播公司的节目获悉，希姆莱正在通过瑞典方面谈判，想把西线的所有部队向艾森豪威尔投降。

几分钟后，希特勒获悉苏军正在逼近只有几百码以外的波茨坦广场（Potsdamerplatz），很有可能在 4 月 30 日早上强攻帝国总理府。

希特勒让自己任命的纳粹空军总司令罗伯特·里特尔·冯·格莱姆（Robert Ritter von Greim）与汉娜·赖奇（Hanna Reitsch）——著名的女飞行员、也是希特勒的崇拜者——一起离开地堡，召集空军对苏军做最后一击，并将叛徒希姆莱逮捕。同时，他将希姆莱的首席联络官赫尔曼·费格莱茵（Hermann Fegelein）押到帝国总理府花园枪决。

希特勒还与爱娃结了婚，并立下最后的遗愿和正式遗嘱。这两份文件显示了希特勒并未从自己犯下的错误和对世界带来的灾难中吸取任何教训。他否认自己想在 1939 年开战，并称战争是那些"犹太人出身或为犹太人的利益工作"的外国领导人招来的。他把所有（在战争中）致死的人的"全部责任"都归咎于犹太人。

希特勒要求"每一个地区或城市"都要坚守"至死"，这就显示出他没有从斯大林格勒和他所要求坚守到最后的地方的灾难中吸取任何教训。

他将戈林和希姆莱逐出了纳粹党，撤销了他们的职务，并任命邓尼茨元帅为第三帝国元首和最高统帅，叮嘱他（继续）抵抗"国际上的犹太民族"。

时间转到了 1945 年 4 月 29 日星期日凌晨 4 点。希特勒召集戈培尔和其他在地堡中人员见证他签署文件。他随后立下了自己的遗愿，倾其财产散与亲人，并补充道："我和妻子选择赴死，这样可免去体罚或投降的耻辱。我们希望能够将我们的尸体立即火化。"

稍后希特勒上床休息，已经心神交瘁。在地面上，苏军的炮火撼动着大楼，推到离帝国总理府只有几码的近距离平射范围内。城市笼罩在升腾起的烟雾之中。

当天下午，意大利游击队员在科莫湖附近枪杀了墨索里尼和他的情人克拉拉·佩塔奇（Clara Petacci），他们的尸体被头朝下地吊在米兰的路灯柱子上。之后不久，希特勒毒杀了他最喜爱的阿尔萨斯狼犬布隆迪，并给了剩下的 2 名女秘书毒药丸，以便苏军要冲进来时让她们服用。4 月 30 日约凌晨 2 点半，希特勒在就餐区与地堡中的 20 名工作人员（大部分为女性）做道别。

奇怪的情景出现了。紧张感已经累积到极点，几个人开始冲进食堂中央跳起舞来。宴会十分嘈杂，元首的方向传出让大家安静的声音。但这些参加宴会的人最终没有受到希特勒的控制，嬉戏打闹了一整夜。

4 月 30 日中午，有消息传到地堡说，苏军已经到了蒂尔加滕（Tiergarten）东端并突入了波茨坦广场，只有一个街区远了。希特勒的汽车司机接到从地堡传来的命令，将 180 升汽油送到帝国总理府花园。希特勒迎出自己的新娘爱娃，一起向戈培尔和其他人员做最后告别。

希特勒和爱娃回到自己的房间。戈培尔、鲍曼和数名其他人员守在走廊上。不久之后他们听到左轮手枪发出的声响。他们等待着第二声枪响，但（枪声）没有出现。他们进入元首的房间。希特勒的尸体摊在沙发上滴着血。他是饮弹自尽的。爱娃躺在他身边。她服用的是氰化物毒药，而没有使用手枪。时间定格在 1945 年 4 月 30 日星期一下午 3 点 30

分——距离希特勒成为总理后 12 年零 3 个月时间。

就在周边不远处苏军炮火的呼啸和爆炸声中，他们的尸体被抬到地上的花园，希特勒和爱娃随着一场火葬化为尘灰。

第三帝国继续存在了 7 天时间。

5 月 1 日傍晚，戈培尔和妻子命令 1 名医生对他们的孩子进行死亡注射。事后，他们爬上楼梯到花园里。在这里，应他们的要求，1 名党卫军士兵从后脑勺将其枪毙。党卫军士兵往他们尸体上洒上汽油并点着，但是火化并不彻底，第二天，苏军找到了他们被烧焦的残骸。

5 月 1 日晚上约 9 点钟，希特勒总部的约 500 名幸存者（大部分为党卫军）试图逃跑，他们从帝国总理府另一侧维尔海姆普拉茨（Wilhelmplatz）地下的车站沿地铁轨道行走，到达弗里德里希街（Friedrichstrasse）火车站，然后渡过施普雷河（Spree River）并穿过苏军的防线溜向北边。很多人都逃脱了，但其中没有马丁·鲍曼，他要么是被杀了，要么是为了避免被俘而服毒自尽了。①

3 月 4 日，德国最高统帅部宣布在德国西北部、丹麦和荷兰的所有部队向蒙哥马利投降。第二天，凯塞林的 G 集团军群，包括阿尔卑斯山以北的部队，也投降了。

5 月 5 日，现任海军司令汉斯·冯·弗里德堡（Hans von Friedeburg）元帅到达艾森豪威尔设在法国兰斯（Reims）的指挥部，谈判投降事宜。第二天约德尔将军也到了，他希望能够延长足够的时间，让成千上万的德军部队和难民向西移动得足够远，向西方盟军投降，而不是向苏军投降。

但是艾森豪威尔不能容忍耽搁，5 月 7 日凌晨 2 点 41 分，弗雷贝格和约德尔签署了德国无条件投降书，1945 年 5 月 8 日子夜生效。

---

①　关于马丁·鲍曼的去向一直是个谜，另有一种说法认为鲍曼逃出了柏林，以牧师身份隐居拉丁美洲。

希姆莱被英军抓获，他服用氰化物胶囊身亡。19 名罪大恶极的纳粹战犯在纽伦堡军事法庭接受了审判。7 人被判处徒刑，其余（12 人）被判处绞刑，包括里宾特洛甫、凯特尔、约德尔和戈林等，戈林在行刑前 2 个小时逃脱了刽子手的惩处。有人悄悄把毒药送到了他的牢房，当狱吏来看他时，他已经身亡。

德军被从奥得河以东的所有土地和苏台德地区上赶出。德国变成了没有政府和经济凋敝的废墟。希特勒争夺世界主导权和"生存空间"的春秋大梦幻灭了。在 1945 年至 1946 年的夏天和严酷的冬天，唯有依靠他以前的敌人慷慨解囊，德国民众才能存活下来。

但是，有史以来最为惨烈、代价最为高昂的战争结束了。毕竟，世界已无希特勒、纳粹主义和第三帝国。

新华军事文库